Die Schwarzen Führer

Niederbayern – Oberpfalz

Die Schwarzen Führer

Niederbayern – Oberpfalz

178 geheimnisvolle Stätten
in 130 Orten
mit 95 Abbildungen und
einer Übersichtskarte

von
Ingrid Berle, Marie Luise Hoffmann
und Renate Könke

Eulen Verlag

Ingrid Berle ist Mitautorin des Museumskompaß Bayern (1991) sowie Autorin der Länderbände Belgien/Luxemburg (1994) und Norwegen/Finnland (1996) des Museumskompaß Europa, Reisen und Bildung. Zuletzt schrieb sie den Stadtführer „Wie führe ich meine Gäste durch Münchens Innenstadt?“ (Reisen und Bildung, 1999).

Marie Luise Hoffmann ist Mitautorin der Stadtteilbände „Das Graggenauer Viertel“ (1989) und „Das Angerviertel“ (1991) des „Institut Bavaricum“, des Führers „Rundgang durch die Schatzkammer der Münchner Residenz“ (Reisen und Bildung, 1997) sowie des Länderbandes Österreich/Schweiz und Liechtenstein des Museumskompaß Europa, Reisen und Bildung.

Renate Könke ist ebenfalls Mitautorin des Stadtteilbandes „Das Graggenauer Viertel“ des „Institut Bavaricum“ (1989).

Die drei Autorinnen verfaßten (zusammen mit Marie-Louise Schmeer-Sturm) den SCHWARZEN FÜHRER „München-Oberbayern“.

Die Beiträge des vorliegenden Buches verteilen sich wie folgt:
Von Ingrid Berle stammen die Artikel zu Passau (Stadt und Land) und zu den Landkreisen Cham, Deggendorf, Freyung-Grafenau, Regen und Rottal-Inn.
Marie Luise Hoffmann schrieb die Texte zu den Städten Regensburg und Weiden i. d. Opf. sowie zu den Landkreisen Neustadt a. d. Waldnaab, Regensburg, Schwandorf, Straubing-Bogen und Tirschenreuth.
Renate Könke verfaßte die Beiträge zu den Landkreisen Amberg-Sulzbach, Dingolfing-Landau, Kelheim, Landshut und Neumarkt i. d. Opf.

Redaktion: Hildegard Gerlach

Hebelstraße 11
Gesamtherstellung: Franz X. Stückle, Ettenheim
ISBN: 3-89102-430-4

Vorwort

Die beiden Regierungsbezirke Niederbayern und Oberpfalz bilden die Region Ostbayern, welche, im äußersten Südosten Deutschlands gelegen, an die Tschechische Republik und Österreich grenzt. Ostbayern vereint sehr verschiedene Landschaften in sich. Vom Fichtelgebirge im Norden bis zum Dreisesselberg im Süden reichen der Oberpfälzer und der Bayerische Wald. Im Westen schließt sich ein hügeliges, grünes Becken an, das von den Flüssen Naab und Vils umschlossen wird. Der Naturpark Altmühltal ist bereits Teil des Oberpfälzer Jura. Er wird im Grenzbereich zum Hopfenland Holledau (Hallertau) bei *Weltenburg* von der Donau durchflossen, die von *Kelheim* an Teil des Rhein-Main-Donau-Kanals ist. Vor ihrer Einbetonierung brachten die Hochwasser jedes Frühjahr fruchtbaren Lehm auf die Felder. So entstand der Gäuboden, die „Kornkammer Bayerns".
Das Gebiet der *Oberpfalz,* bis zum 16. Jh. „Nordgau" genannt, war in vorgeschichtlicher Zeit nur dünn besiedelt. In das Land der Kelten drangen von Norden die Markomannen und Slawen ein. Im 6. Jh. machten die Bajuwaren es zu ihrem Stammesherzogtum. Ein großer Teil der Oberpfalz kam später (durch den Hausvertrag von Pavia 1329) an die Pfalzgrafen bei Rhein. 1628 wurde er jedoch wieder bayerisch.
Klostergründungen und die Errichtung von Burgen förderten die Erschließung des Landes. Große wirtschaftliche Bedeutung hatte die Oberpfalz jedoch erst im Hochmittelalter und in der frühen Neuzeit. Vom 13. bis zum 16. Jh. wurde sie aufgrund der Eisenerzvorkommen zur Waffenschmiede des Reiches. Der Aufschwung wurde durch den Umstand begünstigt, daß Kaiser Karl IV. (1316–1378), um eine Verbindung von Prag mit den Reichsstädten Nürnberg und Frankfurt und seinen luxemburgischen Hausmachtgütern bemüht, eine Landbrücke durch die Oberpfalz schuf, die sog. „Goldene Straße". Verheerend wirkte dann aber der Dreißigjährige Krieg. Nirgends wüteten die Kämpfe so grausam wie hier, und so verarmte das Land auf lange Zeit.
Niederbayern wird durch die Donau in zwei sehr unterschiedliche Landschaften geteilt: Im Südwesten befindet sich das Hügelland mit fruchtbarem Boden, im Nordosten der Bayerische Wald, das größte zusammenhängende Waldgebiet Mitteleuropas, welches sich bis zu einer Höhe von 1500 m erhebt.

Der südlich der Donau gelegene Teil Niederbayerns gehörte seit 15 v. Chr. zur römischen Provinz Rätien, die durch die Kastelle *Eining* (Abusina) und *Regensburg* (Regina) geschützt wurde. Fünf Jahrhunderte lang blieb die Donau Grenze des Imperiums, bis die Römer dem Ansturm der germanischen Stämme nachgeben mußten. Im 6./7. Jh. erfolgte die Christianisierung Niederbayerns durch irische und schottische Mönche. Ende des 12. Jh. erhielt der Wittelsbacher Otto I. von Kaiser Friedrich Barbarossa das Herzogtum Bayern als Lehen. Durch die Landesteilung von 1255 wurde Niederbayern für 250 Jahre ein selbständiges Herzogtum. 1505 ging es an die Münchner Linie der Wittelsbacher zurück und ist seither mit Oberbayern vereinigt.
Die naturräumlichen Besonderheiten des Bayerischen Waldes und der Donauebene wie auch die lange und wechselvolle Geschichte der Oberpfalz und Niederbayerns spiegeln sich in der Mentalität ihrer Bewohner, einem reichhaltigen (andernorts oft schon verschwundenen) Brauchtum sowie in ganz spezifischen Sagen und Legenden wider. Die Häufigkeit von Ortsnamen mit den Endsilben -rod, -reuth oder -schlag weisen auf die einstmals große Ausdehnung des Urwaldes. Dieser wie auch die markant hervorragenden Bergkuppen wie *Arber, Dreisessel, Lusen* und *Rachel* haben eine Fülle von Natursagen entstehen lassen. Insbesondere aus dem Gebiet zwischen Lusen und Dreisesselberg wird etwa von Riesen und Teufeln berichtet, die bizarre Gesteine in die Gegend schleudern und so zu Bildnern der Landschaft werden (*Bayerisch Eisenstein, Edelsfeld, Neidstein, Schönbrunn* u. a.). Ein sehr interessantes Phänomen ist auch der sagenumwobene „Pfahl" bei *Viechtach*, eine 150 km lange Felsformation aus Quarz, von den Einheimischen auch „Teufelsfelsen" genannt.
Das Vorkommen von Quarz hat die Entwicklung der Glasindustrie im Raum *Regen-Zwiesel-Frauenau* ermöglicht. Viele Geschichten ranken sich folglich um die alte Handwerkskunst des Glasblasens, die oft mit dämonischen Wesen in Verbindung gebracht wurde.
In historischen Sagen begegnen u. a. der römische Kaiser Hadrian (*Eining*), der Hunnenkönig Attila (*Dillberg, Hirschau*), Karl der Große (*Metten, Weltenburg*) sowie zahlreiche bayerische Grafen, Fürsten und Könige, darunter auch der „Märchenkönig" Ludwig II. (*Deggendorf*). Tragische Schicksale wie die von Agnes Bernauer (*Straubing*) oder Kaspar Hauser (*Pilsach*) haben die Phantasie ebenso angeregt wie der

Dreißigjährige Krieg mit seinen konfessionell-politischen Spannungen (*Neukirchen, Oberalteich, Weiden*) und die Auseinandersetzung mit den Hussiten im bayerisch-böhmischen Grenzland (*Böhmischbruck, Furth i. Wald*). Letztere tauchen im Bewußtsein der Oberpfälzer vor allem in Wallfahrtslegenden auf, die von der angeblichen Schändung von Heiligenbildern durch bilderstürmende Hussiten berichten (*Neukirchen bei Hl. Blut*), während in den Erzählungen aus Niederbayern der Part des Frevlertums sehr häufig den protestantischen Besatzern aus Schweden zufällt (*Neukirchen, Oberalteich*).

Die Gründungslegenden zahlreicher Klöster berichten von Mönchen, die durch ihren Arbeitseinsatz in frühen Rodungsgebieten zur Kultivierung des Bayerischen Waldes entscheidend beigetragen haben (*Niederalteich, Rinchnach, Waldsassen*). Legenden ranken sich auch um viele Kirchen, Kapellen und Brunnen, zu denen noch heute lebendige Wallfahrten stattfinden (*Bischofsmais, Regensburg, St. Englmar*). Die Entstehung dieser Bauten wird oft mit Heiligen in Verbindung gebracht, die außerhalb Bayerns kaum bekannt sind.

Sagenumwoben sind viele der zur Verteidigung und Sicherung der Handelsstraßen errichteten Burgen, die heute allerdings, wenn überhaupt, nur noch in Teilen erhalten sind (*Landshut, Trausnitz, Weißenstein*).

Abgeschiedenheit und Urwüchsigkeit des Bayerischen und des Oberpfälzer Waldes haben ein reiches, häufig ebenfalls von Sagen und Legenden umwobenes Brauchtum lebendig erhalten (*Furth i. Wald, Kötzting*). Sie erklären wohl auch ein Spezifikum der Gegend, das recht häufige Auftreten von echtem oder vermeintlichem Hellsehertum. Mit den Worten des Heimatforschers und Schriftstellers Paul Friedl (1902–1989): „Ich erinnere mich siebzig Jahre zurück: Diese arme Landschaft, dieser schwermütige Wald, das Traurigschöne an diesem Lande! Das hat doch unsere Menschen beeinflußt, das hat sie doch bedrückt, das hat sie dauernd beschäftigt und hat sie geprägt! Daß bei uns das Zweite Gesicht des öfteren vorkam, das weiß ich von meinen Großeltern und von meinen Eltern (...) Es ist viel Aberglaube bei uns dagewesen von jeher in den Einöden, in den Dörfern. Da hat man ja auch von diesen Dingen direkt gelebt. Das war ja der Erzählstoff, und man hat eben Geister gesehen dort, wo sie waren oder wo sie nicht waren. Ich weiß einen Spruch, der stand auf einem Totenbrett in Arnbruck: ‚Bilde dir ja nicht ein, du wärest

hier allein. Man hat auf dieser Welt dir Geister zugesellt'."
Der wohl berühmteste Hellseher des Bayerischen Waldes ist der gelernte Müller Matthias Lang, genannt „Mühlhiasl", der in der zweiten Hälfte des 18. Jh. lebte. Seine Visionen werden heute als Vorahnungen der dramatischen Veränderungen im Bereich von Technik, Wirtschaft und Politik im 19. und 20. Jh. gedeutet.
Zu den Eigentümlichkeiten Ostbayerns gehört ferner ein in anderen Teilen Deutschlands in dieser Fülle längst verschwundenes Totenbrauchtum: Karner, Totenbretter (*Bischofsmais, St. Englmar*), Steinkreuze (*Böhmischbruck, Kallmünz*) sowie einschlägige Bildzeugnisse in Kirchen oder Friedhofskapellen (*Chammünster, Straubing*) zeugen von einem Menschenschlag, der zu Sterben und Tod ein recht natürliches und unbefangenes Verhältnis hat, den aber auch Wachsamkeit und Todesbereitschaft kennzeichnen.
Christlich überformt sind im allgemeinen die vielen Totensagen, die sich an Burgen und Schlösser (*Stokkenfels, Wolfsegg*), Klöster und Kirchen (*Gnadenberg, Oberfahrenberg*), angeblich versunkene Gehöfte (*Abensberg*) sowie bestimmte Flurstücke (*Feldkirchen*) knüpfen. Dieser Sagentyp erzählt von Verstorbenen, die im Grab keine Ruhe finden, zumeist, weil sie eine Schuld auf sich geladen haben. Die Existenzform dieser Toten reicht vom körperlich anwesenden Wiedergänger bis zur spiritualisierten Gestalt der „Armen Seele", die als Irrlicht oder in Tiergestalt spukt und auf ihre Erlösung wartet, welche ihr nur mit (Gebets-)Hilfe der Lebenden möglich ist.

Aus der reichen Fülle des vorhandenen Materials haben wir die schönsten und kulturhistorisch interessantesten Beispiele sagen- und legendenumwobener Stätten ausgewählt. Wir danken allen fachkundigen Heimat- und Denkmalpflegern, Museumsleitern und Archivaren, die uns bei unseren Recherchen unterstützt haben.

Die Autorinnen

Symbole

Burgen und Schlösser

Wachttürme, Burgruinen

Kirchen und Klöster

Kapellen

Kreuze, Bildstöcke, Gedenksteine, Friedhöfe

Naturdenkmäler : Steine, Felsen und Berge

Hervorragende Bäume, Wälder

Quellen und Brunnen

Flüsse, Seen und Wasserfälle, Moore, Brücken

Höhlen und Grotten

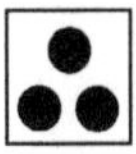
Vorgesch. Denkmäler, Hünen- und Hügelgräber

Häuser, Gasthäuser, Mühlen, Baudenkmäler

Standbilder, Reliefs, Skulpturen, Gemälde, Wahrzeichen

Wappen

A

ABENSBERG (Lkr. Kelheim)

Ehem. Schloß

Die „Spargelstadt" Abensberg liegt am Rand der Hallertau, dem größten Hopfenanbaugebiet Europas. Hier wurde 1477 der berühmte Geschichtsschreiber Johannes Turmair, genannt Aventinus, der Verfasser der „Baierischen Chronik", geboren. Die Siedlung, die 1378 Marktrecht erhielt, nahm ihren Ausgang von der Burg eines Geschlechts, das sich auf den sagenumwobenen Stammvater Graf Babo (um 1000 n. Chr.) zurückführt. Mit dem Aussterben dieser Babonen im Jahr 1486 fiel die reichsunmittelbare Herrschaft Abensberg an Bayern.

Die Stadt hat das mittelalterliche Erscheinungsbild weitgehend bewahrt. Das ehem. Schloß wurde wohl um die Mitte des 13. Jh. erbaut. Ein Graben trennt die noch erhaltene zweigeschossige Vorburg – heute Sitz des Vermessungsamts – und die Hauptburg, die bereits im Verlauf der Schwedenkriege stark zerstört wurde und von der seit dem Abbruch im 19. Jh. nur noch Reste der Ringmauer und Türme vorhanden sind. Von der Stadtbefestigung mit ihren vielen Toren und Türmen, die seit der zweiten Hälfte des 14. Jh. im Anschluß an den Bering des Schlosses angelegt wurden, sind dagegen noch ansehnliche Reste vorhanden.

Die Sage erzählt, Graf Babo habe dreißig Söhne und acht Töchter gehabt. Bei der Geburt eines jeden Kindes ließ er an der Stadtmauer einen Turm aufrichten. Tat eines Unrecht, so sollte es in diesen Turm eingesperrt werden. Als eine der Töchter so schwer fehlte, daß die ganze Gegend darüber sprach, machte Graf Babo seine Drohung wahr, und die Unglückliche mußte in ihrem Turm elend verhungern.

Hopfenbachtal

In einem Waldstück östlich von Abensberg fließt der Hopfenbach, der, aus der Nähe des Örtchens *Bachl* kommend, plötzlich im Boden versickert. Die Sage berichtet, an dieser Stelle habe früher ein großer, reicher Bauernhof gestanden, der von einer Bäuerin namens Lena und ihren beiden Töchtern bewirtschaftet wurde. Alle drei waren geizig und so habgierig, daß sie bei Nacht die Ähren von den Feldern ihrer Nachbarn stahlen. Als die Bäuerin einmal während eines schweren Gewitters zu diesem Zweck unterwegs war, versank unter Blitz und Donner der Hof mitsamt seinen Bewohnerinnen. Seither findet die Hopfenbach-Lena keine Ruhe und muß allein oder auch in Beglei-

tung der Töchter umgehen. Sie erschreckt Vorübergehende, führt Wanderer in die Irre und singt, um einen Baum tanzend, wilde Lieder, wenn in der Gegend ein Verbrechen begangen wurde.
→ Loiching

Aigen am Inn (Gem. Bad Füssing, Lkr. Passau)

Wallfahrtskirche Mariä Himmelfahrt zu St. Leonhard
Nordöstlich von *Simbach*, nur wenige Kilometer vom Kurort Bad Füssing entfernt, liegt Aigen am Inn, eine der ältesten Wallfahrtsstätten des Bistums Passau. Als ihr Gründer gilt ein Edelherr des jenseits des Flusses gelegenen Schlosses *Katzenberg*. Die Legende erzählt, er habe eine vom Inn an Land gesetzte Holzstatue, die Fischer zuvor dreimal vergeblich in die Strömung zurückgestoßen hatten, als das Bild des hl. Leonhard erkannt, durch dessen Fürbitte seine Tochter aus der Gefangenschaft befreit worden war. Zum Dank ließ er eine hölzerne Kapelle errichten; um 1270 wurde diese durch ein romanisches Gotteshaus ersetzt, von welchem heute nur noch der Südturm erhalten ist. Die Blüte der Wallfahrt gab im 15. Jh. Anlaß zum Bau der zweischiffigen spätgotischen Hallenkirche am Ortsrand. Spenden der Wallfahrer ermöglichten um die Mitte des 17. Jh. eine neue Innenausstattung.
In der Zeit der Gegenreformation wurde die Muttergottes in den Vordergrund gestellt, daher das doppelte Patrozinium. Das Gemälde im prachtvollen frühbarocken Hochaltar (1646) zeigt Maria als Fürbitterin nach der Aufnahme in den Himmel inmitten der Engelschar sowie den hl. Leonhard. Die Kultfigur des Kirchenpatrons (ca. 1430–40) steht seit 1994 in Originalfassung am 1913 errichteten Leonhardialtar am Mittelpfeiler im Langhaus.
Als Sohn einer Adelsfamille am Hof der fränkischen Merowingerkönige im 6. Jh. geboren, lebte Leonhard als Einsiedler und gründete das Kloster Noblac bei Limoges in Frankreich, wo er als erster Abt 599 starb. Der Heilige wurde zunächst als Schutzpatron der Gefangenen verehrt und als schwarzgekleideter Mönch mit Abtstab und zerrissener Kette dargestellt, die ihn als Fürsprecher ausweist, der ungerechte Fesseln lösen kann. Auch Tobsüchtige und geistig Kranke waren, insofern sie ebenfalls gefesselt wurden, unter seinen Schutz gestellt. Im 17. Jh. schließlich verstand man die eisernen Fesseln als Viehketten, und St. Leonhard galt als Patron des bäuerlichen Volkes.

Eisenvotive in St. Leonhard

Aigen ist neben *Inchenhofen* die älteste Wallfahrt zum bayerischen „Bauernherrgott". Die Kirche besitzt noch heute eine Reihe volkskundlich interessanter Votivgaben, vor allem schmiedeeiserne Tierfigürchen, die am Festtag des Heiligen, dem 6. November, von den Wallfahrern geopfert wurden. Sie werden in der Schatz- oder Eisenkammer im Untergeschoß des Südturms aufbewahrt. Hier befinden sich auch die fünf „Leonhardsklötze" oder „Würdinger", roh geschmiedete menschliche Rumpffiguren, von denen eine einen Ritter in Rüstung darstellt. Man vermutet darin Votivgaben der Edlen von Würding, einem im 16. Jh. nördlich von Aigen ansässigen Adelsgeschlecht. Mit diesen „Leonhardsklötzen", die bis zu zwei Zentner wiegen, verband sich ursprünglich wohl ein Hebe-Ritus zum Schutz vor Krankheit. Später wurden sie zu prahlerischen Kraftproben benutzt und am Leonhardstag von den Burschen „geschutzt". Wer einen Würdinger zu heben und möglichst weit fortzuschleudern ver-

mochte, bewies nach dem Volksglauben seine Manneskraft. Eine *Rottaler* Bäuerin soll einmal einen dieser Klötze bis auf die Steingalerie des Kirchturms getragen haben, um den Männern zu zeigen, wer in Wirklichkeit das schwache Geschlecht sei.
Das Leonhardifest am Sonntag vor dem Leonhardstag mit Festgottesdienst, Pferdesegnung und mehrteiligem Festzug erfuhr 1972 eine Wiederbelebung. Es wird heute vom „Heimat- und Trachtenverein Inntaler Buam“ ausgerichtet. Auf den Festwagen des historischen Teils mit Themen aus der Lokalgeschichte werden u. a. die eisernen Würdinger sowie ein Fischerkahn mitgeführt, auf dem die legendäre Auffindung des Wallfahrtsheiligen im Inn dargestellt ist.

ALTENKIRCHEN (Markt Frontenhausen, Lkr. Dingolfing-Landau)

Kath. Kirche St. Corona
Die zwischen 1622 und 1631 entstandene frühbarocke Anlage, ein dreijochiger Wandpfeilersaal von harmonischen Verhältnissen, ist der Nachfolgebau einer Holzkapelle. Das aus dem Jahr 1626 stammende Altarblatt von Johannes Paulus Schrandtner zeigt das Martyrium der hl. Corona (um 170). Corona, die christliche Frau eines Heiden, verließ um ihres Glaubens willen ihren Gatten, weshalb sie grausam ermordet wurde: An zwei niedergebogene Palmen gebunden, wurde sie von den hochschnellenden Ästen zerrissen. Karl IV brachte die Reliquien 1355 in den Prager Dom.
Ihr Name, als die Währungseinheit „Krone“ gedeutet, ließ Corona in Bayern zur Helferin bei Geldangelegenheiten werden. Die Verehrung der Heiligen erreichte im 18. Jh. ihren Höhepunkt. Die Wallfahrt zur ihr erlangte regelrechte Berühmtheit.
In dieser Zeit wurde auch die Ursprungslegende der Kirche niedergeschrieben, die heute in zwei Fassungen im Pfarrarchiv aufbewahrt wird. Im Mittelpunkt beider steht eine Figur der hl. Elisabeth, die wegen ihrer Krone auf dem Kopf „Heilige Corona“ genannt wurde. Der ersten Version zufolge wurde die Statue auf einem Baum neben der früheren Klause von Altenkirchen zur Verehrung aufgestellt. Als dieser einmal vom Blitz getroffen wurde, entging die Figur auf wunderbarer Weise den Flammen. Als Zugeständnis an den Volksglauben hat man später auf dem Altarblatt beim Hochaltar die hl. Corona dargestellt.

Nach der zweiten Version ist die Figur im Moos gefunden und in einen Ofen geworfen worden, dabei jedoch nicht verbrannt. Der Finder stellte sie auf einen Baumstock und wollte es als Zeichen Gottes ansehen, falls der Stock grün ausschlage. Als dies tatsächlich geschah, nahm man es als Fingerzeig und baute für das Bild eine kleine Hütte, später dann eine Kirche.

ALTMUGL (Markt Neualbenreuth, Lkr. Tirschenreuth)

Kapelle „Alter Herrgott"
Am Ortsende von Altmugl, an der Straße nach *Mähring*, befindet sich die Hinweistafel „Zum Alten Herrgott". Nach etwa 500 m führt von einem Parkplatz ein markierter, 2 km langer Fußweg zu der aus der Barockzeit stammenden Feldkapelle, der ältesten im Landkreis Tirschenreuth. Auskunft über den Anlaß ihrer Stiftung gibt ein Votivbild im Inneren (Kopie): es zeigt einen knieenden Offizier in gelbem Soldatenrock, dem der auf Wolken schwebende Gottvater die Hand entgegenstreckt. Die Inschrift lautet:

> Gott zu Ehrn
> hat der Wohl Edl gestrenge
> Herr Magnus Bartels, Capiten =
> Leitenant, da er sich in diser Wildnuß
> Verihret, nach gethanenen geliebt, hat im
> Gott das vernunft liecht an diser stelle eröffnet,
> dise Capelen bauen lassen. 1676

Eine in mehreren Versionen überlieferte Legende erzählt mit viel Phantasie von einem frommen Ritter, der sich einst im Wald zwischen *Wondreb* und *Neualbenreuth* verirrte und bei Einbruch der Nacht den „Alten Herrgott" um Hilfe anflehte. Daraufhin erschien ein gewaltiger Hirsch, der ein Licht im Geweih trug und ihm den Weg aus dem Wald wies. Zum Dank für seine wunderbare Rettung ließ der Ritter eine hölzerne Kapelle errichten, die später durch den Steinbau ersetzt wurde.
Von den früher zahlreichen Votivtafeln sind heute keine mehr vorhanden. Sichtbare Zeugnisse der Volksfrömmigkeit sind die tönerne Mariahilf-Figur von 1697 über dem Eingang, ein weißleinenes Altartuch mit den eingestickten Worten „Der Alte Herrgott lebt noch" sowie eine etwa metergroße Holzfigur, die Gottvater als bärtigen Greis darstellt, in der linken Hand die Weltkugel, die rechte zum Segen erhoben. Es handelt sich um eine Kopie. Von dem nicht mehr vorhandenen Original wird erzählt, daß es früher von

frommen Menschen betend um die Kapelle getragen wurde. Wer hingegen schwere Schuld auf sich geladen hatte, so wird berichtet, habe den „Alten Herrgott“ nicht heben können.

Amberg

Amberg, die „heimliche Hauptstadt der Oberpfalz“, wurde erstmals 1034 erwähnt, als Kaiser Konrad II. das Hochstift Bamberg mit der Villa Ammenberg belehnte. 1268 kam Amberg an die Wittelsbacher, 1329 an deren rheinpfälzische Linie, 1628 ging es an Bayern zurück. Bis 1810 war es Sitz der Regierung der Oberen Pfalz, die dann nach *Regensburg* umsiedelte. Schon als Handelsplatz an der Straße nach Böhmen und an der schiffbaren Vils war Amberg wohlhabend. Der Abbau von Erz, die Gewinnung von Eisen und der Salzhandel ließen die Stadt im Mittelalter und in der beginnenden Neuzeit weiter prosperieren und kulturell aufblühen. 1341 sicherte sie sich durch die „Hammereinigung“ mit *Sulzbach* das Monopol des Eisenerzabbaus. Erst der Dreißigjährige Krieg und das Auslaufen des Erzbergbaus leiteten den Niedergang ein.
Der mittelalterliche Stadtkern, von der Vils geteilt, ist zum größten Teil von einem Mauerring aus dem 14.–16. Jh. mit Wehrgang, Wall und Graben umgeben. Der Bering mit Stadttoren und einem Großteil der ehemals 97 Türme ist erstaunlich gut erhalten und zählt zu den beeindruckendsten Beispielen mittelalterlicher Befestigungen. Zu Recht rühmte der Amberger Bürgermeister Michael Schwaiger in seiner Chronik von 1564: „München ist die schönst’, Leipzig die reichst’, Amberg die festest’ Fürstenstadt“.

Henkerbergl und alter Turm
Innerhalb des Mauerrings geht rechts vor dem Ziegeltor die Batteriegasse ab. Nach ein paar Schritten sieht man links einen alten Turm mit spitzem Dach, der ebenfalls ein Teil der Stadtbefestigung war und heute Wohnzwecken dient. Auf dieser Höhe befindet sich jenseits der Mauern das „Henkerbergl“, die älteste Hinrichtungsstätte Ambergs. Die Sage berichtet von einem Scharfrichter, der dort sein Werk tat und von allen verachtet und gemieden wurde, obwohl das Volk seinem schaurigen Handwerk recht gerne zusah. Während des Dreißigjährigen Krieges nun, die Oberpfalz wurde von den Schweden schwer heimgesucht, beteiligte sich dieser Scharfrichter am Kampf. Da er mit dem Bösen im Bunde war, konnte er sich mit Hilfe

Darstellung der Strafen. Holzschnitt 1508

einer Tarnkappe unsichtbar machen und so mit seinem Richtschwert viele Feinde erschlagen. Als die Schweden sein Geheimnis entdeckten, wurde er gefangengenommen und bei lebendigem Leibe verbrannt. Seine Seele aber soll keine Ruhe gefunden haben und seither als Geist umherirren.

Den sozialhistorischen Hintergrund dieser Erzählung bildet die Sonderstellung des Scharfrichters in der damaligen Gesellschaft. Wie Angehörige anderer „unehrlicher", d. h. nicht zunftfähiger Gewerbe war er einerseits ein gesellschaftlicher Außenseiter, andererseits glaubte man ihn im Besitz geheimnisvoller Kräfte und schrieb ihm aus abergläubischer Scheu allerlei Heil- und Zauberkünste zu.

Eine weitere Sage erzählt von einem Mädchen, das in dem alten Turm wohnte und das Gebot „Am Freitag nicht singen, am Samstag nicht spinnen, am Sonntag die erste Messe nicht verschlafen" nicht achtete. In diesen Ver- und Geboten schlagen sich religiös-kirchliche Vorschriften, aber auch praktische gesundheitliche Einsichten nieder. So wird das Mädchen, das bis ins hohe Alter gegen die Regel verstößt, der Sage nach schwer bestraft: Einer ihrer Füße verwandelt sich in einen Rockenstab (ein Werkzeug zum Aufstecken von Flachs- oder Wollebündel), und auf diesem muß sie nun bis in alle Ewigkeit umherwandeln. Wer die Alte sieht, sagen die Leute, dem widerfährt ein Unglück.

Lindenbrünnerl

Wählt man, vom Amberger Zentrum kommend, den Weg mit dem Auto über die Jahnstraße zur Wallfahrtskirche auf dem Mariahilfberg, so erreicht man nach ca. 500 m die Lindenallee, einen aus der zweiten Hälfte des 18. Jh. stammenden Fußweg, der zur Kirche auf dem Bergrücken führt. Gleich am Anfang befindet sich das Brünnerl, heute eine gefaßte Quelle, die vier flache, miteinander verbundene Wasserbecken speist. Eine in den danebenstehenden Felsstein eingelassene Metallplatte informiert, daß von hier die erste Amberger Wasserversorgung ausging. Über die Entstehung

Wallfahrtskirche Mariahilf bei Amberg (Stich aus dem 19. Jh.)

weiß die Legende zu berichten, daß einst an diesem Ort an einer Linde ein Heiligenbild hing. Drei Jungfern, die ein gemeinsames Leid vereinte (welches, wird nicht berichtet), zogen zu diesem Bild und weinten bittere Tränen, aus denen das Lindenbrünnerl entstand. Fortan konnte man am Zustand der Quelle Naturkatastrophen vorhersehen: Wenn das Brünnlein stark plätschert, soll eine Mißernte bevorstehen. Geologisch betrachtet, handelt es sich bei solchen Hungerbrunnen um eine Eigenart von Karstgebieten. Sie fließen nur bei hohem Grundwasserspiegel, also nach starkem Niederschlag. Solche feuchten Jahre hatten in der Tat oft Mißernten und mithin Hungersnöte zur Folge.

Hotel „Drahthammer Schlößl" / Vils

Das Anwesen in der nahe der Vils gelegenen Drahthammerstraße 30 (einst „Neumühle unter der Stadt" genannt) hat eine recht wechselvolle Vergangenheit: 1280 wird erstmals eine Mühle erwähnt. Diese gelangte schon früh in Besitz Amberger Bürger. Die Stauanlage war von großer Bedeutung für die Schifffahrt. 1413 wird in den Urkunden der Stadt Amberg erstmals ein „Drahtzieher" genannt. Neben dem Mühlwerk gab es hier bald auch ein Zainhammer, der das Eisen zu langen Stangen ausklopfte, und eine Drahtzieherei, die aber 1559 eingestellt wurde. Es folgten zahlreiche unterschiedliche Nutzungen, bis 1986 die Anlage mit dem ehem. Hammerherrnhaus, der alten Scheune und den Nebengebäuden in private Hände überging und zu einem kleinen Hotel umgebaut wurde.

Der Sage nach soll beim Drahthammer ein Metzger beim Baden in der Vils ertrunken sein. Seitdem sieht man um die mitternächtliche Stunde im Fluß ein goldenes Rad, das sich dreht, während am Ufer die sog. „Klag"-, „Winsel"- oder „Haulemutter" in Gestalt eines weißen Schafes sitzt und um den Verunglückten jammert.

→ Breitenstein

ARTH (Gem. Furth, Lkr. Landshut)

Steinrelief an der Kirche St. Katharina

Der barocke Bau der Kirche St. Katharina im kleinen Ort Arth wurde 1709/10 an die Stelle einer weitgehend zerstörten Vorgängerkirche gesetzt. Eindrucksvoll liegt die 1986 restaurierte Kirche am Zusammenfluß des Further Baches und der Pfettrach. In die äußere Südmauer der Kirche ist ein 50 × 50 cm großes, stark verwittertes Steinrelief eingelassen. Es stammt aus der Zeit um 1460 und stellt Christus an der Geißelsäule dar, neben ihm zwei Schergen, die Ruten oder Stricke in den Händen halten. Diese beiden Figuren werden im Volk als Riesen mißdeutet, die einst zur gleichen Zeit die Kirchen von Arth und des gegenüberliegenden Ortes *Hebenstreit* gebaut haben sollen. Da sie aber nur einen Hammer besessen hätten, sollen sie abwechselnd bei der Arbeit pausiert und sich das Werkzeug über das Tal hinweg zugeworfen haben.

AUFHAUSEN (Lkr. Regensburg)

Wallfahrtskirche Maria Schnee
Die Kirche, ein schlichter Bau mit Walmdach, liegt auf einem Höhenrücken oberhalb des im 8. Jh. erstmals genannten Ortes. Die Grundsteinlegung zu einer ersten Kirche erfolgte 1670; die jetzige, 1751 geweihte Kirche wurde von Johann Michael Fischer (1692 bis 1766) erbaut. Es ist ein Zentralbau, ein unregelmäßiges Oktogon, das sich in großen Arkadenbögen öffnet. Die Kuppel des Hauptraums wird von acht Pfeilern getragen. In den abgeschrägten Ecken sind kleine Kapellen eingebaut. Die Fresken stellen den hl. Philipp Neri (1515–1595) dar, den Patron der Oratorianer, die bis 1676 die Wallfahrt betreuten; ferner die Evangelisten und Kirchenväter, Szenen aus dem Alten Testament sowie – im Langhaus – die Geschichte des Maria-Schnee-Wunders, die sich auf den Bau der Kirche Santa Maria Maggiore in Rom bezieht.
Die Legende erzählt von einem reichen, kinderlosen Ehepaar, das sein Vermögen der Muttergottes geweiht hatte. In der Nacht vom 4. zum 5. August hatten sie den gleichen Traum wie der heiligmäßige Papst Liberius (352–366): die Madonna trug ihnen auf, eine Kirche zu bauen, und zwar an der Stelle, wo am Morgen frischer Schnee liegen würde. Tatsächlich fanden sie am nächsten Morgen auf dem Esquilin die Bestätigung des Traums: Schnee war gefallen und hatte genau die Grundfläche eines Gotteshauses bedeckt. Liberius vollzog mit einer Hacke den ersten Bodenaushub, und es entstand eine der ältesten und berühmtesten Kirchen Roms.
Die Legende vom Schneewunder beruht vermutlich auf einem Mißverständnis. In frühchristlicher Zeit war es Brauch, an Gedächtnistagen der Heiligen Blumen auf ihr Grab zu streuen. Bis ins 19. Jh. pflegte man im Pantheon in Rom am Sonntag vor Pfingsten von der Kuppelöffnung aus Rosen in die Kirche zu werfen. Noch heute werden in Santa Maria Maggiore am 5. August (Maria Schnee) Jasminblüten und andere weiße Blumen gestreut. Das Mittelalter, dem diese Sitte nicht mehr bekannt war, hat das Herabrieseln der weißen Blüten fälschlicherweise als Schnee gedeutet. Das Aufhausener Gnadenbild, eine Nachbildung des Maria-Schnee-Gnadenbildes in Rom, ist eine Stiftung

des Pfarrers Johann Georg (1641–1729), der von 1667 bis zu seinem Tode hier wirkte. Es steht in einer Glasvitrine auf dem Hochaltar und zeigt die Madonna mit Krone und Zepter, das ebenfalls gekrönte Jesuskind auf dem Arm. Kaiser Leopold I. schenkte für das holzgeschnitzte, farbig gefaßte Bildwerk ein von silbernen Engel gehaltenes goldenes Herz mit vierunddreißig Edelsteinen. Die Kartuscheninschrift lautet:

> Maria, genandt zum Schnee
> Wendt ab von uns all Ach und Weh
> Und uns in letzter Noth beysteh.

Gnadenbild Maria Schnee

Bayerisch Eisenstein (Lkr. Regen)

Großer Arber und Großer Arbersee
Der Große Arber ist mit 1455 m der höchste Berg des Bayerischen Waldes. Von seinem Gipfel aus hat man einen weiten Rundblick vom Fichtelgebirge bis zu den Alpen. Im Winter ist der Große Arber mit seinen Liften, Abfahrten und Übungshängen ein Skiparadies. Unterhalb des Berges liegt inmitten von Wäldern der etwa 4,5 ha große Arbersee, um den schattige Wanderwege führen.

Sowohl Berg als auch See sind von Sagen umwoben. Auf dem Arber sollen vor langer Zeit drei Riesen mit Namen Ossa, Arwa und Falko gehaust haben. Nach ihnen wurden später die Gipfel benannt. Der Riese Ossa bewohnte eine gewaltige Burg, Falko hauste im Höllbachgespreng und Arwa, der mächtigste von ihnen, hatte sein Lager auf der Ostkuppe aufgeschlagen, wo er einen reichen Schatz aus Gold und Edelsteinen hütete. Dieser war in einer Höhle verborgen, welche der Riese mit einem gewaltigen Felsbrocken, auf dem er auch schlief, verschließen konnte. Nur bei Nacht öffnete er das Versteck, leuchtete mit einer riesigen Kerze hinein und spielte mit seinen Kostbarkeiten. Einem Köhlerjungen namens Loisl gelang es, die Riesen heimlich zu beobachten. Er hatte sich eines Abends unter einer Tanne zum Schlafen gelegt, als plötzlich an den Hängen des Arbers große Lichter aufflammten; die Erde dröhnte unter den Schritten der Riesen, die sich alle drei in Arwas hell erleuchtete Höhle begaben, wo sie ein fröhliches Zechgelage veranstalteten. Arwa, stark berauscht, prahlte mit seinem Goldschatz, konnte seither aber keine Ruhe mehr finden aus Angst, von seinen Genossen bestohlen zu werden.

Nixe, Holzschnitt 1846

Bald darauf wurde Loisl Zeuge, wie der Riese zum Arbersee hinunterstieg, um die dort wohnenden Wassernixen beim Spiel zu stören. Seine riesige Kerze stellte er am Ufer ab; der Köhlerbub nutzte die Gelegenheit, an ihr hochzuklettern und sie auszublasen, so daß es stockfinster wurde. Der Riese, der sich in der Dunkelheit nicht zurechtfinden konnte, tappte hilflos umher und stürzte schließlich in den See. Sofort zogen die Nixen ihn hinunter auf den Grund, wo er nun für alle Zeiten bleiben muß. – Schlägt der Arbersee heftige Wellen, so wird dies als Toben des zornigen Riesen gedeutet. Die vielen Königskerzen, die an den Hängen des Großen Arber wachsen, sollen Arwas Lichter sein. Auch an den Arbersee knüpft sich eine Schatzsage: Es heißt, in ihm leben Fische mit goldenen Schuppen und Augen aus Edelsteinen. Ihr Haus besteht aus weißen Perlen, ihre Betten aus roten Korallen. Ein Fischer hatte einst einen kleinen Fisch gefangen; dieser bat ihn, ihn freizulassen und sich stattdessen um einen jener großen und kostbaren Fische zu bemühen. Von Gier gepackt, setzte der Fischer das Tier ins Wasser zurück und warf nochmals die Angel aus. Als er ein Ziehen an der Leine verspürte, beugte er sich neugierig so weit vor, daß er das Gleichgewicht verlor und in den See stürzte. Seither wurde er nicht mehr gesehen.

BEIDL (Markt Plößberg, Lkr. Tirschenreuth)

Kreuz- oder Teufelsstein

Fährt man von Beidl in Richtung Plößberg, so sieht man am Ortsende in einem Weiher einen mächtigen Granitblock liegen, auf welchem drei Kreuze stehen. Eine Lokalsage macht den Teufel zum Landschaftsbildner: Als man die Kirche zu Beidl baute, habe der Teufel sie zerstören wollen und zu diesem Zweck in Gestalt einer Krähe einen Stein herbeigetragen. Als aber das Angelusläuten ertönte, mußte er den Stein loslassen. Dieser wurde im Fallen immer größer und schwerer, bis er seine jetzige Gestalt angenommen hatte. Es heißt, er habe die besondere Eigenschaft, sich am Karfreitag mittags um die eigene Achse zu drehen.
→ Nabburg → Perschen

BERCHING (Lkr. Neumarkt i.d.OPf.)

Hecht am Neumarkter Tor

Das malerisch im Tal der Sulz gelegene Berching wurde erstmals 883 in einer Schenkungsurkunde Kaiser

Karls III. erwähnt; 912–1803 war es dem Hochstift Eichstätt unterstellt. Fast vollständig erhalten blieb die mittelalterliche Stadtbefestigung mit Ringmauer, Wehrgang, Türmen und Toren. Die von Nord nach Süd verlaufende Sulz teilt den Ort in eine Doppelstadt, deren zwei Marktplätze von stattlichen Giebelhäusern umrahmt werden.
Im Norden des älteren Teils, östlich der Sulz, liegt das Neumarkter oder Krapfentor mit seiner in späterer Zeit rundbogig vergrößerten Durchfahrt. An der Innenseite in der Mitte, von einem Eisenwinkel gehalten, befindet sich ein 50 cm langer Karpfen oder Hecht aus Metall. In seinem Maul hängt an einem Haken eine Laterne, die wie ein Käfig aussieht, und an folgende sagenhafte Begebenheit erinnern soll: Als nach einem Hochwasser, bei dem die Sulz die anliegenden Wiesen überflutet hatte, das Wasser zurückging, blieb ein hilfloser Hecht auf dem Gras liegen. Ein Bürger brachte das unbekannte Tier ins Rathaus. Als der Hecht dort verzweifelt das Maul aufriß, sollen die Zuschauer gerufen haben: „Seid's stad, jetz singt 'a glei".

Bischofsmais (Lkr. Regen)

Wallfahrtsstätte St. Hermann

In einem Seitental liegt 1 km westlich von Bischofsmais die Wallfahrtsstätte St. Hermann. Sie zählt zu den volkskundlich bedeutsamsten Kultstätten des Bayerischen Waldes. Die Anlage besteht aus drei Waldheiligtümern, der Einsiedelei-Kapelle, der Brunnen-Kapelle und der Wallfahrtskirche. Sie wird auf drei Seiten von einer Mauer umfriedet, die vierte Seite wird vom Hermannsbach und hohen Erlen begrenzt.
Der hl. Hermann, auch Hirmon genannt, war Mönch im Benediktinerkloster *Niederalteich*, zog sich aber später als Einsiedler zurück. 1322 baute er in *Frauenau* bei *Zwiesel* eine Marienkapelle. Er starb am 28. Dezember 1326 und wurde in der Vorhalle der Benediktinerpropstei *Rinchnach* bestattet.
Schriftliche Aufzeichnungen erwähnen die Wallfahrt zum hl. Hermann in Bischofsmais zum ersten Mal zwischen 1341 und 1342. Ein handschriftliches Mirakelbuch über die Zeit von 1642 bis 1808 verzeichnet zahlreiche Gebetserhörungen.
Über die Entstehung der Waldheiligtümer berichtet die Legende, ein Bauer habe auf einem Ochsengespann einen gewaltigen Baum von den Hängen der Breitenau nach Hause transportieren wollen. Ein

Stück westlich der heutigen Wallfahrtskirche blieben die Tiere stehen und weigerten sich beharrlich weiterzugehen. Der Bauer vermutete, daß ihnen die Last zu schwer sei und begann, den Stamm entzweizusägen. Dabei kam eine eingewachsene Holzfigur des hl. Hermann zum Vorschein, für die man eine Kirche baute. Ein Tag nach der Fertigstellung war die Statue plötzlich spurlos verschwunden; durch Zufall fand man sie an der Breitenau wieder. Weil sie ursprünglich in einem runden Stamm gelegen hatte, wurde jetzt ein Rundkirchlein, die Brunnenkapelle, gebaut. Bald darauf verschwand die Figur erneut und wurde im Wald aufgefunden. Ihre Verehrer zimmerten nun eine kleine Kapelle aus Holz, die Einsiedelei, wo die Figur fortan blieb.

Der kleine Holzbau mit Zwiebeldachreiter wurde 1690 auf älteren Fundamenten errichtet; die ausschließliche Verwendung von Holz sollte wohl die Erinnerung an die mittelalterliche Klause wachhalten. Auf dem Altar steht eine hölzerne Bischofsfigur, die wohl den hl. Bartholomäus verkörpert, aber als hl. Hermann verehrt wird. Zahlreiche Votivtafeln zeugen von tiefer Gläubigkeit.

Im linken Seitenschrank ist eine aus schwerem Buchsbaumholz geschnitzte Figur untergebracht, die den hl. Hermann in betender Haltung im Meßgewand und ohne Füße darstellt; man nimmt an, daß sie im 17. Jh. aus einem älteren Werk umgearbeitet wurde. Die Wallfahrt war besonders berühmt wegen des „Hirmonhopsens“, einer Form des Heiratsorakels. Da der Heilige angeblich über hellseherische Fähigkeiten verfügte, war er vor allem bei heiratslustigen Mädchen beliebt, die oft von weither kamen, um den Hirmon am rückwärtigen Ende seines Meßgewandes emporzuheben (zu „hopsen“). Sollte er dabei mit dem Kopf nicken („knauken“), so würde die Betreffende noch im selben Jahr zur Braut genommen. Heute kann der Hirmon allerdings nicht mehr hopsen: 1875 wurde ihm ein neuer Kopf fest auf den Hals geleimt, und die Tradition des „Hirmonhopsens“ mußte aufgegeben werden. Ob der Brauch tatsächlich mit dem Hermannskult in Verbindung steht, ist zweifelhaft, da solche Hebe-Riten auch an anderen Wallfahrtsstätten Altbayerns existierten.

Von der Kapelle ist seitlich ein Nebenraum mit eigenem Eingang abgetrennt, die sog. Hermannszelle. Sie enthält eine Fülle hölzerner Votivgaben, in erster Linie menschliche Arme und Beine. Die naturalistische Darstellung weist auf Wunden und Krankheiten

der Spender hin, denn der Heilige wurde vor allem bei Geschwüren, Leibschäden und Verkrümmungen der Gliedmaßen angerufen.
Gegenüber der Einsiedelei ist ein von Votivtafeln umgebener Kasten in goldenem Rahmen aufgestellt. Der in ihm hängende Stein deutet auf das sog. „Käsemirakel“ hin. Im Jahr 1657 hatte eine Bäuerin dem hl. Hermann einen Laib Käse versprochen, wenn er ihr in einer Notlage zu Hilfe käme – was auch geschah. Dankbar pilgerte sie daraufhin nach Bischofsmais, um ihr Gelübde zu erfüllen. Bevor sie aber ihre Opfergabe auf den Altar legte, wollte sie noch schnell ein Stück vom Käse abbrechen, um es zu essen – da verwandelte sich der Laib in Stein!
Die runde Brunnenkapelle wurde 1611 errichtet. Neben dem Eingang befindet sich in einer Nische ein Brunnentrog aus Granit, der von der Hermannsquelle gespeist wird. Die Legende erzählt, der heilige Einsiedler habe diese Quelle für einen durstleidenden Fuhrmann dem Boden entlockt. Die eigentliche Wallfahrtskirche, in der heute Gottesdienste gehalten werden, wurde 1653/54 gebaut und 1844 erneuert. Das Hochaltarbild von 1722 stellt den hl. Hermann in weißem Gewand als Fürsprecher der Armen und Kranken dar: Als er während einer Hungersnot die Muttergottes um Hilfe anrief, erschien sie auf einer Getreidegarbe und bedeutete ihm, die Bauern sollten das gedroschene Stroh ein weiteres Mal dreschen. Das „Getreidewunder“ von Bischofsmais soll dem Hunger ein Ende bereitet haben.

Totenbretter

Außerhalb der Kirchenmauer, entlang des Fußweges, sind im Schutz einer Baumgruppe zahlreiche Totenbretter aufgereiht. Sie zeugen von einem alten Brauchtum im Bayerischen Wald, wo noch bis zu Beginn des 19. Jh. jeder Tote im Sterbehaus auf einem „Leichbrett“ oder „Leichladen“ aufgebahrt wurde. Das älteste noch erhaltene Totenbrett aus dem Jahr 1815 stammt aus der *Neukirchner* Gegend und wird im Stadtmuseum *Straubing* aufbewahrt.
Nach der Beerdigung wurde der Verstorbene mit Todessymbolen wie Stundenglas, zerbrochenen Kerzen oder einem Totenschädel versehen und sein Name und seine Lebensdaten ins Holz geschnitzt. Oft wurden kurze Sprüche hinzugefügt, die den ernsten Anlaß bisweilen durchaus humoristisch aufgriffen oder unfreiwillig komisch gerieten:

Hier ruht die Barbara Gschwendtner
Sie wog mehr als zwei Zentner.
Gott geb ihr in der Ewigkeit
Nach ihrem Gewicht die Seligkeit.

Weil man glaubte, die Arme Seele des Toten könne erst dann Ruhe finden, wenn sein Totenbrett verfault und zur Natur zurückgekehrt sei, wurden die Bretter an exponierten Stellen in der Natur, bei einer Feldkapelle, an einer Wegkreuzung, an einer kleinen Brücke, am Rand einer Sumpfwiese oder unter einer Baumgruppe aufgestellt.

Totenbretter bei St. Hermann

Wegen der Berührung mit dem Toten verbanden sich abergläubische Vorstellungen mit den Leichbrettern: Bei Entwendung oder Mißbrauch eines Brettes erscheint der Tote leibhaftig und fordert es von dem Frevler zurück. Wer Totenbretter verheizt, dem wird der Ofen zerrissen. Wenn sich eine Person nach der Bestattung auf das Brett setzt, muß sie den oder die Verwitwete heiraten. Totenbretter, die man in ein Krautbeet steckt, bannen die schädlichen Raupen. Das Wasser, das man aus einem Graben unter einem Totenbrett schöpft, gilt als Heilmittel gegen Herzleiden.
Mit dem Funktionswandel zum Gedenkbrett änderte sich auch die Ausgestaltung der Totenbretter. Von nun an wurden sie mit dekorativen Schnitzereien, Kerbschnitten und Aussägungen verziert. Zum „Kreuzlmachen" benutzte man ein Brotmesser, dem magische Kräfte zugeschrieben wurden, ersatzweise auch eine geweihte Dreikönigskreide. Die eigens verfaßten Reimsprüche nehmen Bezug auf Leben und Tod des

Verstorbenen. Heute werden Totenbretter nur noch als Erinnerungsmale für mehrere Familienmitglieder gemeinsam aufgestellt. Auch Leute, die sich um die Heimat verdient gemacht haben, werden mit einem Totenbrett geehrt, wie beispielsweise der baltische Dichter Siegfried von Vegesack, der nach dem Ersten Weltkrieg im Bayerischen Wald eine zweite Heimat fand. Schon vor seinem Tod 1974 ließ er sein Totenbrett anfertigen, das über seinem Grab am Waldrand von Weißenstein hängt. Den Spruch dafür schrieb er selbst:

> Hier, wo ich einst gehütet meine Ziegen,
> will ich vereint mit meinen Hunden liegen.
> Hier auf dem Pfahle saß ich oft und gern.
> O Wanderer, schau Dich um und lobe Gott den Herrn!

→ Neukirchen → St. Englmar

BOGENBERG (Stadt Bogen, Lkr. Straubing-Bogen)

Bogenberg mit Wallfahrtskirche Hl. Kreuz und Mariä Heimsuchung

Der 1952 zur Stadt erhobene Ort wird bereits im 8. Jh. urkundlich erwähnt. Von großer historischer Bedeutung ist der 120 m über der Donau aufragende Bogenberg, eine der ältesten noch erkennbaren Siedlungen Bayerns. Der langgezogene Bergrücken war schon in der Bronzezeit besiedelt und mit Wallanlagen befestigt; während der Ungarneinfälle im 10. Jh. diente er der Bevölkerung als Zufluchtsstätte. Großen Anteil an der Erschließung der Gegend hatten die Grafen von Bogen, die im 11. Jh. auf dem Berg ihre Burg bauten; Steinreste und Spuren einer Befestigungsanlage sind nördlich der Kirche noch heute sichtbar. Das weißblaue Rautenwappen des 1242 erloschenen Geschlechts ging durch die Heirat der Gräfin Ludmilla von Bogen mit Ludwig dem Kelheimer (1183–1231) an die Wittelsbacher über; es schmückt heute das Bayerische Staatswappen.
Über die Eheschließung der 1170 geborenen böhmischen Prinzessin mit dem Wittelsbacher berichtet im 15. Jh. der Geschichtsschreiber Veit Arnpeck, die damals bereits verwitwete Frau habe Ludwigs Liebeswerben nur unter der Bedingung nachgeben wollen, daß er sie auch heirate. Auf Anregung ihrer Berater griff sie zu einer List und nahm Ludwig vor einem mit drei Rittern bemalten Wandteppich das Eheversprechen ab. Unmittelbar danach erschienen drei lebende Ritter, die sich hinter dem Teppich versteckt hatten

und so Zeugen geworden waren. Auf diese Weise war der Kelheimer gezwungen, sein Versprechen auch wirklich einzulösen.

Seit 1104 ist der Bogenberg Ziel einer Wallfahrt. Die jetzige, 1463 vollendete, auf steil zur Donau abfallendem Granitfelsen stehende dreischiffige Hallenkirche ersetzt mehrere ältere Bauten. Die Inneneinrichtung wurde in den folgenden Jahrhunderten häufig geändert und dem Stil der Zeit angepaßt. Der Hochaltar und der Altar im Choreingang wurden nach dem Zweiten Weltkrieg von dem Münchener Künstler Roland Friedrichsen geschaffen.

Gnadenbild der Maria, Bogenberg

Das um 1400 entstandene Gnadenbild auf dem Altar am Choreingang zeigt die Muttergottes in der Hoffnung. Im Leib der Figur befindet sich eine rechteckige, umstrahlte Öffnung, die eine verlorengegangene Statue des Christusknaben enthielt. Die Maria ist seit der Barockzeit bekleidet, weshalb heute nicht mehr zu erkennen ist, wie sehr sie sich von anderen unterscheidet. Das ursprüngliche Gnadenbild, wohl eine stark verwitterte thronende Muttergottes aus romanischer Zeit, fand in einer seitlichen Nische des Chores seinen Platz. Wann und warum es ersetzt wurde, ist nicht bekannt. Der Wechsel von Wallfahrtsbildern ist jedoch durchaus üblich.

Die Legende berichtet, das Gnadenbild sei entgegen allen Naturgesetzen von der Donau stromaufwärts getragen und in der Nähe von Bogen auf einen Felsen gesetzt worden. Graf Aswin von Bogen barg es aus den Fluten, wobei er sein Leben riskierte, indem er mit seinem Pferd vom südwestlich der Kirche gelegenen „Ludmillafelsen" in die Tiefe sprang. Ein Hufabdruck seines Pferdes soll am Felsen zu sehen sein. Eine bildliche Darstellung dieser Legende ist in der Kirchenvorhalle auf einer Steintafel aus dem 15. Jh. zu sehen. Die vom Kloster *Oberalteich,* dem die Kapelle nach dem Verfall der Burg zugefallen war, nach Kräften geförderte Wallfahrt auf den Bogenberg erfreute sich bald großer Beliebtheit. Die Mirakelbücher berichten von wunderbarer Hilfe, die die Muttergottes vor allem Ertrinkenden und werdenden Müttern gewährt hat. Aus der ganzen Gegend kommen Prozessionen; berühmt ist die jährliche Pfingstwallfahrt der Gemeinde *Holzkirchen* bei *Vilshofen*, die seit fast 500 Jahren so viel Wachs opfert, wie ein Mann an einer 13 m langen Stange aufrecht tragen kann. Dies erfordert viel Kraft und Geschicklichkeit, denn die Spitze darf den Boden nicht berühren, da sonst angeblich ein Krieg droht. Anlaß der Kerzenwallfahrt war eine Borkenkäferplage im 15. Jh., die an Nadel- und Laubhölzern schweren Schaden anrichtet. Die riesigen Kerzen (mit rotem Wachs ummantelte Fichtenstangen) sind in der Kirche auf dem Bogenberg zu sehen.

BÖHMISCHBRUCK (Stadt Vohenstrauß, Lkr. Neustadt a. d.Waldnaab)

Hussitenkreuze

Nahe der Ortsausfahrt Richtung Vohenstrauß steht hinter der Brücke über die Pfreimd auf der linken Seite auf einem Granitsockel ein schmiedeeisernes, teilweise vergoldetes Kreuz. Dahinter liegen drei stark verwitterte Steinkreuze, die, wie es heißt, für Mönche aufgestellt worden sein sollen, die an dieser Stelle von Hussiten erschlagen wurden.

Die Hussiten waren Anhänger des tschechischen Reformators Johannes Hus (1369–1415), der – entgegen der kaiserlichen Zusage des freien Geleits – am 6. Juli 1415 vom Konstanzer Konzil als Ketzer verbrannt wurde, weil er seine Lehre nicht widerrufen wollte. Daraufhin schlossen sich seine Anhänger in Gruppen zusammen, und es kam zu schweren, auch kriegerischen Auseinandersetzung mit Staat und Kirche. Bei Übergriffen in die benachbarten Länder hatten u. a. auch Bayern und Österreich unter Plünderungen und Mord zu leiden. Daß die „Hussitenkreuze" in Böhmischbruck tatsächlich mit den Hussiten zu tun haben,

Gedenkkreuz mit Hussitenkreuzen

muß allerdings bezweifelt werden; der Name ist immerhin ein Zeichen dafür, wie sehr sich diese Zeit ins kollektive Bewußtsein eingeprägt hat.
Vermutlich handelt es sich bei den Kreuzen um sog. Sühnekreuze, wie sie in Sühneverträgen des 13.–16. Jh. häufig erwähnt werden. Diese hatten den Zweck, die Versöhnung eines Mörders oder Totschlägers mit der geschädigten und verletzten Partei herbeizuführen und damit Rache und Fehde zu verhindern. Der Täter verpflichtete sich, für das Seelenheil des Toten, der aufgrund seines plötzlichen Ablebens ja nicht mehr selbst Sorge für seine Erlösung aus dem Fegefeuer tragen konnte und also auf die Gebetshilfe der Lebenden angewiesen war, ein Kreuz zu setzen. Solche Kreuze gelten im Volksglauben als Spukorte, an denen die Seele des Opfers umgeht und auf Erlösung wartet. So will viele Jahre später ein Bewohner aus Böhmischbruck an besagter Stelle des Nachts ein Licht und darin einen Geistlichen gesehen haben, der mit einer Stola bekleidet war. Erst als die Mitternachtsglocke schlug, sei die Erscheinung verschwunden.
→ Kallmünz → St. Englmar

BREITENSTEIN (Markt Königstein, Lkr. Amberg-Sulzbach)

Ehem. Burg
Von der einsamen Burg, die ehemals einen Jurafelsen krönte, ist heute nur noch die romanische Doppelkapelle (wohl aus dem späten 12. Jh.) erhalten. Die Anlage verfiel im 17. Jh. Anfang des 18. Jh. ließ die Sulzbacher Herzogin Eleonore die Kapelle renovieren.

Das Schicksal des ehemals stattlichen Bergschlosses hat auch in der Sage Spuren hinterlassen. Erzählt wird vor allem von sog. „Wilden Leuten“ oder „Waldleuten“, die in der Gegend um den Breitenstein hausen sollen. Der Volksglaube versteht darunter tierhaft behaarte Naturdämonen beiderlei Geschlechts, die sich vor allem in Wäldern und Bergen aufhalten, wo sie einzeln oder in Familien leben. Bildliche Darstellungen zeigen sie in Fellen, mit Eichenlaub umgürtet und bekränzt, manchmal einen ausgerissenen Baum in der Hand haltend. Von Gestalt sind sie entweder riesig oder aber zwergenhaft klein; der Umgang mit ihnen ist durch Tabus beschränkt und nicht ungefährlich. Oft sind sie dem Menschen gegenüber gutmütig, helfen bei der Arbeit, beraten hinsichtlich Saat und Ernte, hüten das Vieh und geben ihr Wissen von heilkräftigen Pflanzen weiter. Wer hingegen faul ist und böse, wird von ihnen bestraft.

Wilder Mann und wilde Frau

Vom Breitenstein wird u. a. die sog. „Frauenjagdsage“ erzählt, deren früheste Belege aus dem Mittelalter stammen. Ihr Thema ist die Verfolgung eines oder mehrerer weiblicher Dämonen durch den Jäger, der mit seinem Gefolge unter großem Lärm vor allem in stürmischen Nächten umherzieht. Ein menschlicher Beobachter kann die Verfolgten schützen; vielfach aber wird er Zeuge, wie der Wilde Jäger die Frau tötet und als Jagdbeute über den Sattel seines Pferdes wirft.
Ein Breitensteiner Tagelöhner, der einmal im Wald Holz schlug, soll von einem Waldweiblein gebeten worden sein, in jeden gefällten Baum drei Kreuze zu schlagen, damit es darauf rasten und so der Gewalt des Wilden Jägers entgehen könne. Außerdem forderte es ihn auf, am nächsten Tag einen kleinen dicken Kuchen mitzubringen; diesen höhlte es aus, aß nur die Krumen,

füllte ihn dann mit Sägespänen und gab ihn dem Mann zurück. Der Tagelöhner, verärgert über das schlechte „Geschenk“, warf den Kuchen zu Hause so heftig auf den Tisch, daß er platzte, woraufhin drei goldene Taler herausfielen. Das Waldweiblein aber wurde seitdem nicht mehr gesehen. Nur zuweilen hörte man um den Breitenstein herum ein Heulen und Klagen, was als Zeichen für baldiges Unglück galt.
Einer anderen Sage zufolge lebte einst auf dem Schloß eine tüchtige und fleißige Magd. Zwei Waldleute, ein Männlein und ein Weiblein, halfen ihr bei der Arbeit, so daß sie mehr schaffte als die übrigen Dienstboten, weshalb die Waldleute zum Dank stets etwas von den übriggebliebenen Speisen erhielten. Die anderen Mägde hinterbrachten aus Neid die Sache dem Schloßherrn, woraufhin dieser das Waldmännlein fangen und einsperren ließ. Es verhungerte in der Gefangenschaft, obwohl das Weiblein „guten Schlehenstein“ (eine alte Heil- und Zauberpflanze) als Lösegeld geboten hatte. Daraufhin verfluchte das Waldweiblein den Burgherren und seinen Besitz. Sein Geschlecht werde bald untergehen und von der Burg kein Stein auf dem anderen bleiben. Sogar die Schlehensträucher sollten in Zukunft nicht mehr wachsen. In der Tat wurde die Burg, die bis 1638 kaiserliches Lehen war, in langwierige Streitigkeiten mit benachbarten Fürsten verwickelt. Wachsende Verschuldung der Familie führte zum Ruin. Mit dem Tod des letzten Breitensteiners 1666 starb das Geschlecht, die restlichen Güter fielen an das Herzogtum Sulzbach.

C

CHAM (Lkr. Cham)

Marktbrunnen

Auf dem Marktplatz der in der Further Senke gelegenen alten Stadt, deren Anfänge bis ins 10. Jh. zurückreichen, steht seit 1995 ein von dem Eggenfeldener Bildhauer Joseph Michael Neustifter geschaffener Bronzebrunnen, der thematisch eng mit der Sagenwelt des Waldlandes verbunden ist und zugleich politische und ökologische Probleme spiegelt.
Zu den aus Bronze gefertigten, stark stilisierten Brunnenfiguren gehören außer einem Porträt des gebürtigen Chamers Nikolaus Graf von Luckner (1722–1794), der als Marschall in Frankreich zu Ruhm gelangte und am 4. Januar 1794 in Paris unter der Guillotine starb, eine Waldhexe mit ihren Kindern sowie der „Bilmesschneider“ oder „Bilwis“. Dieser wird im Volksglauben als

Der Chamer Marktbrunnen

ein dämonisches Wesen verstanden, das mit Sicheln an den Füßen Steige ins Kornfeld schneidet und so das gelegentliche Auftreten streifenförmig umgelegter Halmreihen verursacht. Seit dem Mittelalter verlor der Dämon seine Identität, wurde zunehmend in Menschengestalt diabolisiert und rückte in die Nähe von Zauberern und Hexen. Alte Waldler-Geschichten berichten, wie mitunter ein Nachbar des um die Ernte gebrachten Bauern als Bilmesschneider entlarvt wurde.
Der Bilwis am Chamer Marktbrunnen allerdings hat mit dem schadenstiftenden Korngeist der Sage wenig gemein; er trägt außer den Sicheln Ährenbüschel in den Händen, Weinstock und Reben am Körper und um den Hals das Symbol der Friedensbewegung, das „Peace"-Zeichen. Auch die Hexenfigur, wiewohl keine Schönheit, kommt im Vergleich zu ihrer kannibalischen Artgenossin aus dem Grimmschen Märchen

„Hänsel und Gretel“ positiv weg: Federn, Blumen, Blätter und Ranken auf ihrem Gewand lassen „Mutter Natur“ assoziieren, die angesichts des aktuellen Waldsterbens besorgt in ihren die Zukunft offenbarenden Zauberspiegel schaut. Auf dem Baumstamm, der ihr als Sitz dient, stehen die Worte: „Die Wälder gehen den Völkern voran, die Wüsten folgen ...“

CHAMERAU (Lkr. Cham)

Felsen im Regen

Zwischen *Cham* und dem 7 km östlich gelegenen Chamerau, dem Stammsitz eines bedeutenden Adelsgeschlechts, steht eine Reihe von Felsen im Fluß Regen, die von der Sage als versteinerte Menschen gedeutet werden. Sie erzählt von einem Ritter von Chamerau, der ein Auge auf eine schöne Müllerstochter aus dem Regental geworfen hatte, aber von dieser abgewiesen worden war. Er wollte sie daher mit Gewalt entführen und fiel eines Tages, als sie gerade auf einer Wiese am Fluß Leinen bleichte, mit seinen Knechten über sie her. Das Mädchen konnte jedoch fliehen und stürzte sich mit dem Ruf „Gott gnade meiner Seele!“ in die Fluten, und in einer Untiefe gelang es ihr, Fuß zu fassen. Als der Ritter und seine Leute ihr auch hierhin zu folgen versuchten, wurden sie in Felsblöcke verwandelt, die noch heute im Regen liegen. – Tatsächlich machten Wegelagerer und Raubritter im 15. Jh. die Straßen im Bayerischen Wald unsicher. Herzog Albrecht III. (1438–60) ließ in *Straubing* einmal elf Räuber hinrichten, darunter auch den Chamerauer Ritter mit seinen Knappen.

CHAMMÜNSTER (Stadt Cham, Lkr. Cham)

Kath. Pfarrkirche Mariä Himmelfahrt

Das wenige Kilometer östlich von Cham am Zusammenfluß von Chamb und Regen errichtete ehem. Kloster wurde im 8. Jh. von Benediktinern der Abtei St. Emmeram in *Regensburg* gegründet. Als Zentrum für Missionierung und Rodung war es im frühen Mittelalter von großer Bedeutung, denn von hier aus wurde das weitere Umland und Böhmen erschlossen. Während des 10. Jh. erlag Chammünster dem Angriff der Ungarn und mußte aufgelöst werden. Die ehem. Klosterkirche ist jetzt Pfarrkirche; in ihrer großzügigen Anlage verrät sie noch die frühere Bedeutung. Teile des Chores aus dem 13. und das dreischiffige Langhaus aus dem 15. Jh. stehen auf den Fundamenten einer

Legende von den 3 Lebenden und den 3 Toten, Fresko 15. Jh.

romanischen Basilika. In der nördlichen Ecke des Friedhofs hat sich das Untergeschoß eines Karners (Beinhaus) aus dem 12. Jh. zur Aufnahme der bei der Anlage neuer Gräber gefundenen Gebeine erhalten, über dem um 1400 die Friedhofskapelle St. Anna erbaut wurde.
1912 wurde bei Restaurationsarbeiten in der Pfarrkirche an der nördlichen Hochwand des Mittelschiffs ein aus dem 15. Jh. stammendes Fresko mit einer Darstellung der Legende von den drei Lebenden und den drei Toten freigelegt, fälschlicherweise oft „Totentanz" genannt. Gezeigt werden drei Könige unterschiedlichen Alters, denen drei nackte, ebenfalls gekrönte Verstorbene gegenüberstehen. Ursprünglich waren auf dem Bild wohl auch Spruchbänder zu sehen mit der mahnenden Botschaft „Was ihr seid, sind wir gewesen – was wir sind, werdet ihr sein!"
Vorbild dieser Memento mori-Darstellung dürfte das berühmte Fresko „Triumph des Todes" auf dem Domfriedhof (Camposanto) in Pisa sein. Das Motiv der drei Lebenden und drei Toten ist schon im 3. Jh. im Orient nachweisbar. Über Spanien und Frankreich kam es im Mittelalter auch nach Deutschland, wo eine künstlerische Ausgestaltung dieses Themas jedoch relativ selten ist.
→ Oberalteich → Regensburg → Roding → Straubing

Deggendorf (Lkr. Deggendorf)

„Knödelwerferin" und „Knödel" am Rathaus
Die am Nordufer der Donau gelegene Kreisstadt, das Tor zum Bayerischen Wald, ist bereits 868 urkundlich erwähnt. 1242 kam die Siedlung, die im Schutz eines befestigten Herzogshofes lag, in den Besitz der Wittelsbacher, die in geringer Entfernung eine architektonisch durchdachte Neustadt anlegten. Von den mittel-

Deggendörfer Knödel

alterlichen Wohn- und Befestigungsbauten ist wenig erhalten; eine bekannte Ortssage erinnert indessen an die Vergangenheit, in der es nicht selten zwischen rivalisierenden Adelsgeschlechtern zu erbitterten Erbstreitigkeiten kam:

1220 war der letzte Graf von Deggendorf nach Böhmen geflohen und verlor seine Besitzungen, um die sich alsbald die Grafen von Bogen, die Babenberger Herzöge von Österreich und die Wittelsbacher stritten. Nach dem Aussterben der beiden erstgenannten Familien 1242 bzw. 1246 machte auch der böhmische König Ottokar Herrschaftsansprüche geltend und sandte ein Heer an die Donau. Da nun die Deggendorfer den Böhmen den Einlaß in ihre Stadt verwehrten, wollten diese den Zeitpunkt abpassen, da Wächter und Verteidiger mittags zum Essen die Wehrgänge verlassen würden – was jedoch ausblieb, weil die Frauen ihnen die aus Knödeln bestehende Mahlzeit an die „Front" gebracht hatten. Als böhmische Späher auf den Zinnen auftauchten, wurden sie mit kochendheißen Knödeln bombardiert, so daß sie vor Schreck die Sturmleitern hinunterstürzten.

Diese sog. „Knödelsage" wird auch von einer von Erika Einhellinger 1984/85 geschaffenen Brunnenplastik aufgegriffen, die in der Schlachthausgasse neben dem Verkehrsamt am Oberen Stadtplatz steht. An der Südseite des 1535 erbauten Rathauses hängen links und rechts über dem Eingang zum Ratskeller zwei an Eisenketten befestigte kopfgroße Steinkugeln – Zeugen alter Gerichtsbarkeit, die als Fußfesseln benutzt oder

Straftätern als „Schandkugel“ um den Hals gehängt wurden. Der Volksmund bringt diese Kugeln ebenfalls mit der Ortssage in Verbindung und bezeichnet sie scherzhaft als „Knödel“ oder „Mehlspeis zum Umhängen“.

Hl.-Grab-Kirche
Die am südlichen Ende des Straßenmarktes gelegene Kirche, im Volksmund „die Gnad“ genannt, ist mit ihrem hochragenden, 1723/27 von Johann Michael Fischer nach Entwürfen von Johann Baptist Gunetsrhainer errichteten Barockturm – einem der schönsten in Süddeutschland – das Wahrzeichen der Stadt. Der Name der Kirche geht zurück auf ein im 14. Jh. an dieser Stelle errichtetes Heiliges Grab, das später zum sog. „Gruft“- oder „Judenaltar“ umgestaltet wurde. Begonnen wurde der Bau 1337 als Sühnekirche. In diesem Jahr hatten die Deggendorfer ihre Juden, denen sie Hostienschändung vorwarfen, aus der Stadt vertrieben und teilweise ermordet – ein von stark verschuldeten Bürgern häufig beschrittener Weg, um ihre Gläubiger unter dem Vorwand des Religionsfrevels loszuwerden. Über den Anlaß des Pogroms berichtet die Legende, eine Magd habe ihre versetzten Festkleider auslösen wollen und den Juden zehn konsekrierte Hostien als Pfand gegeben. Diese fügten nun den Hostien allerlei Martern zu, indem sie sie mit Dornen kratzten, mit einer Schuhahle stachen, in einen heißen Backofen legten, auf einem Amboß zu zertrümmern oder auch einfach zu verschlucken suchten. Die Hostien überstanden alle diese Schändungen unversehrt, begannen aber zu bluten, und es erschien ein kleines Kind, der Jesusknabe.
Obwohl diese Legende historisch nicht belegt ist, erlaubt sie interessante Einblicke in die Geschichte des Antisemitismus. Seit Jahrhunderten haben die Andersartigkeit der religiösen Gebräuche, der Anspruch auf Auserwähltheit, der Minderheitencharakter und angebliche völkische Eigenheiten der Juden Anlaß zur Gegnerschaft gebildet. Seit den Kreuzzügen, verstärkt seit dem Spätmittelalter, verschlechterte sich ihre rechtliche und wirtschaftliche Stellung, nicht zuletzt unter dem Einfluß von Legenden über Brunnenvergiftung, Ritualmord oder Hostienschändung. In Deggendorf, Ausgangspunkt einer Judenverfolgung, war von einem Hostienfrevel zunächst wohl gar nicht die Rede. Vielmehr scheint man die Legende erst nachträglich zur Rechtfertigung des Massakers an den Juden herangezogen zu haben. Zur Sühne für den vorgeblichen

Deggendorfer Hostienfrevel

Frevel (aber wohl auch, um das eigene Gewissen zu beruhigen) baute man an der Stelle der ehem. Synagoge eine dreischiffige Kirche, in der die Hostien zur Verehrung ausgestellt wurden.
Die Legende erzählt weiter, einem neugeweihten Priester sei es auf wunderbarer Weise gelungen, die Hostien aus dem Brunnen zu bergen, in welchen die Juden sie geworfen hatten. Er habe den Kelch über ihn gehalten, und die Oblaten seien von selbst hineingeschwebt. Zwei Gemälde an der südlichen Außenfassade der Kirche (1500 und 1792) schildern die „Übertragung des Hl. Mirakels“ sowie eine Marienerscheinung über dem „Gnadenbrunnen“.
Die 1360 geweihte Grabkirche war bis ins 20. Jh. Ziel einer Wallfahrt, der weit über Niederbayern hinaus berühmten „Deggendorfer Gnad“. Als man in den 60er Jahren die Haltlosigkeit des Vorwurfs der Hostien-

schändung erkannte, kam es zu einem regelrechten Eklat mit der Konsequenz, daß die vierzehn 1710 entstandenen Tafelbilder mit Darstellungen zur Deggendorfer Hostienlegende aus dem Altarraum der Grabkirche entfernt wurden. Einige befinden sich heute im Stadtmuseum (Östlicher Stadtgraben 28), das der „Deggendorfer Gnad" eine Dauerausstellung gewidmet hat. Die Wallfahrt selbst, seit 1967 eine eucharistische Wallfahrt der Diözese Regensburg, wurde 1992 ganz eingestellt. Den Juden gegenüber hat man eine offizielle Entschuldigung für die jahrhundertelange Verleumdung ausgesprochen. An der Südseite der Grabkirche wurde eine Gedenktafel angebracht.

Dietfurt a. d. Altmühl
(Lkr. Neumarkt i. d. OPf.)

Chinesenbrunnen
Die „Sieben-Täler-Stadt" am Zusammenfluß von Weißer Laaber, Ludwig-Donau-Main-Kanal und Altmühl ist wahrscheinlich vom Grafen von Hirschberg um 1110 gegründet worden. Obwohl die Stadtbefestigung großenteils verlorengegangen ist, erkennt man noch die alte Anlage aus dem 15. Jh. In der Mitte des Hauptplatzes steht das Rathaus aus dem späten 17. Jh. Der originelle „Chinesenbrunnen" davor stammt aus den sechziger Jahren des 20. Jh. Ein topfähnliches Becken aus Beton mit seitwärts angebrachten Armen stellt den Rumpf eines Chinesen dar. Die mitten aus dem Becken ragende Säule, aus der aus kleinen Röhren das Wasser fließt, gibt den Hals wieder. Obenauf sitzt der Kopf mit typischem Chinesenbart und -hut.

„Chinesenbrunnen", Dietfurt

Der Brunnen ist Mittelpunkt eines originellen lokalen Fastnachtsbrauches, des sog. „Chinesenfaschings“, der am „Unsinnigen Donnerstag“, dem Donnerstag vor Fastnachtssonntag, stattfindet und seit 1934 praktiziert wird.
Die Überlieferung berichtet von einem bischöflichen Kämmerer aus Eichstätt, der gekommen war, um Steuern einzutreiben. Die Bürger ließen ihn jedoch vor verschlossenen Toren stehen, woraufhin der Kämmerer seinem erzürnten Herrn berichtete, die Dietfurter hätten sich hinter ihren Mauern verschanzt „wie die Chinesen“. Seitdem tragen sie wegen ihrer vermeintlichen chinesischen Ruhe und Passivität diesen Spitznamen. Dementsprechend nennt sich der Dietfurter Faschingsprinz „Kaiser von China“, und der Chinesenfasching, der alljährlich Tausende von Besuchern anzieht und unter dem Motto „Tschei Ei ei nei, hoch lebe die Narretei“ steht, beginnt frühmorgens mit dem „Wecken der gelben Ameisen“. Am nachmittäglichen Festtzug nehmen dann viele faschingsbegeisterte Bürger in chinesischen Gewändern teil.

DILLBERG (Lkr. Neumarkt i. d. OPf.)

Berg
Nördlich von *Postbauer* liegt der Weiler Dillberg mit dem 595 m hohen Berg gleichen Namens. Links von der schmalen Straße, die über die Berghöhe führt, sind Reste von Wällen und Gräben zu erkennen.
Die Sage vermutet hier das Grab von König Attila (got. „Väterchen“), jenem berühmten hunnischen Eroberer, dessen Herrschaftsgebiet im Osten zeitweise bis zum Kaukasus, im Westen bis fast an den Rhein reichte. 451 wurde er von einem Heer der Westgoten, Burgunden und Germanen schwer geschlagen; nach seinem Tod 453 zerfiel sein Reich. In Sagen und Liedern jedoch lebt die Erinnerung an Attila fort. Allein in der Oberpfalz gibt es zahlreiche Orte, die als letzte Ruhestätte des Hunnenkönigs gehandelt werden. Vom Dillberg etwa wird erzählt, die Hunnen hätten Gänge hineingebaut und tief unten eine Grabkammer mit reichen Schätzen eingerichtet, nachdem Attila auf dem Rückzug von einer Schlacht in dieser Gegend gestorben sei. Viele haben in späterer Zeit nach dem Schatz gesucht, doch immer ohne Erfolg. Die tatsächliche Grabstätte Attilas bleibt unbekannt.
→ Hirschau

Dingolfing (Lkr. Dingolfing-Landau)

Pferdehufabdruck auf der Hochbrücke
Bereits um 770 befand sich unweit des Isarübergangs ein Herzoghof der Agilolfinger. Im 13. Jh. errichteten dann die Wittelsbacher Herzöge auf einer hochwassersicheren Terrasse eine befestigte Burgsiedlung, die „Obere Stadt". Ein Großteil der daraus entstandenen Stadt liegt heute allerdings im Isartal.
Die Hochbrücke, ein monumentales Backsteinbauwerk, wurde 1612 errichtet und 1966 restauriert. Sie überbrückt in fünf Rundbogenarkaden die Asenbachschlucht und erschließt die Obere Stadt von Süden aus. Der südliche Torbogen hat eine Zinnenbekrönung. Auf der Mitte der Brücke befindet sich in einer gemauerten Nische eine Plastik des hl. Johannes von Nepomuk und etwa 7 m daneben auf der Mauerbrüstung ein ziemlich verwitterter Abdruck, der in Größe und Form an einen Pferdehuf erinnert. Daran knüpft sich die wohl bekannteste Sage von Dingolfing:
Zur Zeit des Österreichischen Erbfolgekrieges 1743 waren die Franzosen in der Stadt eingeschlossen. Bei einem verzweifelten Ausfallversuch der Eingeschlossenen scheute plötzlich eines der Pferde und sprang über das Brückengeländer. Wie durch ein Wunder jedoch kamen der Soldat und sein Roß wohlbehalten unten am Asenbach an und konnten über die Isarbrücke fliehen. Nur der Abdruck des Pferdehufs blieb auf dem Geländer zurück.
Ein Gedenkstein am Ende der Brücke erinnert an die gefallenen Soldaten der Schlacht.
→ Stephansbergham

Isarmoos
Zwischen Dingolfing und *Landau* zieht sich entlang der Isar und der parallel zu ihr verlaufenden Autobahn in breiter Fläche das sog. Isarmoos. Der Sage nach sollen hier früher Wälder gestanden haben, in denen Zwerge lebten, die den Menschen freundlich gesinnt waren und ihnen eifrig bei der Arbeit halfen. Als aber der Wald aufgrund der Habgier der Bauern abgeholzt wurde und so die Zwerge ihren Lebensraum verloren, zogen sie fort, und die Menschen mußten fortan ihre Arbeit ohne ihre Hilfe verrichten.
Auf den Wiesen im Isarmoos werden gelegentlich runde, wie verbrannt aussehende Flecken sichtbar, deren Entstehung auf dem konzentrischen Wachstum eines Fadengeflechts von Pilzen (Myzel) beruht, das die darüberliegende Vegetation beeinflußt. Aufgrund

fehlender Kenntnis wurden solche Kreise oder Ränge früher übernatürlichen Ereignissen zugeschrieben. Die naheliegendste Erklärung war jene, dämonische Wesen hätten dort getanzt und die Vegetation niedergetrampelt oder weggebrannt. So soll auch im Fall des Isarmooses ein Bauer einmal beobachtet haben, wie Hexen bei eigenartiger Musik wilde Tänze aufführten, weshalb die besagten Stellen noch heute „Hexenringe" heißen.

Seit dem 15. Jh. waren Hexenflug und Hexensabbat zentrale Elemente des Hexenglaubens; sie wurden in der dämonologischen Literatur ausführlich erörtert und regten die Sagenbildung an. Viele Erzählungen berichten von einem nächtlichen Fest der Hexen und ihrer Luftreise dorthin. Die Versammlungen finden zu ganz bestimmtem Terminen statt, deren wichtigster die Nacht zum 1. Mai (Walpurgisnacht) ist. Im Mittelpunkt steht ein Gelage mit Essen, Musik und Tanz, mit Teufelsanbetung und wilden Orgien. Doch ist der Sabbat auch eine ‚Konferenz' und ‚Fortbildungsveranstaltung', bei der über schadenzauberische Praktiken aller Art beraten wird. Für ihre Treffen bevorzugen die Hexen Orte, die für die übrigen Menschen schwer oder gar nicht zugänglich sind oder die als Spukorte in Verruf stehen. Mit Vorliebe treffen sie sich auf den charakteristischen Berggipfeln einer Region, den „Blocksbergen", aber auch auf Kreuzwegen, Richtstätten, oder, wie im Fall des Isaarmooses, in Moor-, Sumpf- und Heidegebieten.

→ Landau an der Isar

DONAUSTAUF (Lkr. Regensburg)

Walhalla

Der 11 km von *Regensburg* entfernte Ort im Donautal liegt am Fuß des Bräubergs, auf dem die Ruine der 1634 von den Schweden zerstörte Festung der Regensburger Bischöfe steht.

An seinem Westhang erhebt sich die in Form eines griechischen Tempels errichtete Walhalla, das größte und bedeutendste Nationaldenkmal Deutschlands aus dem 19. Jh. Sie wurde 1830–41 von Leo von Klenze im Auftrag König Ludwigs I. von Bayern (1829–1848) nach dem Vorbild des Parthenon auf der Athener Akropolis erbaut und am 18. Oktober 1842 eröffnet. Den Plan, Bildnisse bzw. Gedenktafeln „rühmlich ausgezeichneter Teutscher" in einem Ehrentempel aufzustellen, hatte Ludwig schon als Kronprinz unter dem Eindruck der Niederlage Preußens gegen Napoleon gefaßt

Einweihung der Walhalla durch König Ludwig I. am 18. 10. 1842. Lithographie

und seither von den besten Bildhauern seiner Zeit entsprechende Porträtbüsten anfertigen lassen.
Von dem mächtigen Bau hat man eine herrliche Aussicht. Das vordere Giebelfeld zeigt neben einer riesenhaften Germania fünfzehn weitere Symbolfiguren, das hintere eine Darstellung der Schlacht im Teutoburger Wald (9 n. Chr.); beide sind Werke von Ludwig Schwanthaler (1802–1848).
Das Innere der Walhalla ist ein mit seltenen Marmorarten verkleideter Saalbau. Breite Pfeiler teilen die Mittelhalle in drei fast quadratische Räume. Die Marmorbüsten (nicht nur deutscher Männer und Frauen) sind teils auf Sockeln, teils auf übereinanderliegenden Konsolen angebracht. Das Gebälk des Daches wird in der Emporenzone von Walküren getragen: Dienerinnen des Kriegsgottes Odin, der in seinem im Göttersitz Asgard gelegenen Wohnort Walhall („Halle der Gefallenen") die auf dem Schlachtfeld getöteten Krieger um sich schart.
Der Kreis der hier verehrten großen Deutschen wird vom Bayerischen Staat immer wieder erweitert. 1998 wurde die Büste der Maria Theresia von Jesu Gerhardinger (1797–1879), Gründerin der Armen Schulschwestern des Münchener Angerklosters, in der Walhalla aufgestellt. Am 15. September 1999 kam als 125. Büste die des ersten deutschen Bundeskanzlers Konrad Adenauer (1876–1967) hinzu. Der gesamte Raum ist von einem Figurenfries aus weißem Marmor umzogen. Johann Martin von Wagner (1777–1858), der in Rom für König Ludwig I. als Antiquitätenaufkäufer tätig war, hat es mit szenischen Darstellungen aus der Urgeschichte der Germanen angefüllt, wobei er sich selbst und seine Mitarbeiter bei der „Predigt eines Missionars

vor einer Jagdgesellschaft" porträtierte. Oberhalb der von zwei ionischen Säulen flankierten Sitzfigur des königlichen Stifters ist die Bekehrung der Germanen zum Christentum durch den Apostel Bonifatius (675–754) zu sehen. Der auf den Namen Wynfrith (Winfried) getaufte Sohn eines angelsächsischen Adligen begann 715 seine Missionstätigkeit auf dem Kontinent. Er wirkte in Hessen und Thüringen, wurde 722 in Rom zum Bischof geweiht und zehn Jahre später zum Erzbischof und päpstlichen Vikar für das deutsche Missionsgebiet ernannt. 747 wurde Bonifatius päpstlicher Legat für das Frankenreich und Erzbischof von Mainz. Auf dem Walhalla-Fries ist die wohl bekannteste Bonifatius-Legende dargestellt. Sie zeigt den Bischof, wie er 732 bei Geismar in Hessen eine dem germanischen Gott Donar geweihte Eiche mit einem einzigen Axthieb fällt und mit Hilfe der bekehrten Heiden aus dem Holz eine Kapelle zu Ehren des Apostelfürsten Petrus baut.

EDELSFELD (Lkr. Ambach-Sulzberg)

Teufelssattel

Nordöstlich von Edelsfeld befindet sich das Waldstück „Trostholz", in welchem linker Hand an dem nach *Altmannsberg* führenden Fußweg ein riesiger Stein liegt, der seiner Form nach an einen großen Sattel erinnert. An ihn knüpft sich eine Erklärungssage, die das Vorhandensein dieses Steins mit dem Teufel in Verbindung bringt: Die erste Version berichtet, der Höllenfürst habe nach einem Besuch des Münchner Oktoberfestes aus den Bergen einen Felsbrocken geholt, um darauf heimzufliegen, sei jedoch aus unbekannten Gründen im Trostholz gelandet. Nach der zweiten Version soll er den Stein als Sattel benutzt haben, mußte ihn dann aber wegwerfen, weil er seinem Pferd zu schwer wurde. – Wohl von hierher gilt der Platz als auch als Spukort, an dem ab und zu ein Gaul ohne Kopf umherläuft.

→ Beidl → Perschen → Schönbrunn → Vilseck

EHENFELD (Lkr. Amberg-Sulzbach)

Ehenbach

In dem zwischen Ehenfeld und *Hirschau* gelegenen moorigen Gebiet entspringt der Ehenbach, der südlich von *Luhe* in die Naab mündet. Die Fische in den vom Bach gebildeten Tümpeln sind angeblich keine natürlichen Tiere, sondern dorthin gebannte böse Geister, die Menschen belästigt hatten. War es in einem Anwesen nicht geheuer, wandte man sich an alte Bader um Hilfe, die zwar als Angehörige eines „unehrlichen" Gewerbes sozial wenig geachtet waren, doch außergewöhnliche Fähigkeiten besitzen sollten. Der Bader kam also mit einem großen Sack, in welchen er die in Gestalt schwarzer Katzen erscheinenden Geister bannte. Dann trug er den Sack zu einem der Ehenbacher Tümpel, wo sie sich in Karpfen verwandelten, um bis zum Jüngsten Tag dort zu bleiben. Manche dieser Geisterkarpfen sind so alt, daß auf ihrem Rücken Moos wächst. Man sieht sie gelegentlich von den Uferwiesen aus, konnte jedoch noch nie einen fangen.

EINING (Lkr. Kelheim)

Römerkastell Abusina

Einige Kilometer nördlich von *Neustadt a. d. Donau* liegt Eining mit dem Römerkastell Abusina, dessen Name sich wohl vom Fluß Abens herleitet, der an dieser Stelle in die Donau fließt. Ende des 19. Jh. beginnende Ausgrabungen legten hier ein römisches Kohortenlager aus dem 2. Jh. frei. Das Kastell war ursprünglich wohl ein Holzbau mit Erdwall, bevor es später in Stein ausgebaut wurde. Die Anlage hat sich erhalten, bis sie Anfang des 5. Jh. durch Markomannen teilweise zerstört wurde. Heute sind im wesentlichen noch die Mauerführung und die Lage der Tore und Bäder zu erkennen.

Hadriansäule

Etwas weiter nördlich steht auf der gegenüberliegenden Donauseite an der nach *Kelheim* führenden Straße eine etwa 2,50 m hohe steinerne Säule, deren Inschrift daran erinnert, daß hier der von den römischen Kaisern Trajan, Hadrian und Probus angelegte befestigte Grenzwall (Limes) begann, der das Römische Reich von den germanischen Völkern im Norden trennte.

Der Limes ist das weitläufigste historische Denkmal des süd- und westdeutschen Raums. Er bestand zunächst aus Erd- und Palisadenwerk, gelegentlich auch aus Steinmauern mit vorgelagertem Graben und Wachtürmen; gesichert wurde er durch hinter der Grenze liegende Kastelle. Geht man von der Hadriansäule aus auf der anderen Seite der Straße etwa 100 m auf einem schmalen Weg feldein, so kommt man zu einem nachgebauten hölzernen Limes-Wachturm.

Die Sage will wissen, daß Kaiser Hadrian (117–138 n. Chr.) bei einem Unglücksfall in dieser Gegend ums Leben kam und in einem goldenen Sarg, umhüllt von einem zweiten aus Silber, in der Nähe von Abusina begraben wurde. Die Suche nach dem Kaiser im goldenen Sarg blieb jedoch vergeblich. Tatsächlich ist Hadrian in Baiae, dem heutigen Baia, in der italienischen Provinz Neapel gestorben.

ETTERZHAUSEN (Gem. Nittendorf, Lkr. Regensburg)

Räuberhöhle
Am östlichen Ortsende von Etterzhausen führt ein Waldweg in etwa 15 Minuten zur hoch über der Naab gelegenen sog. Räuberhöhle. Archäologische Funde zeigen, daß die Höhle – eine Kalksteingrotte – schon in der frühen Steinzeit entstanden sein muß.
Eine Sage erzählt, ein Bewohner der Burg, die einst über der Höhle lag, soll einen Ritter mit der Versicherung in die Burg gelockt haben, daß in der Tiefe der Höhle ein großer Schatz vergraben sei. Dort hat er ihn dann im Kampf getötet, wobei er sich aber selbst schwer verletzte, so daß er neben seinem Opfer starb. Es heißt, daß die beiden Toten tief im Boden ruhen und daß es seither in der Höhle spukt. In besonderen Nächten soll der eiserne Handschuh des Mörders aus dem Boden fahren.

F

FELDKIRCHEN (Markt Geisenhausen, Lkr. Landshut)

Frauenholz
Einige Kilometer südöstlich von Feldkirchen liegt ein großes Waldstück, das den Namen Frauenholz trägt. Wie der Name entstand, erklärt folgende Sage:
Der Wald gehörte einst einem reichen, aber sehr geizigen Mann. Sein Nachbar hingegen war so arm, daß er mit Frau und Kind große Not litt. Als nun die Frau starb, erbat er von dem Reichen ein paar Bretter für den Sarg, doch der ließ ihn mit Hunden vom Hof hetzen. Bald darauf kam ein schweres Gewitter auf, und der Geizhals fürchtete für seinen Wald und lief aufgeregt hinaus, um die stürzenden Tannen zu zählen. Von einer von ihnen wurde er erschlagen. Nun erwies es sich aber als unmöglich, einen Sarg für seinen Leichnam anzufertigen, da Beil und Hobel so heiß wurden, daß niemand sie anfassen konnte. So wurde er ohne Sarg in die Erde gelegt. Zur Strafe für seine Sünden

mußte der hartherzige Reiche die Qualen des Fegefeuers erdulden: Als feurige Gestalt ging er fortan nachts im Frauenholz um, bis es seinem Sohn endlich gelang, ihn zu erlösen, indem er auf Geheiß des Verstorbenen den Wald der Kirche „Unsere liebe Frau von Feldkirchen“ schenkte. Seitdem wurde die feurige Gestalt nicht mehr gesehen.

FREYUNG (Lkr. Freyung-Grafenau)

Schloß Wolfstein

Die Kreisstadt Freyung liegt am „Goldenen Steig“, einem mittelalterlichen Handelsweg von Passau nach Böhmen, der vor allem dem Salzhandel diente. Im 14. Jh. erhielt das neu erschlossene Gebiet den Namen „Freyung“, weil die Siedler in diesem entlegenen Teil des Fürstbistums Passau für eine bestimmte Zeit von Abgaben „frei“ gesprochen wurden.

Wolfstein, das frühere Jagdschloß der Fürstbischöfe, thront auf einer Felskuppe des großen Pfahls. Es wurde als Wehrburg zum Schutz des Goldenen Steigs vom Passauer Bischof Wolfker um 1200 errichtet und im 19. Jh. renoviert. Heute beherbergt es die „Galerie Wolfstein“ und ein Jagd- und Fischereimuseum.

Die Sage erzählt von einem Ritter, der aus Zorn über die Absolutionsgewalt des Wolfsteiner Schloßkaplans die im ersten Stock gelegene Kapelle zerstören wollte. Als er zu diesem Zweck auf seinem Schimmel die Treppe hinaufritt, bäumte sich das Tier auf und stürzte,

„Aufhocker“

wobei der Reiter sich das Genick brach. Seither erscheint er häufig als schwarze Gestalt in der Nähe des Schlosses; man erzählt sich, er springe dem nächtlichen Wanderer auf den Rücken, raube ihm den Atem und versetze ihn in Angst und Schrecken. Der dämonische Druckgeist läßt sich eine Strecke weit tragen, ohne daß man ihn abschütteln kann. Erst wenn die Kirchturmuhr das Ende der Geisterstunde verkündet, läßt er von seinem Opfer ab. – Psychologisch gesehen handelt es sich bei einem Gespenst, das an einer bestimmten Stelle „aufhockt", um eine Angstprojektion. Das Erlebnis wird durch die eigenen Beklemmungen ausgelöst, während das Wissen um den Ort oder den Zeitpunkt der Erlösung das Druckerlebnis beendet.

Reschmühle mit Teufelsstein

Die etwa 3 km nördlich von Freyung am Reschbach gelegene frühere Wassermühle dient heute Wohnzwecken, doch ist ihre ursprüngliche Funktion noch deutlich erkennbar. Im unteren Mauerwerk befindet sich ein Stein mit Spuren, die an einen Pferdefuß erinnern. An ihn knüpft sich eine Sage, deren Hintergrund die Tatsache bildet, daß Mühlen wegen ihrer abseitigen Lage oft als Spukorte galten und der Beruf des Müllers über nur wenig Sozialprestige verfügte. Häufig wurde Müllern unterstellt, sich an dem ihnen anvertrauten Mahlgut zu bereichern.

Vor vielen Jahren, so heißt es, lebte in der Reschmühle ein Müller, der mit dem Teufel im Bunde war. Mit Hilfe seines höllischen Genossen und eines Zauberbuches hoffte er, zu Reichtum und Ansehen zu gelangen. So brachte er ohne Mühe die schwierigsten Arbeiten zustande und half auch den Fuhrleuten, wenn sie bei seiner Mühle mit ihrem Fuhrwerk stecken blieben. Eines Tages fand ein Knecht in Abwesenheit des Müllers das Buch und begann in ihm zu lesen. Da füllte sich die Stube mit schwarzen Raben, die ihn angriffen. In diesem Augenblick erschien der Müller und nahm dem Knecht das Buch aus der Hand. Sofort waren die schwarzen Vögel wieder verschwunden. Als sich der Müller später vom Satan lossagen wollte, versuchte der Höllenfürst, die Mühle in den Bach zu stürzen. Dabei stemmte er sich gegen einen Stein. – Der Abdruck seines Pferdefußes sei noch heute an ihm zu sehen ist. Zauberbücher, wie in dieser Erzählung erwähnt, hat es wirklich gegeben. Es handelt sich um Zusammenstellungen magisch-mantischer Anweisungen, durch die natürliche Vorgänge auf übernatürliche Weise beeinflußt werden sollen.

FÜRSTENECK (Lkr. Freyung-Grafenau)

Schloß

Das ehem. Schloß steht auf einer Bergzunge, die von der Wolfsteiner Ohe umflossen wird. Die Errichtung der Anlage geht auf den Passauer Bischof Wolfker von Ellenbrechtskirchen (1190–1204) zurück. Bis zur Säkularisation war sie im Besitz des Hochstiftes Passau. Heute wird sie als Hotel-Restaurant genutzt.

Die Sage erzählt, ein Passauer Fürstbischof, ein großer Liebhaber der Jagd, sei mit Wilddieben, die ein Vorrecht adliger Grundherren verletzten, besonders hart und unnachgiebig verfahren. Wurde einer ertappt, so ließ er ihn zunächst in den Hungerturm einsperren. Dann schnallte man ihn auf einen weißen Hirsch, der von Hunden in die Wälder gehetzt wurde. Dabei kam der Wilddieb grausam ums Leben. Die Seele des Fürstbischofs fand angesichts dieser Verbrechen keine Ruhe. Es heißt, er reite nachts auf einem Schimmel durch die Wälder, begleitet von den jammernden und heulenden Wildschützen, deren Leben er auf dem Gewissen hat.

FÜRSTENZELL (Lkr. Passau)

Ehem. Kloster

Das ehem. Zisterzienserkloster liegt ca. 8 km südwestlich von *Ortenburg*. Die Überlieferung weiß von einer Einsiedlerzelle mit Kapelle zu berichten, die dem hl. Laurentius geweiht war und schon vor der Jahrtausendwende bestand. 1274 gelangte das Areal in den Besitz der Augustiner-Chorherren zu St. Nikola in *Passau*. 1930 erwarb der 1824 in Frankreich gegründete Maristenorden, eine in Seelsorge, Mission und Jugenderziehung tätige religiöse Vereinigung, das ehem. Kloster; seit 1962 betreibt er in Fürstenzell ein Gymnasium für Jungen. Die im Rahmen von Führungen zugänglichen barocken Klostergebäude, die nach 1770 umgestaltet wurden, enthalten neben dem Fürstensaal und dem ehem. Refektorium einen von dem Passauer Bildschnitzer Josef Deutschmann kunstvoll ausgestatteten Bibliotheksraum, ein herausragendes Werk des bayerischen Rokoko. Die in den Jahren 1740 bis 1748 von Johann Michael Fischer errichtete Rokokokirche mit prächtiger Innenausstattung wird wegen ihrer Größe auch „Dom des Rottals" genannt.

Die Sage berichtet von einem Abt, dem die Gabe der Rede versagt war. Als er wieder einmal eine langweilige Predigt gehalten hatte, versprach ihm der Teufel, ihn zum perfekten Kanzelredner zu machen, wenn er ihm seine Seele verschreibe. Der Mönch willigte ein. Ber der nächsten Predigt eroberte der Abt die Herzen seiner Zuhörer, bangte aber fortan um seine Seele. Ein alter Mönch riet ihm, er solle, während das Kloster für ihn bete, in eine mit Weihwasser gefüllte Wanne steigen. Der Abt befolgte den Rat, und seine Seele wurde gerettet. Doch konnte er bis ans Ende seiner Tage nicht mehr sprechen.

Furth im Wald (Lkr. Cham)

Landestormuseum/Drachenstich

Die erstmals 1086 urkundlich erwähnte Stadt an der Chamb liegt in der Further Senke, die den Oberpfälzer und den Bayerischen Wald trennt. Anlaß zur Gründung war das Bedürfnis nach einer starken Sicherung an der jahrhundertelang gefährdeten Grenze zu Böhmen. Wegen der zahlreichen kleinen Händel und Grenzkriege ist von den historischen Bauten außer der Pfarrkirche wenig erhalten geblieben; von der alten Burg sind nur Reste vorhanden. Der Schloßplatz hat sich mittlerweile zu einem Kulturzentrum entwickelt. 1866 baute man an die Stelle des Burgtores einen neugotischen Turm, in dem heute das Landestormuseum untergebracht ist.

Eine besondere Attraktion der Stadt ist der alljährlich im August aufgeführte „Drachenstich", das älteste Volksschauspiel Deutschlands, in dem sich Elemente der Georgslegende mit einem historischen Stoff, dem Schicksal der Bevölkerung zur Zeit der Hussitenkriege, vermischt haben. Die Rahmenhandlung bildet die Liebesgeschichte zwischen einem tapferen Ritter namens Udo und der Burgherrin von Furth.

Drachenkampf in Furth im Wald, Zeichnung 19. Jh.

Die Legende geht zurück auf einen jungen römischen Soldaten, der um 303 n. Chr., unter der Regierung Kaiser Diokletians, wegen der Verteidigung seines christlichen Glaubens den Märtyrertod erlitten haben soll. Im Deutschen Reich wurde er durch die Initiative Kaiser Heinrich II. (1002–1024) zum Schutzpatron des Adels. Aufgrund des völligen Fehlens von Urkunden und authentischen Berichten rankten sich bald Mythen und Legenden um Leben und Tod des hl. Georg, die sagenhafte Ausdeutungen erhielten und durch Einflechten anderer Erzählungen die verschiedensten Abwandlungen erfuhren. So wird er als Nothelfer bei Viehseuchen, vor allem aber als Bezwinger des Bösen verehrt: Der Legende nach besiegte Georg in Silena in Lybien einen Drachen, der die Stadt bedrohte und dem täglich eine Jungfrau geopfert werden mußte. Anschließend ließ er das Untier von der geretteten Königstochter an deren Gürtel in die Stadt führen und tötete es, nachdem die Bewohner versprochen hatten, den christlichen Glauben anzunehmen und sich taufen zu lassen. Künstlerische Darstellungen zeigen den hl. Georg daher als Drachentöter.
Ursprünglich war das Spiel vom „Drachenstich“ ein Teil der Further Fronleichnamsprozession, wobei direkt hinter dem Baldachin mit dem Allerheiligsten der Ritter hoch zu Roß, den Drachen an einer Kette führend, und die Burgherrin folgten, welche er samt Stadt aus großer Gefahr gerettet hatte. Seit 1886 aber ist der Drachenstich ein selbständiges, von Laiendarstellern auf dem weiten Stadtplatz aufgeführtes Schauspiel, zur Zeit in einer 1952 von Josef Martin Bauer geschriebenen Fassung. Der Handlung liegen Vorgänge der historischen Schlacht von Taus gegen die Hussiten im August 1431 zugrunde, in der die Reichsritterschaft unterlegen war: Die Bauern flüchten vor den Hussiten und dem feuerspeienden Drachen ins Further Schloß, dessen Herrin sich schließlich dem Ungeheuer ausliefern will, um ihr Volk zu retten. Udo, dem Fahnenträger des Ritters Erasmus Sattelpogner, gelingt es jedoch, den Drachen nach schwerem Kampf zu töten, indem er ihm seine Lanze in den Rachen stößt.
Das Landesmuseum besitzt neben vielen anderen Zeugnissen zur Regional- und Stadtgeschichte eine umfangreiche volkskundliche Sammlung, die auch Dokumente zur Geschichte des „Drachenstichs“ enthält. In diesem Haus hat auch der Drache seine ‚Höhle‘, in der er das ganze Jahr über besichtigt werden kann. Im Lauf der Zeit hat er beträchtliche Wandlun-

gen erfahren und ist immer mehr vervollkommnet worden. Nach mehreren Vorgängern, darunter ein vom Münchner Hoftheater ausrangierter Lindwurm aus einer Inszenierung von Richard Wagners Oper „Siegfried“, baute 1974 eine Metallbaufirma für 380 000 DM ein technisches Wunderwerk. Das derzeit amtierende Untier ist 18 m lang, 4 m breit, 3,5 m hoch und wiegt 9 Tonnen. Es wird von einer im Inneren sitzenden vierköpfigen Besatzung mit Hilfe eines komplizierten Hydrauliksystems gesteuert.

GANACKER (Markt Pilsting, Lkr. Dingolfing-Landau)

Kirche St. Leonhard

Die Kirche St. Leonhard ist eine dreischiffige Staffelhalle aus der zweiten Hälfte des 15. Jh. Im Chorschluß befindet sich ein großformatiges Ölgemälde mit der Darstellung des hl. Leonhard als Patron des Viehs. Ein ungewöhnliches Zeugnis einer langen und regen Wallfahrtstätigkeit ist die Eisenkette, die den Kirchenbau in halber Höhe umspannt. Einer Legende zufolge handelt es sich um die Stiftung eines Fuhrmanns, der mit Pferd und Wagen auf der schlecht ausgebauten Straße nach Landau steckengeblieben war und mit Gottes Hilfe freikam. Auf dem Friedhof war früher ein 2 m langer, rechteckiger Behälter zu sehen, das sog. „Fuhrmannsgrab“; man behauptete, unter ihm liege der Mann begraben, der die Kette gestiftet hatte.

Der heilige Leonhard, Sproß einer fränkischen Adelsfamilie, lebte im 6. Jh. als Einsiedler, später als Abt des Klosters Noblac bei Limoges. Ihm wird neben vielen Wundern eine besondere Fürsorge für die Gefangenen zugeschrieben, deren Ketten durch das an ihn gerichtete Gebet zersprungen sein sollen. In der Barockzeit wurde Leonhard auch zum Patron der Kranken und Helfer in allen Nöten einer bäuerlich strukturierten Welt, besonders im Hinblick auf das Vieh. Sein Attribut, die Kette (oft mit Halsring und Schloß), wird daher entweder als Gefangenen- oder als Viehkette gedeutet. Da er in diesem Zusammenhang überdies als Nothelfer für Pferde angerufen wurde, sind in den St. Leonhard geweihten Kirchen Hufeisen als Votivgabe geopfert worden, und zwar in so großen Mengen, daß man sie, zu Ketten aneinandergefügt, um die Kirche legte (weshalb man auch von „Kettenkirchen“ spricht). Am 6. November, dem Festtag des Heiligen, pflegte man in weiten Teilen Bayerns außerdem in geschmückten Roßgespannen um die Kirche zu fahren und die Pferde segnen zu lassen. Die bekannteste die-

ser „Leonhardifahrten“ findet noch heute in Bad Tölz statt; in Ganacker gibt es diesen Brauch allerdings nicht mehr.
Die Ganacker Kirche besaß früher einen reichen Schatz an Votivgaben, der sich heute im Heimatmuseum *Landau* befindet. Es handelt sich um kleine eiserne Tierfiguren, die meist Pferde und Kühe darstellen. Mit ihnen verband sich der Brauch des „Rößlopfers“, der ebenfalls zum Segen und Schutz des Viehs diente: So viele Tiere ein Bauer besaß, so viele Votive wählte er aus, legte sie in seinen Hut, umschritt damit den Altar, warf Geld in den Opferstock und schüttete dann die Figuren wieder in den Kasten.

GNADENBERG (Gem. Berg, Lkr. Neumarkt i.d.OPf.)

Ehem. Birgittenkloster
Nördlich von *Neumarkt* liegt eindrucksvoll auf halber Bergeshöhe über dem Schwarzachtal die Ruine der ehem. Klosterkirche. 1426 wurde Gnadenberg als erstes Birgittenkloster Bayerns durch Pfalzgraf Johann von Neumarkt und seiner Gattin Katharina gegründet. Der Kirchenbau begann um 1450 und wurde 1511 vollendet. 1635 wurden Kirche und weite Teile des Klosters von den Schweden in Brand gesteckt, 1655 im das ehem. Nonnenrefektorium im Nordflügel des Klosters und das darüber liegende Refektorium zur Kirche ausgebaut. Von der ehem. Klosterkirche sind drei Umfassungsmauern aus rotem Sandstein erhalten. Die Ruine läßt auch heute noch die exakte Befolgung der Bauvorschriften der schwedischen Mystikerin Birgitta (1303–1373) erkennen: die Kirche war südwestlich ausgerichtet – eine architektonische Besonderheit – und besaß drei gleich breite und hohe Schiffe zu fünf Jochen.
Die Stifterin des Klosters, Katharina von Pommern, wurde nach ihrem Tod zuerst in der Neumarkter Hofkirche beigesetzt, aber ihrem Wunsch gemäß in die Gnadenberger Klosterkirche überführt, nachdem diese fertiggestellt war. Durch die Zerstörung im Dreißigjährigen Krieg wurde das Grab der edlen Stifterin verschüttet; sein Ort ist seither unbekannt. Der Sage nach wandert Katharina weißgekleidet am Allerseelentag nach dem Gebetsläuten langsam und traurig durch die Ruine und dann den Berg hinunter bis zu dem kleinen Ölsbach, wo sie verschwindet. Es heißt, sie weine über die Zerstörung des Klosters.
→ Neusath-Perschen → Rieden → Wildenstein
→ Wolfsegg

Grabplatte des Ritters Martin von Wildenstein
An der Südostwand der Ruine befindet sich die Rotmarmor-Grabplatte des Wildensteiners (gest. 1466), eine hervorragende Arbeit, die den Verstorbenen als Relieffigur zeigt. Über dem Kopf sieht man die Insignien des Drachenordens, in den Ecken des Steins die Symbole der vier Evangelisten. Um die ehem. Burg Wildenstein und das Geschlecht der Wildensteiner ranken sich viele Sagen, wie die vom ewigen Schachspieler.
→ Wildenstein

GREISING (Stadt Deggendorf, Lkr. Deggendorf)

Bildsäule „Hölzerne Hand"
Fährt man von Deggendorf auf der Ruselstraße in Richtung *Regen* und biegt bei der Wegmacherkurve links ab, so erreicht man auf einer kleinen Straße nach „Berghaus-Landshuterhaus" den großen Parkplatz *Oberfrohnreut*. Von dort führt der markierte Wanderweg Nr. 2 in Richtung *Oberbreitenau,* vorbei an einem Marienkapellchen mit Totenbrettern und dem Alpenvereinshaus. Nach etwa 15 Minuten steht links an der Wegespinne, wo alle nach Greising führenden Wege zusammenlaufen, ein Wegzeichen in Form einer Hand

„Hölzerne Hand"

aus Holz, die sich in einem überdachten und vergitterten Kasten befindet.

Volkstümliche Überlieferung bietet für ihr Vorhandensein folgende Erklärungen an: Der ersten zufolge erinnert die Hand an die wunderbare Rettung von Holzarbeitern, Bauern und Händlern, die sich im Greisinger Hochwald verirrt hatten; nach der zweiten an Wallfahrer, die zum hl. Hermann nach *Bischofsmais* gepilgert waren und sich auf dem nächtlichen Heimweg verirrt hatten. Als sie in ihrer Not den Himmel um Hilfe anriefen, soll eine Hand erschienen sein, die in die gesuchte Richtung wies. Eine dritte Version erzählt von einem Deggendorfer Maler, dessen Pferd auf dem Weg von *Regen* nach Deggendorf im Schnee steckengeblieben war. Er flehte zur Muttergottes, worauf eine Hand erschien und ihm den richtigen Weg zeigte. Zum Dank ließ er die Säule mit der hölzernen Hand errichten.

GRIESSTETTEN (Stadt Dietfurt a. d. Altmühl, Lkr. Neumarkt i. d. OPf.)

Wallfahrtskirche St. Martin

Die Kirche liegt südlich von Dietfurt im idyllischen Altmühltal. Bereits im 12. Jh. läßt sich die Verehrung der „drei elenden Heiligen" („elend" bedeutet hier „ausländisch", „aus der Fremde kommend") im ältesten Wallfahrtsort des Landkreises Neumarkt nachweisen: Um 1140 hatten sich die zwei schottischen Benediktiner Zimius und Vimius im nahen *Einsiedel* niedergelassen. Etwas später schloß sich ihnen Pater Marinus aus dem *Regensburger* Kloster St. Jakob an. Schon bald kamen die Menschen mit ihren Anliegen und Sorgen zu ihnen. Als 1153 Marinus starb und ein reger Pilgerstrom zu seinem Grab in dem kleinen Oratorium in Einsiedel entstand, so daß die nötige Ruhe und Zurückgezogenheit für die beiden anderen Mönche nicht mehr gewährleistet war, errichtete Abt Christian III. in Griesstetten eine dem hl. Martin geweihte Kapelle, in die Pater Marinus überführt wurde. Nach ihrem Tod wurden auch Zimius und Vimius hier beigesetzt.

Im Dreißigjährigen Krieg wurde die Kirche stark beschädigt, um die Mitte des 18. Jh. entstand dann ein neuer oktogonaler Zentralbau. Das große Kuppelfresko von Joh. Adam Fux aus dem Jahr 1750 zeigt die Verherrlichung der drei Schottenmönche im Himmel, umgeben von anderen Benediktinern. Auch auf dem linken Seitenaltar, aus der Mitte des 18. Jh., der dem hl. Venantius geweiht ist, sieht man die holzgeschnitz-

ten Halbfiguren von Zimius, Vimius und Marinus. Daneben befinden sich drei große Reliquienkästen (1849) mit Figuren, deren Kopf und Hände aus Wachs gefertigt sind. In der Brust einer jeden Figur ruhen in einem kleinen Metallsarg die Gebeine.
An der Emporenbrüstung findet sich eine Darstellung der im Mittelalter sehr beliebten sog. „Stromsage", die auch in anderen Wallfahrsorten erzählt wird. Für diesen Sagentypus ist kennzeichnend, daß das wundertätige Objekt (Gnadenbild oder Reliquie) entgegen den Naturgesetzen gegen den Strom schwimmt. So sollen auch die Gebeine des Marinus bei seiner Umbettung von Einsiedel nach Griesstetten flußaufwärts zum neugebauten Gotteshaus getrieben sein. Die übrigen Fresken im Kirchenschiff enthalten Szenen aus dem Leben der Heiligen und Hinweise auf ihre Wundertätigkeit, darunter die Heilung der Prinzessin Violanta von Bayern, der Schwester des bayerischen Kurfürsten Max Emanuel, im Jahr 1694. Sie hatte ein Geschwür an der Wange, das die Ärzte vergeblich zu behandeln suchten. Daher wallfahrtete Violanta nach Griesstetten, wo sie durch die Fürbitte der drei Elenden Heiligen von dem Übel befreit wurde. Votivbilder, die in der Kirche aufbewahrt werden, zeugen von der Volkstümlichkeit der noch immer lebendigen Wallfahrt.

GROSSBERG (Gem. Pentling, Lkr. Regensburg)

Steinerne Bank vor gotischem Hochkreuz
An der A 16, Ecke „Steinerne Bank" und Regensburger Straße, stehen vor einer Fichtengruppe ein 3 m hohes, aus dem 14. Jh. stammendes Kreuz mit einer in Stein gehauenen Christusfigur sowie eine steinerne Bank.
Eine Sage, die mit der Entstehungszeit des Kreuzes allerdings nicht in Einklang zu bringen ist, erzählt, auf der Bank habe Kaiser Heinrich II. täglich auf seinem Weg von der Burg Abbach zum Kloster Emmeram in Regensburg gerastet. Der dem sächsischen Kaiserhaus angehörende Herrscher wurde 975 geboren und von Bischof Wolfgang erzogen. Seit 995 Herzog von Bayern, wurde Heinrich nach dem plötzlichen Tod Kaiser Ottos III. im Jahr 1002 zum deutschen König gewählt und 1014 in Rom vom Papst zum Kaiser gekrönt.
Obwohl er ständig in Machtkämpfe verwickelt war, bemühte sich Heinrich um ein christlich-religiöses Leben. Er ist einer der bedeutendsten Reformatoren der

Kirchengeschichte. Zu seinen Freunden gehörte der berühmte Abt Odilo von Cluny (um 962–1048), mit dem er häufig zusammentraf. Gemeinsam mit seiner Gemahlin Kunigunde von Lützelburg (Luxemburg) stiftete und unterstützte er Kirchen, Klöster und Bistümer, darunter das Bistum Bamberg (1107), in dessen Dom beide begraben sind. Die kinderlos gebliebene Ehe des Kaiserpaares ist von den Zeitgenossen als bewußter Verzicht um höherer Ziele willen interpretiert und mit einem lebenslänglichen Keuschheitsgelübde der beiden begründet worden. Heinrich II. starb 1024 in der Pfalz Grona bei Göttingen und wurde 1146 heiliggesprochen. Kunigunde zog sich bis zu ihrem Tod 1033 in das Benediktinerinnenkloster Kaufungen zurück; im Jahr 1200 erfolgte ihre Heiligsprechung.
→ Regensburg, Stiftskirche

HABSBERG (Stadt Velburg, Lkr. Neumarkt i.d.OPf.)

Wallfahrt Habsberg

Die Wallfahrt Habsberg (Wallfahrtskirche und Gnadenkapelle) erhebt sich auf einer weithin sichtbaren Bergeshöhe (621 m) etwa 10 km nördlich von Velburg. Hier befand sich am Anfang des 12. Jh. eine mittelalterliche Herrenburg, die ihren Besitzer häufig wechselte. 1624 gelangte sie als Geschenk in den Besitz des hochverdienten Feldherrn Tilly. Außer einer Zisterne zwischen den beiden Kirchen, die seit 1969 von einer Engelsplastik in Stein (J. Henselmann, München) überdeckt wird, ist von der Burg heute nichts mehr erhalten. Nur die Sage weiß noch von ihrem Bestehen. Sie erzählt von einer sog. „Weibertreu-Begebenheit“, wie sie erstmals in den Paderborner Annalen für den 21. Dezember 1140 überliefert ist und seit dem 16. Jh. von vielen Burgen erzählt wird. Danach wurden die Grafen von Habsberg einst von Feinden belagert, und durch Aushungern waren sie mit der Zeit so geschwächt, daß sie sich ergeben mußten. Der Burgfrau wurde als besondere Gunst gewährt, ihren kostbarsten Besitz mitnehmen zu dürfen. Die treue und listige Gattin trug daraufhin ihren Ehemann auf den Schultern aus der Feste, bevor diese zerstört wurde.

Die Wallfahrt besteht aus zwei Kirchen, der Gnadenkapelle Mariä Himmelfahrt, 1680–1682 von dem Amtspfleger Johann Panzer erbaut, um von Gott die Heilung seines Gichtleidens zu erwirken, und der Wallfahrtskirche Mariä Heimsuchung, 1760–1769 auf Initiative der Grundherren von Helfenberg nach Plänen des Münchner Hofmaurermeisters Leonhard Mat-

Weibertreu. Illustration von 1900

thäus Gießl errichtet, um dem Pilgerandrang zu begegnen. In den 70er Jahren des 20. Jh. haben beide Bauten eine umfassende Renovierung erfahren.

In der Gnadenkapelle erinnert ein Stifterbild an den Erbauer Johann Panzer. Das hölzerne Gnadenbild stammt aus dem späten 17. Jh. Es stellt Maria auf der Mondsichel stehend dar, das Kind auf dem Arm; die Rechte segnend erhoben, neigt sie sich zum Beter herab.

Im mächtigen Hochaltar der Wallfahrtskirche befindet sich im Mittelfeld eine von dem Eichstätter Künstler Eduard Graf 1950 gefertigte Kopie des barocken Altarbildes der Himmelfahrt Mariens aus der *Berchinger* Stadtpfarrkirche. Das Hauptdeckenfresko stellt Maria als Heilbringerin für die Kranken dar.

Die große Zahl der Wallfahrer hat Anlaß gegeben zur Entstehung von Legenden. Eine von ihnen erzählt von einem Bauern, der durch den Brand seines Anwesens verarmt war und sich in seiner Verzweiflung das Leben nehmen wollte. Zuvor aber ging er zum Habsberg, um zu beten. Als er sein Vorhaben ausführen wollte, erschien ihm die Muttergottes in Gestalt des Gnadenbildes und gab ihm, über seine Kleingläubigkeit erzürnt, eine Ohrfeige. Der Mann ließ von seiner Absicht ab, und erlangte Hilfe. Der Strick, mit dem er sich hatte erhängen wollen, soll noch viele Jahre zur Erinnerung an den wunderbaren Vorfall in der Habsberger Kirche zu sehen gewesen sein.

HAIDMÜHLE (Lkr. Freyung-Grafenau)

Dreisessel

Der Dreisessel oder Dreisesselberg ist mit 1312 m einer der höchsten Gipfel des an der bayerisch-böhmischen Grenze gelegenen Dreisesselgebirges. Er wird von drei hohen Felssäulen gebildet, die wiederum aus abgerundeten Granitblöcken aufeinandergeschichtet sind. Von seinem Gipfel hat man einen herrlichen Blick in die Gegend jenseits der tschechischen und österreichischen Grenze. Der Dichter und Landschaftsmaler Adalbert Stifter (1805–1868), der im Rosenberger Gut am Fuß des Dreisesselbergs eines seiner Hauptwerke, den Roman „Witikoll“ (1865–67) schrieb, war von der Fernsicht am Dreisessel so begeistert, daß er in einen der Felsen einen Sitz hauen lassen wollte, „um die Schau auf die Alpenkette in Ruhe genießen zu können“. In seiner 1842 erschienenen Novelle „Der Hochwald“ hat er dem Dreisessel und dem *Plöckenstein* ein literarisches Denkmal gesetzt.

Der Überlieferung nach haben einst die Herrscher von Bayern, Böhmen und Österreich je einen der Felstürme besetzt, um die Grenzen ihrer Länder festzulegen. Die Sitzung habe so lange gedauert, daß sie die tiefen Abdrücke in den Felsen hinterlassen hätten, die noch heute zu sehen sind.

Um die drei auffallenden Felsbildungen ranken sich weitere Herkunftssagen. So wird von drei Jungfrauen erzählt, die eine Stadt verwünscht hatten, worauf diese mitsamt ihren Bewohnern in die Erde sank. Zur Strafe sollen die Frauen auf den Dreisessel verbannt worden sein, wo sie so lange saßen, bis die Felsen die Form von drei Sesseln angenommen hatten. Dann endlich wurden die Jungfrauen von drei Prinzen aus Bayern, Böhmen und Österreich erlöst.

Nach einer anderen Sage stand auf dem Dreisessel ein Schloß; in ihm lebten drei Schwestern, von denen eine blind war. Gemeinsam besaßen sie einen ungeheuren Schatz. Als sie diesen eines Tages aufteilen wollten, stellte man drei Bottiche auf, die gleichmäßig gefüllt wurden. Das Gefäß der Blinden stand jedoch mit dem Boden nach oben, so daß sie von dem Schatz kaum etwas erhielt. Beim Beklopfen der Gefäßwand bemerkte sie aber am hohlen Klang, daß man sie betrügen wollte. Als sie eine Verwünschung aussprach, versanken Schloß, Schatz und die drei Schwestern in einen unterhalb des Dreisesselbergs gelegenen See. Hin und wieder steigen sie aus der Tiefe auf den Gipfel hinauf, wo dann jede Schwester auf ihrem Sessel Platz nimmt.

Die dritte Sage erzählt von einer Frau, die mit ihrer fünfjährigen Tochter auf den Dreisessel ging, um Viehfutter zu holen. Auf dem Gipfel fand sie im Gestein eine Öffnung, die sie betraten. Durch einen langen Gang kamen sie in einen prächtigen Saal, wo riesige Mengen Gold und Silber aufgestapelt waren. Die Frau bediente sich gierig, doch als sie ihren Schatz ins Freie gebracht hatte und ihr Kind holen wollte, fand sie den Eingang nicht mehr. Erst einige Tage später entdeckte sie hinter Dorngestrüpp die Öffnung, fand im Saal ihr Kind auf einem Teppich sitzend vor und nahm es hochbeglückt wieder mit nach Hause. Die Kleine erzählte von drei schönen Frauen, die ihr Essen und Trinken, samtene Kleidchen in verschiedenen Farben gebracht und mit ihr gespielt hätten.
Eine weitere Erzählung, die an die neutestamentliche Dreikönigslegende (Matth. 2, 1–12) anknüpft, verlegt das biblische Geschehen kurzerhand nach Niederbayern und berichtet, das Christkind sei am Rand des Dreisesselwaldes geboren worden. Drei Könige, die ihm Geschenke gebracht hatten, verirrten sich auf dem Heimweg im Nebel und hielten Rast in den Felsnischen des Dreisesselbergs. Dann zogen sie weiter nach *Passau*, wo sie sich trennten und verschiedenen Flußläufen folgten: der eine der Donau, der zweite dem Inn, der dritte der Ilz – zurück in die Wälder, wo sie als fromme Einsiedler lebten.

Halbmeile (Stadt Deggendorf, Lkr. Deggendorf)

Wallfahrtskirche „Zur Schmerzhaften Muttergottes“
Die zwischen Deggendorf und *Hengersberg* kurz vor *Seebach* gelegene spätbarocke Kirche entstand in den Jahren 1781–1785. Ihr Mittelpunkt ist der von dem Straubinger Künstler Matthias Obermayr (1719–99) geschaffene Gnadenaltar, dessen rotmarmoriertes, reich vergoldetes Gehäuse einen einfachen gemauerten Bildstock enthält. Der Deggendorfer Rechtsanwalt Gotthard Wigant hatte diesen in Erfüllung eines Gelübdes auf halbem Weg nach Hengersberg aufstellen lassen, daher der Name „Halbmeile“. In der Nische befindet sich ein Bild der Schmerzhaften Muttergottes am Fuß des Kreuzes, die Brust von sieben Schwertern durchbohrt. Unter der linken Hand entdeckt man bei näherem Einsehen etwas, das wie das Einschußloch einer Kugel aussieht. Die Legende berichtet hierzu, der Kürassier Philipp Klein habe am 29. April 1690 auf dem Weg nach Deggendorf seine Pistole auf das

Marienbild abgefeuert, entweder aus Zorn über eine Krankheit, die sich trotz Behandlung durch den Bader nicht bessern wollte, oder weil er calvinistischen Bekenntnisses war und den katholischen Heiligen- und Bilderkult ablehnte. Als er am Abend betrunken zurückritt, ereilte ihn die Strafe: Sein Pferd bäumte sich plötzlich auf, warf ihn ab, schleuderte ihn in ein Gestrüpp und malträtierte ihn derart mit den Hufen, daß er zwei Tage später unter großen Schmerzen an seinen Verletzungen starb. Sühneandachten waren der Beginn einer regelmäßigen Wallfahrt nach Halbmeile. 1732 baute man über dem Bildstock eine hölzerne Kapelle, fünfzig Jahre später die heutige Kirche, deren 1783 von dem Münchener Hofmaler Christian Wink (1738–97) geschaffene Deckenfresken von Kleins Freveltat erzählen.

→ Neukirchen b. Hl. Blut

HIRSCHAU (Lkr. Amberg-Sulzbach)

Wenzelberg

Der südöstlich der Stadt Hirschau gelegene Wenzelberg gilt als Spukort. Seinen Namen führt die volkstümliche Überlieferung auf König Wenzeslaus von Böhmen (1378–1400) zurück, dessen Vater Kaiser Karl IV. Mitte des 14. Jh. im Zuge des Ausbaus seiner Hausmacht die nördliche Oberpfalz in das Königreich Böhmen eingegliedert hatte. „Der lustige Wenzel" soll noch heute auf dem Wenzelberg herumgeistern. – Es heißt, er habe in einer Burg, die einst auf dem Berg gestanden haben soll, oft fröhliche Feste gefeiert.

Eine andere Deutung bringt den Namen des Berges mit dem Hunnenkönig Attila (Etzel) in Verbindung. Es heißt, der 453 verstorbene berühmte Eroberer habe zusammen mit seinen Töchtern auf einer auf dem Wenzelberg gelegenen Burg gewohnt.

An den Wenzelberg knüpft sich außerdem die Wandersage vom „Kind in der Schatzhöhle": Eine Frau, die mit ihrem Kind den Berg hinaufging, sah eine geöffnete Truhe voller Gold, neben der ein schwarzer Pudel saß. Um möglichst viel davon herauszutragen, setzte sie das Kind in die Truhe und brachte den Schatz in Sicherheit. Als sie daraufhin zurückkehrte, um ihr Kind zu holen, war es – wie auch die Truhe – verschwunden. Die Frau klagte dem Pfarrer ihr Leid. Dieser riet ihr, in Jahresfrist zur gleichen Zeit wieder hinzugehen, was sie tat. Da stand dann auch die Truhe wieder, mit Gold gefüllt und ihrem lächelnden Kind, das einen schönen Apfel in der Hand hatte. Schnell

nahm sie es auf den Arm, ohne auch nur einen Gedanken an das Gold zu vergeuden. Krachend schlug darauf der Deckel zu, und alles war verschwunden. Das Kind erzählte, alle Tage habe ihm ein Fräulein Äpfel und Milch gebracht.
→ Dillberg

HUNDERDORF (Lkr. Straubing-Bogen)

Ehem. Apoiger Mühlengebäude und Obere Klostermühle

Hunderdorf ist die Heimat von Matthias Lang, genannt Mühlhiasl, des berühmtesten Hellsehers im Bayerischen Wald. Noch heute steht am Ende des Mühlhiasl-Weges das ehem. Apoiger Mühlengebäude, in dem Matthias Lang geboren wurde und bis 1801 gelebt hat. Es ist in den Grundmauern erhalten, wurde aber renoviert und beherbergt heute ein kleineres Elektrizitätswerk. Auch in der unterhalb des früheren Prämonstratenserklosters *Windberg* gelegenen Oberen Klostermühle soll Mühlhiasl geraume Zeit gewohnt haben.
→ Raubühl

Mühle von Apoig

K

KALLMÜNZ (Lkr. Regensburg)

Burgruine

Kallmünz, die „Perle der Oberpfalz“, liegt im Mündungswinkel von Vils und Naab. Die hoch über dem Ort stehende Burgruine ist von der Kirche aus über einen steilen, steinigen Pfad in etwa 20 Minuten zu erreichen. Über die Ursprünge der mittelalterlichen Burg ist wenig bekannt. Eine erste Burg wird 983 urkundlich erwähnt; im 12. Jh. war diese wahrscheinlich im Besitz der Herren von Langenfeld, bevor sie an die

Wittelsbacher fiel, die hier eine Vogtei einrichteten. In ihrem Schutz entwickelte sich eine Siedlung, die 1233 Marktrecht erhielt. Kriegerische Auseinandersetzungen im 16. und 17. Jh. führten zum Verfall der Burg. 1641 wurde sie von den Schweden endgültig zerstört. Ende des 18. Jh. haben die Kallmünzer die Anlage für 8000 Gulden gekauft. Ein eigens gegründeter Burgverein sorgt zusammen mit der Gemeinde für die Erhaltung der Ruine. Die zum Teil hohen Mauerreste stammen aus verschiedenen Epochen, Bergfried und Palas aus dem 13. Jh. Der restaurierte Bergfried kann bestiegen werden. An den Mauern des Palas sind noch dreiteilige, mit Bildfriesen und Vogelreliefs verzierte Spitzbogenfenster zu sehen.
Nördlich der Burg haben sich Spuren eines mächtigen Ringwalls aus keltischer Zeit erhalten, der den Bergrücken vom benachbarten Höhenland abgrenzt. Neuere Ausgrabungen beweisen, daß der steile Bergsporn zwischen Vils und Naab schon in vorgeschichtlicher Zeit besiedelt war oder als Zufluchtsstätte diente.
Die Sage hat aus der alten Befestigungsanlage einen Kultplatz gemacht, der noch heute von Druiden, also natur-, heil- und zauberkundigen keltischen Priestern, bewacht werden soll.

Doppelkreuz
An der östlichen Auffahrt zur Naab-Brücke sind zwei ausgefallene, an Armen und Fußenden miteinander verbundene steinerne Kreuze in die Brüstung eingelassen. Beide tragen auffällige Attribute: An dem einen ist eine geöffnete Schere zu sehen, am anderen Wecken, Brot und Brezel. Vermutlich handelt es sich

Sühnekreuz, Kallmünz

um in Sühneverträgen des 13.–16. Jh. häufig erwähnte Sühnekreuze, die bei Totschlag oder Mord vom Schuldigen für den Toten am Tatort als Gebetshilfe errichtet werden mußten, weil dieser ja wegen seines vorzeitigen Ablebens für sein Seelenheil nicht mehr hatte vorsorgen können. Von den Kallmünzer Kreuzen wird erzählt, hier hätten ein Schneider und ein Bäcker gegeneinander gekämpft, wobei beide zu Tode gekommen seien.

→ St. Englmar

KASTL (Lkr. Amberg-Sulzbach)

Ehem. Benediktinerabtei mit Pfarrkirche St. Peter
Hoch über der Lauterach, 18 km südwestlich von *Amberg*, liegt trutzig die ehem. Benediktinerabtei Kastl. Sie wurde um 1100 im Bereich einer alten Burg (Castellum) gegründet, wahrscheinlich durch Markgräfin Luitgard und die Grafen Berengar I. von Kastl-Sulzbach, Friedrich von Kastl-Habsberg und dessen Sohn Otto. Die Abtei vermochte Besitz und Ansehen kontinuierlich zu steigern und erlebte im 14. Jh. ihre Glanzzeit. Mit dem Beginn der Reformation in der Ober-

Kloster auf dem Kastlberg

pfalz wurde der klösterliche Betrieb vorübergehend eingestellt. Im Verlauf der Gegenreformation zogen dann Jesuiten ein, später der Malteserorden. Seit 1808 befindet sich das ehem. Kloster im Staatsbesitz und beherbergt ein ungarisches Gymnasium mit Internat. Die im wesentlichen 1129 fertiggestellte Abteikirche ist eine dreischiffige Pseudo-Basilika (höheres, aber fensterloses Mittelschiff) mit mächtigem, fünfstöckigem Turm, westlicher Vorhalle und östlichen Apsiden. Der romanische Charakter ist, trotz späterer Veränderungen, heute noch dominierend.

Schweppermann-Grabmal

Die historisch wie kunsthistorisch bedeutende Kirche ist auch eine der berühmtesten Grablegen des nordgauischen Adels. Hier befindet sich u. a. die mumifizierte Leiche der Prinzessin Anna, die 1319 im Kindesalter verstorbene Tochter Kaiser Ludwigs des Bayern, in einem Gebeinschrank von 1715.
In der Vorhalle befindet sich neben anderen Epitaphien das Grabmal des berühmten Feldhauptmanns Seyfrid Schweppermann (1260–1337). Die 1782 errichtete klassizistische Ehrentumba aus schwarzem Marmor wird von einer mit zwei Eiern bekrönten Urne geschmückt. Schweppermann, ein treuer Vasall Ludwigs des Bayern, hatte großen Anteil am Sieg über die Österreicher in der Schlacht bei Gammelsdorf (9. November 1313). Daß er auch an der Schlacht bei Mühldorf am 28. September 1322 teilnahm, wie die Sage behauptet, in der Ludwig der Bayer seinen Gegner Friedrich den Schönen von Österreich entscheidend schlug, wird von der modernen Geschichtsforschung bestritten. Es heißt weiter, Ludwig der Bayer habe Schweppermann wegen seiner Verdienste nach dem Waffengang besonders ausgezeichnet: Als es am Abend nach dem Waffengang an Lebensmitteln fehlte und die Vorräte nur noch aus wenigen Eiern bestanden, überwachte der Kaiser die Verteilung selbst und ordnete an, jedem Mann ein Ei, dem tapferen Schweppermann aber zwei zu geben. Dementsprechend lautet die Inschrift auf dem Grabmal in Kastl:

> Hie leit Begraben Seyfrid Schweppermann,
> Alles Thuns und Wandls wohlgethan,
> Ein Ritter Keck und Vest,
> Der zu Sündertorf im Stritt Tatt das Best,
> Der ist nun Todt, dem Gott genod obijt 1337.
> Jeden ein Ey dem frommen Schweppmann Zwey.

Das Schweppermannsche Wappen an der Vorderseite des Sarkophags zeigt auf blauem Schild neun in verschiedene Richtungen weisende Hufeisen. Die Sage weiß zu berichten, der Ritter sei einst in gebirgiger Gegend von Feinden verfolgt worden und sehr in Bedrängnis geraten. Um seine Verfolger zu täuschen, griff er zu einer List: Er ließ seinem Pferd von einem Schmied die Hufeisen umgekehrt aufschlagen, so daß die Spuren in eine falsche Richtung zeigten. Zum Andenken an diese Begebenheit sollen die Hufeisen in sein Wappen aufgenommen worden sein. – Ein literarisches Denkmal wurde Seyfried Schweppermann von dem *Berchinger* Arzt und Dichter Heinz Schauwecker in seinem 1953 von Laiendarstellern uraufgeführten „Kastler Schweppermann-Spiel" gesetzt.

Steinrelief

In der Vorhalle der Kirche befinden sich außerdem drei bemalte steinerne Stifterfiguren auf einem Mauersockel, in den ein romanisches Steinrelief eingelassen ist. Dieses stellt einen sitzenden Mann mit nacktem Oberkörper dar, der sich mit einer Hand an den Bart greift. Eine sozialkritische Sage deutet dieses rätselhafte Bildwerk als Darstellung eines ungetreuen Klostervogts. Als die Kirche gebaut wurde, sollten die Arbeiter je einen Silberpfennig Lohn pro Tag erhalten. Der Vogt holte auch täglich beim Abt einen Beutel Geld, ging aber dann damit heimlich in die Schmiede und schlug auf dem Amboß aus jeder Münze zwei. Die weniger gelungenen zahlte er an die Arbeiter aus, während er die guten für sich behielt. Als der Abt den Betrug entdeckte, drohte er ihm mit der Strafe Gottes, die sich alsbald auf schreckliche Weise erfüllte: Der Klostervogt wurde langsam zu Stein und ist nun für alle Zeiten in der Kirche gebannt.

KATZDORF (Stadt Neunburg vorm Wald, Lkr. Schwandorf)

Wappenbild in der Wallfahrtskirche St. Maria

Die Wallfahrtskirche, ein Zentralbau mit Kuppel, liegt wenige Kilometer westlich von Neunburg auf einem Hügelvorsprung über dem Schwarzachtal. Schon im 12. Jh. soll hier eine Kirche gestanden haben. Das heutige Gotteshaus wurde um 1725 gebaut. Das Gnadenbild, ein Vesperbild (Maria hält den toten Sohn in ihrem Schoß), gehört zu den bedeutendsten spätgotischen Werken der Oberpfalz.

Über dem Chorbogen hängt ein Wappen, auf dem eine Katze zu sehen ist. Dieses Wappenbild wird mit den ehem. Schloßbewohnern von Katzdorf in Verbindung gebracht, deren Leben vor langer Zeit von einer Katze gerettet worden sein soll: Feinde, so heißt es, hätten nachts das Schloß angezündet, aber das Wimmern und Schreien des Tieres hätte das Schloßfräulein geweckt, so daß sich die Familie in Sicherheit habe bringen können. Da der Anführer der Bande aber ein böser Zauberer gewesen sei, habe er das Mädchen in seinem Zorn in eine Wildkatze verwandelt. Nur durch inbrünstiges Beten soll sie ihre menschliche Gestalt wiedergewonnen haben. Aus Dankbarkeit führen die Herren von Katzdorf das Bild einer Katze im Wappen.

KONNERSREUTH (Lkr. Tirschenreuth)

Geburtshaus und Grab der Therese Neumann
Der 6 km westlich von *Waldsassen* entfernte, einst unbedeutende Marktflecken ist durch die stigmatisierte Therese Neumann (1898–1962) weltbekannt geworden. Konnersreuth verdankt ihr zwei Klöster: das Spätberufenenseminar der Salesianer, Fockenfeld (1951), an dessen Gründung Therese Neumann maßgeblich beteiligt war, und das Anbetungskloster der Schwestern vom Berge Karmel „Theresianum“.

Therese Neumann

Therese Neumann wurde am 8. April 1898 als ältestes von zehn Kindern in Konnersreuth geboren. Die Familie lebte in bescheidenen Verhältnissen. Um das Geld für den Eintritt in einen Tutzinger Frauenorden zu beschaffen, wurde sie Dienstmagd auf einem Bauernhof. Im 18. März 1918 zog sie sich dort beim Löschen eines Brandes Rückenverletzungen zu, die (wohl infolge einer Einklemmung von Nervensträngen) starke Schmerzen und Lähmungen zur Folge hatten. Noch im selben Jahr wurde sie bettlägerig, im März 1919 vorübergehend blind. In einfacher, unkomplizierter Gläubigkeit war Therese Neumann eine Verehrerin der Karmelitin und Mystikerin Theresia von Lisieux (1872–1897). Am Tage von deren Seligsprechung

(19. April 1923) konnte Therese Neumann plötzlich wieder sehen, am Tag der Heiligsprechung (17. Mai 1925) wieder gehen. In einer Vision will sie die Worte gehört haben: „Durch Leiden werden mehr Seelen gerettet als durch die glänzendsten Predigten" und fühlte sich dadurch zum Sühneleiden berufen.
Während der Fastenzeit 1926 setzten bei Therese Neumann Passionsvisionen ein. Gleichzeitig zeigten sich die ersten Stigmata, zunächst in der Herzgegend, dann am linken Handrücken, schließlich – am Karfreitag – auch an der rechten Hand und an beiden Füßen. Von da an erlebte sie an jedem Freitag in ekstatischen Visionen die Leiden Christi mit. Gegen Ende des Jahres nahm sie keinerlei Nahrung mehr zu sich und soll seitdem fast 36 Jahre lang weder gegessen noch getrunken haben – abgesehen vom täglichen Empfang der Kommunion, die man ihr mit etwas Wasser reichte. Während ihrer ekstatischen Zustände scheinen auch paranormale Fähigkeiten wie die des Gedankenlesens und der Zukunftsschau aufgetreten zu sein.
Das Phänomen Therese Neumann ist bis heute umstritten. Während gläubige Katholiken von einem echten Wunder ausgehen und die Seligsprechung anstreben (einem Ansinnen, dem die offizielle Kirche bisher nicht nachgekommen ist), stufen Skeptiker die Frau aus Konnersreuth als Hysterikerin ein und interpretieren die Stigmata als körperliche Folgen schwerer seelischer Erregungszustände. Tatsache ist, daß Therese Neumann in der Tradition einer langen, bis ins Mittelalter zurückzuverfolgenden weiblichen Erlebnismystik steht.
Schon zu ihren Lebzeiten war Konnersreuth ein Wallfahrtsort, an dem sich besonders an Freitagen Tausende von Besuchern drängten, um einen Blick auf die Leidende zu werfen. Nach ihrem Tod am 18. September 1962 wurde sie mehrere Tage öffentlich aufgebahrt. Ihr Grab mit einem steinernen Halbrelief der Mystikerin, ihren Lebensdaten und einer längeren Inschrift liegt neben dem Friedhofskreuz, das der von ihr geschauten Kreuzesform Christi nachgebildet ist. 1967 hat man auch Pfarrer Naber, den Seelsorger und Aufzeichner zahlreicher Visionen, hier beerdigt. Das Grab der heiligmäßig Verstorbenen ist stets mit Blumen und brennenden Kerzen geschmückt; Votivtafeln künden von Gebetserhörungen der Menschen, die ihre Anliegen der Fürbitte von Therese Neumann anvertrauen. Die Rokokokirche mit ihrem der hl. Therese von Lisieux geweihten Altar (1928) dient inzwischen auch als Ausweichort für den Kult der „Resl", die offi-

ziell ja noch nicht verehrt werden darf. Ihr Geburts- und Sterbehaus am Therese-Neumann-Platz ist heute Gedenkstätte und Museum.

KÖTZTING (Lkr. Cham)

Stadtpfarrkirche Mariä Himmelfahrt und St. Nikolauskirche in Steinbühl

Die unweit des Zusammenflusses von Weißem und Schwarzem Regen am Fuß des Kaitersberg-Arber-Massivs gelegene, über 900 Jahre alte Stadt ist Schauplatz einer alljährlich am Pfingstmontag stattfindenden Reiterprozession, dem sog. „Pfingstritt", der sich bis in das Jahr 1412 zurückverfolgen läßt.

„Pfingstritt" in der Kötztinger Stadtpfarrkirche, 1930

Die Legende erzählt von einem im Volk hochverehrten Eremiten namens Pater Felix, der am Münchner Hof Herzog Albrechts III. gelebt, sich aber nach dem Mord an dessen Ehefrau, der schönen Augsburger Badertochter Agnes Bernauer, im Jahr 1435 von der trügerischen Welt losgesagt hatte und als Einsiedler in den Bayerischen Wald gezogen war. Er bewohnte eine neben der Kirche von *Steinbühl* gelegene Klause, in der ihn an einem Pfingstmontag der Herzog und dessen Sohn Sigismund aufsuchten. Pater Felix brach vor Freude über dieses Wiedersehen das Herz. Auf die Kunde von seinem Tod begab sich eine Schar berittener Kötztinger unter Führung eines Priesters nach Steinbühl.

Nach einer anderen Überlieferung wurde der Pfarrer von Kötzting eines Abends spät zu einem sterbenden Bauern in Steinbühl gerufen, wohin er sich wegen der Dunkelheit und der allgemeinen Unsicherheit auf den Straßen von mutigen jungen Männern zu Pferd beglei-

ten ließ. Auf dem Heimweg entkamen sie dennoch nur mit Mühe und Not einer Räuberbande und gelobten zum Dank für den guten Ausgang eine jährliche Wallfahrt von Kötzting nach Steinbühl.
Die Kötztinger Pfarrkirche entwickelte sich um 1200 aus einer für diese Grenzgegend typischen Kirchenburg; die Wehrmauer umschließt noch heute Kirche, Pflegschloß und Friedhof. Im 18. Jh. wurde sie erweitert und barockisiert. Das Deckenfresko im Langhaus mit einer Darstellung des Pfingstrittes hat Josef Wittmann im Jahr 1930 geschaffen. Es zeigt den geretteten Geistlichen, der dem tapfersten der Burschen ein Kränzchen überreicht, das beim Versehgang die heilige Hostie geschmückt hatte.
Die Nikolauskirche im 6 km entfernt gelegenen, inzwischen nach Kötzting eingemeindeten Steinbühl stammt in ihrer Kernsubstanz aus dem 14./15. Jh. Im flachgedeckten Langhaus des 17./18. Jh. befindet sich seit 1956 ein großes Deckenfresko von Sigmund Spitzner, auf dem ebenfalls der Pfingstritt zu sehen ist.
Früheste urkundliche Belege für die Reiterprozession nach Steinbühl finden sich, abweichend von der legendären Überlieferung, erst in Marktrechnungen aus dem 17. und 18. Jh. Sie ist eine reine Männerwallfahrt, an der sich viele hundert Reiter in überlieferten Trachten auf prächtig geschmückten Pferden beteiligen. Die Prozession beginnt gegen 8 Uhr bei der Kötztinger Pfarrkirche unter Führung eines Geistlichen, der mit dem Allerheiligsten in einer um seinen Hals hängenden Feldmonstranz voranreitet. In der Kirche St. Nikolaus in Steinbühl sammeln die Teilnehmer sich zu einem feierlichen Gottesdienst und kehren gegen 13 Uhr nach Kötzting zurück, wo sie festlich empfangen werden.
Auf dem Marktplatz überreicht der Priester einem zuvor von Stadtrat und Pfarrer ausgewählten „ehr- und tugendsamen Bürgersohn“, der sich unter seinen Altersgenossen besonders ausgezeichnet hat, das „Tugend“- oder „Pfingstkränzchen“, eine mit Blumen und Bändern verzierte Filigranarbeit aus Gold und Silber, die während der Prozession über seinem Brustkreuz befestigt war. Der so Geehrte heißt „Pfingstbräutigam“ und erwählt sich nach seiner Ernennung unter den ortsansässigen Mädchen eine „Pfingstbraut“. Am Nachmittag folgt ein Umzug durch die Stadt zur Festhalle, wo mit Musik, Tanz und gutem Essen die „Pfingsthochzeit“ gefeiert wird.
Im Kötztinger Pfingstritt haben sich verschiedene brauchtümliche Elemente verbunden. Ursprung war

vermutlich ein heidnischer, vegetationskultischer Umgang mit dem „Pfingstl“ oder „Wasservogel“, einem mit Laub, Moos und Rinde verkleideten Burschen, den man gelegentlich mit Wasser begoß oder untertauchte.
Ergänzt wurde dieser Brauch, der das Ende des Winters und das Erwachen der Natur symbolisiert, durch burschenschaftliches Brauchtum sowie kirchlich-rituellen Flurumritt zur Segnung der Saaten. Unter dem Einfluß des modernen Fremdenverkehrs hat sich der Kötztinger Pfingstritt stark ausgeweitet und wird von zusätzlichen Veranstaltungen begleitet, darunter einem von Eugen Hubrich verfaßten Festspiel. Seit 1949 feiert man die Pfingstwoche, die vom Samstag vor bis zum Sonntag nach Pfingsten dauert.

KREUZBERG (Stadt Freyung, Lkr. Freyung-Grafenau)

Kath. Pfarrkirche St. Anna und Bründlkapelle
Das Radialhufendorf aus dem 13. Jh. liegt auf einem hohen Bergkegel nördlich von Freyung und steht in seiner Gesamtheit unter Denkmalschutz. Die Pfarrkirche mit ihrem schlanken, spitzen Turm ist ein neugotischer Bau von 1903. Im barocken Hochaltar befindet sich eine 1633 entstandene Kopie des verlorengegangenen Kultbildes aus dem 14. Jh., eine Holzfigurengruppe der Anna selbdritt. Dieser Darstellungstypus der hl. Anna mit Maria und dem Jesuskind entwickelte sich bereits im Mittelalter. Die hl. Anna war als Mutter Mariens und Großmutter Jesu jahrhundertelang eine der beliebtesten und am meisten verehrten Heiligen. Sie gilt als Patronin der Frauen und Mütter, aber auch der Bergleute, die sie als „wahre Erzmacherin“ verehrten. Kreuzberg war bis zum Aufkommen der großen Mariahilf-Wallfahrt des Passauer Hochstiftes Wallfahrtsmittelpunkt.
Die seit 1429 bezeugte St.-Annen-Wallfahrt verlieh dem Ort religiöse Bedeutung und wirtschaftlichen Aufschwung. Über ihre Anfänge berichtet die Legende, das Gnadenbild sei zur Zeit der Ungarneinfälle im 10. Jh. unter wunderbaren Umständen aufgefunden worden. Ein blindes Mädchen hatte im Traum die Anweisung erhalten, sich zu einer bestimmten Stelle zu begeben, wo eine Wacholderstaude wuchs, eine Pflanze, die in Volksglauben und Volksmedizin von großer Bedeutung war. Die Blinde folgte dem Hinweis und fand bei dem Wacholderstrauch neben einer Quelle das Bildnis. 1509 baute man hier, am nördlichen Abhang des Kreuzberger Kegels, eine Kapelle, die 1744

erneuert wurde. Historisch bezeugt ist, daß an dieser Stelle früher Bergleute auf der Suche nach Kupfer in den Berg einen Stollen getrieben haben, aus welchem Wasser austrat.

In der Pfarrkirche hängen an der Ostwand der Vorhalle drei auf Holz gemalte Votivbilder, darunter eines aus dem Jahr 1715. Gestiftet wurde es von einem „Mathias Fux von Prag aus Hutthurner Pfarr", der in Bild und Text berichtet, wie er am Aschermittwoch 1709 auf einer Fahrt nach Wien in die Donau gestürzt und unter das Eis geraten sei. In seiner Not rief er die hl. Anna um Hilfe an, „worauf ihm bei dem stockfinsteren Wetter die helle Sonne erschien, und er glücklich wieder auf das Schiff gelangen konnte..."

KÜMMERSBRUCK (Lkr. Amberg-Sulzbach)

Haidweiher

Der Haidweiher ist ein ungefähr 900 m langes, 200 m breites Gewässer 8 km südöstlich von *Amberg*, unmittelbar an der B 85 gelegen. Er wurde vermutlich im späten 14. Jh. von der Landesherrschaft angelegt. Er gilt als Aufenthaltsort alter Jungfern, die wegen ihres nach traditioneller Rollenauffassung nicht erfüllten Lebensplans (Ehe und Mutterschaft) nach dem Tod keine Ruhe finden können. So müssen sie nun Kibitze hüten, und flehend strecken sie die Hände aus dem Wasser empor und rufen dabei nach einem Mann. Diesem Schicksal kann eine Jungfer nur entgehen, indem sie vor ihrem Ableben einen Groschen in den Haidweiher wirft und sich so von ihrer „Schuld" freikauft.

L

LANDAU A. D. ISAR (Lkr. Dingolfing-Landau)

Wallfahrtskirche Mariae Heimsuchung, sog. Steinfelskirche

Die 1698 bis 1700 errichtete Barockkirche, deren Chorpartie sich über einem in den Altarraum einspringenden Sandsteinfelsen erhebt, steht am östlichen Stadtrand. Im Zentrum des viersäuligen Hochaltars befinden sich gleich zwei Gnadenbilder: eine kleine, ca. 10 cm große Marienfigur aus Alabaster in einem schönen, mit Akanthusrankenwerk geschmückten, einer Monstranz ähnlichen Schaugefäß, und darüber eine Kopie des Passauer Mariahilf-Bildes. Ein Gemälde an der rechten Seitenwand der Kirche nimmt auf folgende sagenhafte Begebenheit Bezug: Ein Landauer Bürger wurde 1645 während des Dreißigjähri-

Landau an der Isar

gen Krieges im Kampf gegen die Schweden durch Anrufung der Muttergottes aus großer Not gerettet. Zum Dank dafür erwarb er ein Marienbild, das er in seinem Garten unter einem überhängenden Felsen aufstellte. Wegen des regen Zulaufs wurde zunächst eine Kapelle, dann der heutige Kirchenbau errichtet. Dabei soll die kleine Marienfigur als Steinsplitter vom Felsen abgesprungen sein. Einer der Arbeiter wollte sie mit nach Hause nehmen. Die Figur jedoch tat durch Aussenden heller Lichtstrahlen ihren Willen kund, am Fundort zu verbleiben.
→ Dingolfing

Landshut

Landshut, seit 1839 Regierungshauptstadt von Niederbayern, hat 800 Jahre bewegter Geschichte hinter sich. 1204 ließ Herzog Ludwig der Kelheimer, an der Kreuzung wichtiger Handelstraßen eine Brücke über die Isar schlagen und sie durch Burg und Stadt schützen. Die Ansiedlung blieb bis zur Teilung Bayerns im Jahre 1255 Hauptsitz der Dynastie der Wittelsbacher. Als Regierungssitz des Teilherzogtums Bayern-Landshut erlebte der bürgerstolze Ort unter den „Reichen Herzögen" 1393–1503 eine Glanzzeit. Um 1380 hatten die Bürger angefangen, die großen Sehenswürdigkeiten der Stadt zu schaffen. Die Stiftskirche St. Martin und die Heiliggeist-Spitalkirche sind Hauptwerke des bedeutenden Kirchenbaumeisters Hanns Purghauser. (Der Bau von St. Martin wurde von Hanns Stethaimer vollendet.) Die Bürger strebten nach größerer Selbständigkeit, aber sie stießen auf den entschlossenen Widerstand Herzog Heinrichs XVI., des

ersten der drei „Reichen Herzöge“, der eine Verschwörung blutig niederschlug. Sein Nachfolger, Ludwig IX., richtete seinem Sohn Georg 1475 eine prächtige Hochzeit mit der polnischen Königstochter Jadwiga aus. Zur Erinnerung an die achttägige glanzvolle Feier findet alle vier Jahre im Sommer (Juni/Juli) eine große Festaufführung mit Umzug statt.
Mit dem Tod von Georg dem Reichen starb die Landshuter Linie der Wittelsbacher aus, so daß 1504 ein Erbfolgekrieg zwischen Ober- und Niederbayern entbrannte. Den Sieg trug Herzog Albrecht IV. von München davon, dessen Primogeniturgesetz (Recht der Erstgeburt) künftig die Aufteilung des Landes verhinderte.
Das Bild der Stadt, das im 15. Jh. seine endgültige Ausprägung erfahren hatte, ist seither ohne wesentliche Veränderung geblieben. Die Burg Trausnitz, die frühgotische Pfarrkirche St. Jodok und die Dominikanerkirche, die spätgotische Pfarrkirche St. Martin und die Heiliggeistkirche, das Rathaus und viele alte Bürgerhäuser entstammen dieser Zeit. Die Barockzeit änderte zwar manche Fassade, beließ aber im großen und ganzen den alten Baubestand.

Burg Trausnitz
Die mittelalterliche Anlage auf einem Höhenrücken oberhalb der Landshuter Altstadt trug ursprünglich den Namen „Landeshut“. Erst um 1550 wurde der Name Trausnitz gebräuchlich. Aus der Gründungszeit sind noch der Bergfried, ein Teil des Torbaus und die Georgskapelle erhalten. Im Laufe der Jahrhunderte wurde die ursprüngliche Form stark verändert, Wehr- und Wohnbauten wurden hinzugefügt. 1568–79 verbrachte Herzog Wilhelm V. von Bayern hier seine ersten Ehejahre mit Renata von Lothringen. Ihnen verdankt die gotische Anlage ihren späteren Ruf als Kunststätte der Renaissance. Die Belagerung durch die Schweden 1634 brachte der Burg jedoch große Zerstörungen. Auch die Verwendung als Wollmanufaktur und als Lazarett Mitte des 18. und Anfang des 19. Jh. hatte starke bauliche Veränderungen zur Folge. Schließlich machte ein großer Brand im Jahre 1961 eine umfangreiche Restaurierung notwendig. Heute befindet sich in der Burg neben musealen Schauräumen das Staatsarchiv für Niederbayern.
Viele Sagen ranken sich um die alte Burg. So soll sich im inneren Burghof früher jede Nacht gegen zwölf Uhr ein schweigsamer Riese gezeigt haben, der mit dem ersten Hahnenschrei seufzend verschwand.

Narrentreppe
Der sog. Fürstenbau verdankt sein heutiges Aussehen Wilhelm V., der 1573/74 eine Truppe italienischer Steinmetzen und Maler unter Leitung von Friedrich Sustris nach Landshut kommen ließ. Diese verwandelten Burg Trausnitz in einen Renaissancehof und errichteten um 1578/79 auch den „Italienischen Anbau“. Die reichausgestatteten Räumlichkeiten sind bei der Brandkatastrophe 1961 zu einem großen Teil zerstört worden. Erhalten blieb die „Narrentreppe“, ein zierlicher Säulenbau, der sämtliche Stockwerke des Fürstenbaus miteinander verbindet. Ihren Namen hat sie von den lebensgroßen Figuren der Commedia dell'arte, der italienischen Stegreifkomödie des 16. Jh. mit feststehendem Handlungsablauf und durch Maske und Kostüm gekennzeichneten Personentypen, von denen viele zeitlos geworden sind (Dottore, Pantalone, Arlecchino, Columbina u. a.): Anläßlich seiner Hochzeit 1568 nämlich wurde für Wilhelm V. eine solche „commedia“ aufgeführt. Die Wandmalereien der Narrentreppe mit Akteuren und Spielhandlungen wurden 1578 nach Plänen Friedrich Sustris' von dem italienischen Maler Alessandro Scalzi, genannt Padovano, gestaltet.
Der Sage nach wird dort um Mitternacht Schellengeklingel und Geklapper vernommen. Man erzählt sich, dies sei der Hofnarr des Herzogs Georg, der seinen Herrn hatte ermorden wollen und deshalb keine Ruhe finden konnte. Gelegentlich erscheint er auch leibhaftig im Narrenkostüm und mit schellenbesetzter roter Kappe.

Stiftskirche St. Martin und Kastulus
Die 1389–1500 erbaute Pfeilerhallenkirche, ein Meisterwerk der Gotik, besitzt neben dem höchsten Ziegelsteinturm der Welt (133 m) eine Reihe kostbarer, von bedeutenden Künstlern geschaffener Kunstwerke wie die Madonna an der Stirnwand des rechten Seitenschiffs, vom Landshuter Bildschnitzer Hans Leinberger um 1518 geschaffen. Sie gilt als ein bedeutendes Werk der Spätgotik. Kanzel und Hochaltar entstammen aus der Bauzeit und gehören zur Erstausstattung der Kirche.
In der vierten Kapelle des linken Seitenschiffes, der Kastulus-Kapelle, befindet sich auf dem Altartisch der neugotische Schrein für die im Jahr 1604 aus dem Kollegiatsstift in Moosburg übertragenen Reliquien des heiligen Kastulus. (Der ursprüngliche Schrein ging 1634 verloren.)

Der Märtyrer Kastulus

Die Legende erzählt, Kastulus sei Kämmerer des römischen Kaisers Diokletian (284–305) gewesen und habe während der Christenverfolgung bedrohten Glaubensgenossen in seinem Haus Zuflucht und Hilfe gewährt. Er selbst erlitt den Märtyrertod, indem er lebend in eine Grube gestürzt und mit Sand überschüttet wurde. Die Glasmalereien im Fenster, auf denen das Martyrium dargestellt ist, wurden 1946 von Max Lacher hergestellt. Der im Dritten Reich politisch verfolgte Münchener Künstler hat den Schergen die Gesichtszüge von Hitler, Göring und Göbbels gegeben.

Ehem. Dominikaner-Klosterkirche St. Blasius
Südlich der Isar liegt am Regierungsplatz das ehem., 1271 gegründete Dominikanerkloster und die Kirche St. Blasius, mit deren Bau schon bald nach der Ordensniederlassung begonnen wurde. Die Weihe erfolgte allerdings erst 1386. Um die Mitte des 18. Jh. wurde die im Kern gotische Klosterkirche umgebaut und neu ausgestattet. Die klassizistische Westfassade stammt aus dem Jahr 1805. Der Innenraum mit feinen Stuckarbeiten und kostbaren Deckenfresken im Stil des Rokoko wurde weitgehend von Johann Baptist Zimmermann gestaltet. Zwei Kapellen an der Südseite des Langhauses dienen heute der griechisch-orthodoxen und der ukrainisch-orthodoxen Gemeinde als Bethaus. Die ehem. Klostergebäude sind seit 1839 Sitz der Regierung Niederbayerns.
Am östlichen Strebepfeiler des gotischen Chores befindet sich ein steinerner Wasserspeier, der die Form

eines Schweinskopfes hat; unter ihm ist eine Kanne angebracht. In der christlichen Kunst gilt das Schwein vor allem als Symbol für Unmäßigkeit, Niedrigkeit und Verrohung. Die Sage hat für das Vorhandensein des Schweinskopfes folgende Erklärung: Als die beim Bau der Kirche beschäftigten Maurer eines Tages auf dem Gerüst Pause machten, kam ein Priester vorbei, der auf einem Versehgang war und das Allerheilige bei sich trug. Einer der Arbeiter bekreuzigte sich nicht wie die anderen, sondern nahm vielmehr einen kräftigen Schluck aus dem Bierkrug. Zur Strafe für diesen Frevel stürzte er vom Gerüst zu Tode und wurde in einen Schweinskopf verwandelt.

Grasgasse und Rosengasse
Zwischen Altstadt und Neustadt laufen als Querverbindung parallel zueinander die Grasgasse und die Rosengasse. Die Sage bringt die Namen mit einem ungewöhnlichen Vorfall in Verbindung, der sich um 1350 ereignet haben soll, als in Landshut die Pest wütete: Häuser und Straßen waren voller Leichen, die man nicht mehr bestatten konnte, da es an Totengräbern fehlte. Zwei besonders stark betroffene Gassen wurden schließlich wegen des intensiven Verwesungsgeruchs einfach zugemauert. Als man nach Abklingen der Seuche die Mauern wieder öffnete, fand man die eine Gasse mit üppigem Grün bewachsen, während in der anderen frische Rosen blühten.

Klötzlmühle
Die Mühle in der Liebenau, Klötzlmühle genannt, befand sich auf dem Gelände des früheren Kreuzeckwegs 16, der heutigen Klötzlmüllerstraße 140. Die Eintragungen über das Grundstück in der Landshuter Häuserchronik gehen bis 1493 zurück. Ende der fünfziger Jahre des 20. Jh. wurden die alten Gebäude abgebrochen; seitdem befindet sich dort ein Milchverarbeitungsbetrieb.
Vor vielen Jahren, so wird überliefert, war in der Mühle ein Feuer ausgebrochen, das sich nicht löschen ließ. Schließlich rief man einen Franziskanerpater zu Hilfe, der sich auf Magie verstand. Dieser bannte das Feuer, indem er in den Brandherd einen Holzteller warf, auf welchen er mit Kreide die Sator-Arepo-Formel geschrieben hatte, ein schon in der Antike bekannter Zauberspruch in Form eines magischen Quadrates, der, vor- und rückwärts, von oben nach unten und umgekehrt gelesen, stets den gleichen lateinischen Text ergibt:

SATOR
AREPO
TENET
OPERA
ROTAS

(Sämann Arepo hält mit Mühe die Räder.)

Wallfahrtskirche Maria Brünnl
Die Kirche liegt am südlichen Ortsende von Landshut. Man erreicht sie, indem man der Ausschilderung „Landshut-Berg" und dann dem Hinweisschild „Zum Englbergweg" folgt. Von hier kommt man zum Brünnlweg, einem schmalen Fußweg, der zur Kirche führt.

Maria Brünnl ist ein Quellheiligtum, dessen Wasser noch heute zum Auswaschen der Augen benutzt wird. Über die Anfänge der Wallfahrt gibt eine umfangreiche Chronik Auskunft, die um 1665 der Landshuter

Bildstock neben der gefaßten Quelle. Handzeichnung, 17. Jh.

Thomas Amplatz begonnen hat. Danach hatte man 1661 eine neu entsprungene Quelle entdeckt und baute hier zunächst einen Bildstock mit einer aus Passau mitgebrachten Mariahilf-Darstellung, kurz darauf eine Kapelle aus Holz bzw. Stein. Der heutige Kirchenbau stammt aus dem Jahr 1719. Das Bild auf dem Hochaltar ist eine Kopie des Passauer Mariahilf-Gemäldes. Die Quelle, die heute an der westlichen Außenwand in einem eigenen kleinen Anbau an die Oberfläche tritt, befand sich bis 1808 innerhalb der Kirche und wurde dann nach außen geleitet. 1761 erschien ein erstes Wallfahrtsbüchlein mit dem Titel „Kurzer und wahrhafter Entwurf des durch ein ganzes Jahrhundert wunder- und wohltätigem Marien-Hilf-Brünnleins zu Berg ob Landshut in Unterbaiern". Zahlreiche Votivbilder zeugen von der Beliebtheit der einst blühenden Wallfahrt, deren „heillsambe wasser" vielseitige Anwendung fanden, vor allem aber bei inneren Erkrankungen getrunken wurden.

Eine große Tafel an der rechten Seitenwand mit der Jahreszahl 1664 erzählt in Bild und Schrift die Geschichte eines Heilungswunders: Eine Dienstmagd hatte Froschlaich getrunken, worauf in ihrem Leib Frösche heranwuchsen, die zu schreien anfingen. Als sie das Wasser aus dem heilkräftigen Brunnen trank, brach sie vier Frösche aus und war wieder gesund. Das Bild zeigt im oberen Teil Maria mit dem Jesuskind, darunter die Magd, die auf einem niedrigen Hühnerstall liegt und aus deren Mund die Frösche hüpfen.

LAUTERHOFEN (Lkr. Neumarkt i.d.Opf.)

Lauterach

Die Lauterach entspringt bei Lauterhofen und fließt dann südlich von *Kastl* an *Hohenburg* vorbei bis *Schmidmühlen*, wo sie in die Vils mündet. Volksetymologische Deutung erklärt den Namen Lauterach (der wohl „klares Wasser" meint) folgendermaßen: Einst stand am Ufer des Flusses eine gutgehende Mühle, dessen Müller sich sehr wohl bewußt war, daß er seinen Wohlstand dem Fluß verdankte, der seine Mühle antrieb. Als an einem warmen Sommerabend seine schöne Tochter in der Lauterach badete, wurde sie plötzlich fortgerissen und ertrank. Der Vater verzweifelte darüber und verfluchte sich und das Element; es könne alles andere auch holen, nachdem es ihm das Kostbarste genommen hätte. Der Fluß trat daraufhin über die Ufer und riß Mühle und Bewohner mit sich fort. Seitdem zeigen sich abends zwischen den Erlenbüschen geheimnisvolle Nebelgestalten, und aus dem Wasser ertönt ein Seufzen und Stöhnen: „Ach und ach und lauter ach!“ – Laute der zu früh und gewaltsam ums Leben Gekommenen, die keine Ruhe finden.

LEONSBERG (Markt Pilsting, Lkr. Dingolfing-Landau)

Schloßruine und Kapelle
Nordwestlich von *Landau* liegt gleich bei *Großköllnbach* die kleine Gemeinde Leonsberg. Von der mittelalterlichen Burg der Grafen von Leonsberg, die seit dem 15. Jh. von den bayerischen Herzögen zum Jagd- und Lustschloß erweitert wurde, sind heute nur noch Teile des östlichen Berings mit Kuppelturm sowie die ehem. Schloßkapelle erhalten. Es handelt sich um einen Saalbau des frühen 16. Jh., der möglicherweise erst in Verbindung mit dem Schloßneubau von 1536/37 errichtet wurde.
Im Turm der Kapelle soll früher eine kleine, silberne Glocke gehangen haben, die jedoch bei einem Brand, der die Burg gänzlich vernichtete, in einen tiefen Brunnen fiel und seither verschwunden ist. Solche Glocken, die die Menschen gewissermaßen von der Wiege bis zur Bahre begleiten, gelten dem Volksglauben als eigenwillige, vernunftbegabte Wesen, die z. B. fliegen und ihren Standort selbst bestimmen können. (Bei der kirchlichen Glockenweihe werden sie regelrecht getauft und erhalten Namen). So wurde auch der Leonsberger Glocke eine besondere Kraft nachgesagt: Läutete sie um Mitternacht ganz von selbst, so wußten die Bürger, daß bald einer aus ihrer Mitte sterben würde. Ein alter Bauer, der beim nächtlichen Glockenklang einen Blick aus dem Fenster warf, sah zu seinem

Gespenstischer Zug. Holzschnitt von Hans Weidlitz, um 1530

Schrecken Verwandte und Nachbarn laut betend und wie zu einem Leichenbegängnis versammelt. – Am nächsten Tag, so die Sage, verunglückte sein Sohn beim Holzfällen im Wald tödlich.

LEUCHTENBERG (Lkr. Neustadt a. d. Waldnaab)

Burgruine

Südwestlich von *Vohenstrauß*, weit sichtbar über dem Tal der Luhe, befinden sich die Überreste der Burg Leuchtenberg, die zu den größten der Oberpfalz zählte. Die urkundlich erstmals 1124 erwähnte Anlage war Stammsitz des Geschlechts der Leuchtenberger, die 1158 den Grafentitel und 1196 Amt und Titel eines Landgrafen erhielten. Das Geschlecht starb 1646 aus, weshalb die Burg als Reichslehen an die Wittelsbacher kam. 1817 wurde der Titel „Herzog von Leuchtenberg und Fürst von Eichstätt“ Eugen Beauharnais, dem Stiefsohn Napoleons, verliehen.

Der Name „Leuchtenberg“ stammt aus dem 16. Jh. Er hat sich aus „Liukenberg“ oder „Leukenberg“ im 12. und 13. Jh. (abgeleitet von dem Personennamen „Liuko“, einer Kurzform für „Leutker“ oder „Liutger“) über „Luchtenberg“im 15. Jh. entwickelt. Eine Sage bringt die Herkunft des Namens hingegen in volksetymologischer Weise mit dem Verb „leuchten“ in Verbindung. Sie erzählt, König Heinrich I. (um 876–936) sei eines Tages gemeinsam mit seiner Tochter in den Wäldern um Pfreimd auf die Jagd gegangen. Als das Mädchen ein Reh verfolgte, habe es sich verirrt und sei trotz mehrtägiger Suche verschwunden geblieben. Als der König Jahre später wieder einmal im Wald jagte und die Dunkelheit hereinbrach, sah er in der Ferne ein Licht im Fenster einer Burg aufleuchten. Heinrich begehrte Einlaß, und die Freude war groß, als der Vater dort seine inzwischen mit dem Burgherren verheiratete Tochter in die Arme schließen konnte. Zum Andenken daran gab der Herrscher der Burg, von der ihm Heil zuwinkte, den Namen „Leuchtenberg“.

Die Burg Leuchtenberg wurde 1842 durch einen Brand zerstört. Erhalten sind heute u. a. noch mehrere Tore, Reste von Getreidekasten, Rentamt und Palas sowie die Burgkapelle und der Bergfried. Auf einer eigens eingerichteten Freilichtbühne finden allsommerlich von Juni bis August Burgfestspiele statt. Unterhalb der Ruine wurde eine Jugendherberge eingerichtet.

Zwischen Palas und Bergfried liegt die Dürnitz, ein gewölbter Raum mit achteckiger Mittelstütze aus dem

15. Jh. Fälschlicherweise „Bankettsaal“ genannt, diente er in Wirklichkeit als (heizbarer) Aufenthaltsraum der Dienstmannen. Darunter befinden sich weitere Kellerräume, darüber Reste des „Neu Gebäu über dem Gewölb und Keller“, wie es in einer Urkunde von 1644 heißt. Die Sage erzählt, hier bzw. in einer Ecke des benachbarten Palas sei vor langer Zeit eine Grafentochter von ihrem eigenen Vater eingemauert worden, weil sie mit einem Burgknappen ein unstandesgemäßes Liebesverhältnis hatte. Der erzürnte Vater ließ den jungen Mann an einer nahestehenden Linde aufhängen, die das Mädchen durch ein kleines Fenster seines Gefängnisses sehen konnte. Sie starb bald darauf und soll seither als Geist auf der Burg umgehen. Der hartherzige Burgherr hat nach seinem Tod keine Ruhe finden können; er spukt, vom Teufel gejagt, zu Pferd in der Nähe seines früheren Wohnsitzes. – Besagte Linde, der sog. „Kahle Baum“, existiert noch heute. Es handelt sich um einen Grenzbaum der Leuchtenberger Herrschaft, der auf dem Bergrücken von Vohenstrauß steht. Sibylla Weis, eine legendäre Hellseherin aus dem Fichtelgebirge, soll im übrigen prophezeit haben, hier würde einst eine mythische Schlacht geschlagen werden, die zahllose Opfer fordern und den Weltuntergang einleiten würde.
Auf dem Areal der Burg befindet sich ferner das steinerne Bild einer Frau, die auf einem Igel sitzt. Darunter steht die folgende Inschrift: „Das macht mein Fürwitz, daß ich auf dem Igel sitz.“ Die Sage deutet diese Skulptur als die schöne, aber neugierige Ehefrau eines früheren Burgherrn, welche ihrem Mann trotz vieler Ermahnungen seinerseits immer wieder Verdruß bereitete. Eines Tages stellte er sie auf die Probe: Als Bote verkleidet, übergab er ihr einen Brief mit der Weisung, das Schreiben sofort dem Burgherrn auszuliefern. Als sie stattdessen den Brief in seiner Gegenwart öffnete, verurteilte er sie zur Strafe zum Igelsitzen.

LOH (Gem. Stephansposching, Lkr. Deggendorf)

Wallfahrtskirche zum Heiligen Kreuz
Der hohe Turm der Wallfahrtskirche, ein Juwel der Rokoko-Zeit, ist weithin sichtbar. Der Hochaltar präsentiert das Gnadenbild, ein um 1400 entstandenes holzgeschnitztes Kruzifix mit menschlichem Haupt- und Barthaar.
Die Legende erzählt, daß im 5. Jh. ein christlicher römischer Offizier das sog. Loher Kreuz in der Nähe seines Standlagers in der benachbarten Gemeinde

Wischlburg aufgestellt hat. Nach dem Abzug der Römer warfen es die nachrückenden heidnischen Bajuwaren in einen Sumpf (eine sog. „Lohe“) an der Grenze der Gemarkung zwischen Wischlburg und Loh. Später wurde das Kreuz von den Christen wiedergefunden und zunächst heimlich verehrt. Die öffentliche Verehrung reicht bis ins 8. Jh. zurück. Die Wallfahrt, die um 1400 einsetzte, nahm Anfang des 17. Jh. einen außerordentlichen Aufschwung, weshalb die Kirche erneuert wurde (1687).

Noch heute sind eine Anzahl silberner Votivgaben, Votivkerzen und -bilder mit volkskundlich interessanten Darstellungen erhalten. Zwischen 1639 und 1800 wurden besonders wundersame Gebetserhörungen in einem Mirakelbuch aufgeschrieben.

Der Kirchenraum hat durch die Münchener Hofkünstler Franz Xaver Feichtmayr und Christian Wink ein bewegtes und farbenfrohes Gewand erhalten. Thema der Bilder von Wink (1738–97) ist die Heilsbedeutung des Kreuzes. Im Chor ist die Errichtung der ehernen Schlange durch Moses (4 Mos. 21, 6–9) dargestellt, welche als alttestamentliche Vorausdeutung auf die Kreuzigung Christi verstanden wird; im Langhaus die Kreuzerhöhung durch den oströmischen Kaiser Heraklius, der 629 n. Chr. im Büßergewand das von den Persern geraubte Kreuz nach Jerusalem zurückbringt. Die Deckenbilder in den Seitenkapellen erzählen Begebenheiten, in denen das Kreuz sich als wundertätig erwiesen hat.

Die Fresken der Seitenaltäre schildern die Auffindung des Kreuzes Christi durch die hl. Helena um 326 sowie die Schlacht auf dem Lechfeld 955, bei der Bischof Ulrich von Augsburg mit dem Kreuz, das er der Legende zufolge aus den Händen von Engeln erhalten hatte, an der Spitze des deutschen Heeres unter Otto dem Großen (936–973) den Ungarn entgegenzog und einen glänzenden Sieg errang.

Helena wurde um 255 in Bitynien (Kleinasien) geboren; 275 heiratete sie einen Mitkaiser Diokletians, Konstantius Chlorus, mit dem sie den Sohn Konstantin (285–337) hatte; die Ehe wurde später aus politischen Gründen geschieden.

Von Konstantin heißt es, vor der Schlacht an der Milvischen Brücke sei ihm im Traum ein Kreuz mit der Inschrift „in hoc signi vinces“ („In diesem Zeichen wirst du siegen“) erschienen. Daraufhin setzte er das Kreuz auf die Feldzeichen und siegte über seinen Widersacher Maxentius. Dies war zugleich der Anfang des Siegeszuges des Christentums: 313 erlaubte das

Edikt von Mailand die Ausübung des christlichen Glaubens im Römischen Reich, 325 erklärte der Kaiser das Christentum zur Staatsreligion.
Nach Konstantins Bekehrung konvertierte auch Helena und förderte die Ausbreitung des christlichen Glaubens. Noch in hohem Alter soll sie nach Jerusalem gepilgert sein und auf dem Berg Golgatha die drei Kreuze ausgegraben haben. Um zu erfahren, welches davon das Kreuz Christi sei, ließ sie sie nacheinander auf den Körper eines Toten legen. Unter dem Christuskreuz soll er zu neuem Leben erwacht sein.

LOHBERG-SOMMERAU (Lkr. Cham)

Kleiner Arbersee

Lohberg-Sommerau liegt zwischen *Lam* und *Bayerisch Eisenstein* im grenznahen Gebiet. Der Kleine Arbersee ist nur zu Fuß zu erreichen, entweder vom Parkplatz an der Reißbrücke hinter *Sommerau* oder von *Brennes* aus über die Mooshütte. Nach der Entstehung des Sees in der Eiszeit gehörten die schwimmenden Inseln zunächst wohl noch zum Festland, setzten sich dann aber im Laufe der Zeit ab und werden seitdem (in voller Vegetation) vom Wind umhergetrieben. Die Legende berichtet von zwei Holzfällern, die erhitzt vom Bäumeschlagen ein erfrischendes Bad im Kleinen Arbersee nehmen wollten. Weil die Abkühlung jedoch zu rasch erfolgte, bekamen beide einen Krampf in den Beinen, so daß sie unterzugehen drohten. In ihrer Todesangst riefen sie die Muttergottes um Hilfe an. Als sie sich schließlich nicht mehr über Wasser halten konnten und versanken, hob sich plötzlich unter ihnen der Seeboden. Jeder von ihnen wurde von einer kleinen Insel hochgehoben, und ein kräftiger Wind trieb sie dem Ufer zu. Erschöpft sanken die beiden am Ufer zu Boden, während die kleinen Inseln weiterhin auf dem See schwammen. Die Holzfäller waren hochbeglückt über ihre wundersame Rettung und gelobten, jedes Jahr eine Wallfahrt zur Muttergottes in *Neukirchen b. Hl. Blut* zu machen.

LOICHING (Lkr. Dingolfing-Landau)

Friedhof an der Kirche

Wenige Kilometer westlich von *Dingolfing* liegt der kleine Ort Loiching mit Kirche und Friedhof – als Wohnstätte der Toten ein klassischer Spukort. Es wird erzählt, daß allnächtlich zwischen elf und zwölf Uhr zwei grunzende Schweine von hier bis zum Dorfende

Menschen in Schweine verwandelt, die sich zerfleischen. Holzschnitt 1627

laufen, wo sie in Feuerfunken zerstieben. Die Sage sieht in den Tieren ein Ehepaar, das zu Lebzeiten großen Haß gegeneinander hegte und sich gegenseitig verfluchte. Selbst als der Mann auf dem Sterbebett lag, waren beide unversöhnlich, ja, der Mann wiederholte seine Verwünschung und sagte, er wolle lieber in der Hölle braten als mit seiner Frau im Himmel wohnen. Bald nach ihm starb auch die verstockte Ehefrau. Beide müssen nun auf ewig ruhelos umgehen.
→ Abensberg

MAINBURG (Lkr. Kelheim)

Kath. Kirche St. Peter und Paul, ehem. Wallfahrtskirche St. Salvator

Auf dem Salvatorberg am Rand von Mainburg entstand 1723 der Neubau der heutigen Pauliner-Klosterkirche, deren Vorgängerbau und Wallfahrt schon 1386 genannt wird. Der lichte Saal ohne Chorausscheidung hat ein ungewöhnlich flach gespanntes Stichkappengewölbe. Die heute weitgehend zum Erliegen gekommene Wallfahrt war dem Erlöser Jesus Christus gewidmet. Am südlichen Seitenaltar steht das Gnadenbild, eine aus dem 16. Jh. stammende, 60 cm hohe, bemalte Sandsteinfigur des Schmerzenmannes. Auf dem Hochaltar befindet sich ein segnender Salvator, flankiert von den Heiligen des jetzigen Patroziniums. Von der Wallfahrt zeugen noch Silbervotive an der Rückwand des barocken Schreins, in welchem die Figur des leidenden Heilands aufgestellt ist. Seit 1981 betreuen polnische Pauliner die Kirche. Die Legende verknüpft die Entstehung von Kirche und Wallfahrt mit einem Hostienfrevel:

Einem Priester, der mit dem Allerheiligsten auf einem Versehgang zum Schloß war, kam in einem Hohlweg ein schwer beladener Wagen entgegen. Dessen Fuhr-

mann schlug, statt auszuweichen, unvermittelt mit der Peitsche auf ihn ein, so daß dem Priester das heilige Gefäß entglitt. Die Hostie fiel jedoch nicht zur Erde, sondern schwebte inmitten eines Lichterglanzes und konnte nur vom Bischof in eine Kirche zurückgebracht werden. Unter dem Frevler jedoch öffnete sich die Erde und verschlang ihn samt Wagen.
Der entstandene Spalt wurde zur Sühne mit einer Kapelle überbaut. Im Mittelgang der heutigen Kirche befindet sich eine weiße, 40 mal 80 cm große Marmorplatte, die an das Ereignis erinnern soll.
→ Deggendorf → Neukirchen

MARIAORT (Gem. Sinzing, Lkr. Regensburg)

Wallfahrtskirche Unserer Lieben Frau
Die Wallfahrtskirche liegt nahe an der Mündung der Naab in die Donau. Die Wallfahrt zu einem Marienkirchlein ist erstmals für das Jahr 1352 belegt. Von dieser mittelalterlichen Kirche ist nur noch die heutige Sakristei erhalten. 1774/76 wurden Chor und Langhaus neu gebaut; Doppelpilaster gliedern die Wände der Saalkirche mit eingezogenem Chor.
Das steinerne Gnadenbild auf dem Hauptaltar stammt aus der zweiten Hälfte des 14. Jh. Es stellt die Muttergottes stehend dar, in der linken Hand einen Blumenkelch haltend, auf dem rechten Arm das mit einem Wiesel spielende Jesuskind.
Die Legende erzählt, das Bild sei zur Zeit des oströmischen Bildersturms (8./9. Jh.) in Konstantinopel ins Meer geworfen worden; es versank jedoch nicht, sondern schwamm auf einer Wacholderstaude die Donau aufwärts bis hierher. Als die Einwohner des Ortes eine Kapelle bauen wollten, wurden die Steine bei Nacht auf wundersame Weise über die Naab zu der Stelle getragen, wo heute die Kirche steht. Die Wacholderstaude (im Volksglauben eine wichtige Heil- und Zauberpflanze) wurde an der Ostseite der Kirche in einen kanzelartigen Mauervorsprung gepflanzt. Ein Wacholderstrauch ist hier auch heute noch zu sehen.

METTEN (Lkr. Deggendorf)

Kloster- und Pfarrkirche St. Michael
Die Benediktinerabtei Metten wurde 766 gegründet und mit Mönchen der Insel Reichenau besetzt. Von der karolingischen Anlage ist nichts mehr erhalten. Die jetzige Kirche mit einheitlich spätbarockem Erscheinungsbild entstand in den Jahren 1712–1720. Im Klo-

stergebäude befindet sich eine unter Leitung von Franz Josef Holzinger gebaute, prächtig ausgestattete Bibliothek. Nach der Säkularisation (1803) erfolgte 1830 eine Neugründung durch Ludwig I. von Bayern (1825–48). Die Mettener Mönche widmen sich bis heute der Seelsorge, der Erziehung und der Pflege der Wissenschaften; ihr Gymnasium hat einen hervorragenden Ruf.

In der Vorhalle der Kirche befindet sich ein von Wolfgang Andreas Haindl (1693–1757) freskiertes Deckenbild mit einer Schilderung der Klostergründung. Es zeigt in einer Waldlandschaft die Begegnung Karls des Großen mit dem sel. Utto, dem ersten Abt des Klosters, vor dessen Einsiedlerklause. Doch nicht diesen, sondern den sel. Gamelbert macht die Legende zum Gründer des Klosters. Sie berichtet, Gamelbert, Sohn eines adligen Grundherrn, habe als Priester einer Eigenkirche auf seinem Grundbesitz im nahen Michaelsbuch gewirkt. Auf der Rückreise von einer Wallfahrt nach Rom übernachtete er in einem Haus, in dem ein gerade geborenes schwächliches Kind von ihm auf den Namen Utto getauft wurde. Er prophezeite, dieses werde nicht nur am Leben bleiben, sondern auch sein Erbe sein und zog weiter, nachdem er die Eltern ermahnt hatte, es fromm zu erziehen und später zu ihm zu schicken. Als Gamelbert nach schwerer Krankheit um 770 starb, wollte Utto Michaelsbuch verlassen und sich auf dem anderen Donauufer in die Einsamkeit zurückziehen. König Karl, der gerade in der Gegend jagte, traf ihn im Wald an, wo er mit Rodungsarbeiten und dem Bau einer Zelle beschäftigt war; Holz und Axt hängte er in Ruhepausen an einem Sonnenstrahl auf. Dieses Wunder soll Karl dazu bewogen haben, ein Kloster zu errichten, und zwar genau dort, wo die Axt wieder auf die Erde fiel.

Utto starb zu Beginn des 9. Jh. und wurde in Metten beigesetzt. Sein Hochgrab mit einer Deckplatte aus dem 14. Jh. zeigt ihn in pontifikaler Meßkleidung mit Buch und Abtsstab, der als sog. „Uttostab", eine sizilianische Krümme aus der Stauferzeit, noch heute zu sehen ist. Erst spätere Darstellungen kennen auch das Beil als Attribut.

Historisch belegt ist, daß Metten, das Karl den Großen als seinen Wohltäter verehrt, nach dem Sturz Herzog Tassilos III. von Bayern im Jahr 788 aus politischen Gründen besonders reiche Unterstützung durch den Frankenkönig erfahren hat und um 790 als Reichskloster anerkannt wurde. Sowohl Gamelbert als auch Utto gehörten Adelsgeschlechtern an, die in der Mettener

Gegend begütert waren. Der Beitrag Karls d. Gr. ist vermutlich über einige entfernte Verwandschaftsbeziehungen zustande gekommen.
Im Jahre 1704 hat der Jesuit Maximilian Rassler die Mettener Gründungslegende für die deutschsprachige Ausgabe der „Bavaria Sancta" in zwei Vierzeilern zusammengefaßt:

Als Carolus war auf Jagen
Einsiedler Uthon er antrifft.
Der fangt ihn, bittend auf sein fragen,
Das er dorthin ein Kloster stift.

Der Kayser schenkt den Forst dem Orden,
Worüber Iltho Abbt soll seyn:
Also ist Gottes Saal dort worden,
Wo vorher wohnten wilde Schwein.

Kaiser Karl begegnet dem seligen Otto

MÜHLHAUSEN (Lkr. Neumarkt i. d. OPf.)

Aumühle

An der Straße, die von Mühlhausen nach *Rocksdorf* führt, liegt kurz hinter dem Ort die Aumühle. Sie wird seit vielen Jahren als bäuerliches Anwesen mit Wohnhaus und alter Scheune genutzt. Von dem früheren Mühlenbetrieb zeugt nur der vorbeifließende Mühlbach mit seiner Staueinrichtung.

Vor langer Zeit, so erzählt eine Sage, lebte hier ein Mühlknecht, der die schöne Tochter des Müllers heiraten wollte. Das Mädchen aber lehnte seinen Antrag ab. Aus Zorn und beleidigtem Stolz lockte er die Müllerstochter eines Nachts an den Mühlbach, stieß sie hinein und drückte sie so lange unter Wasser, bis sie tot war. Dann lief er davon und wurde nicht mehr gesehen. Jede Nacht aber hörte man zur Todesstunde des Mädchens lautes Klagen vom Mühlbach her. Einige Jahre später kehrte der Mühlknecht von Reue getrieben zum Tatort zurück. Am Mühlgraben geriet er versehentlich unter das Mühlrad und wurde grausam verstümmelt. Vor seinem Ableben konnte er sich jedoch noch zu seinem Verbrechen bekennen. Seitdem hat man kein Klagen und Weinen mehr gehört.

NABBURG (Lkr. Schwandorf)

N

Die hoch über der Naab auf einem Bergrücken gelegene Ortschaft wird 929 erstmals urkundlich erwähnt. 1296 erhielt sie Stadtrechte und gelangte dank der Förderung durch die Wittelsbacher zu Wohlstand und Ansehen. Das mittelalterliche Stadtbild ist trotz einer bewegten Geschichte bis heute erhalten geblieben. Die Altstadt erstreckt sich an zwei von Nord nach Süd ansteigenden Straßenzügen; sie war durch einen Halsgraben vom übrigen Bergrücken getrennt und schon im 10. Jh. stark befestigt. Die Zweiteilung der Siedlung durch Trennung von „oberer" und „unterer" Stadt ist deutlich zu erkennen. Zwei Türme und zwei Tore verraten noch den Verlauf der weitgehend abgetragenen Stadtmauer.

Hufeisen im Obertor

An der Nordwestecke der Altstadt steht das Obertor, ein fünfstöckiger achteckiger Torturm, dessen Durchfahrt die Jahreszahl 1565 trägt. Oben im Torbogen befindet sich der Abdruck eines Hufeisens, der auf merkwürdige Art dorthin gekommen sein soll: Die

Sage erzählt von einem unheimlichen schwarzen Reiter, der an einem Sonntagmorgen, als gerade die Glocken zur Frühmesse läuteten, durch das Stadttor sprengte und dem Schmied befahl, sofort sein Pferd zu beschlagen. Doch warnte er ihn, dabei keine frommen Sprüche zu machen. Drei Eisen waren rasch aufgeschlagen, beim vierten aber sprach der Schmied, der durch den seltsamen Fremden an der Erfüllung seiner Sonntagspflicht gehindert wurde: „Gebt in Gottes Namen nun das letzte Eisen her." Im selben Moment bäumte das Tier sich wütend auf und holte zu einem furchtbaren Tritt aus, so daß der Schmied in eine Ecke taumelte. Roß und Reiter verschwanden spurlos. Der Abdruck des Hufeisens ist an der Tormauer noch heute zu sehen.

„Teufelsschuh" in der Stadtmauer

Die trapezartig verlaufende alte Befestigungsanlage reicht bis ins 10. Jh. zurück; in ihrer jetzigen Form gehört sie dem frühen 15. Jh. an. Im 16. Jh. wurde sie verstärkt und ergänzt.

Etwa 50 m stadtauswärts vom Obertor, an der Straße nach Kemnath, ist in der Stadtmauer ein durch rote Farbe besonders hervorgehobener, wie ein Schuh geformter Stein zu sehen, der die Inschrift „Teufel" trägt. Über seine Herkunft gibt es folgende lokale Sage: Einst ließ der Burggraf von Nabburg für sich und seine Bediensteten eine Kirche bauen. Der Teufel saß voll Zorn auf dem gegenüberliegenden Berg und überlegte, wie er die Weihe des Gotteshauses verhindern könnte. Als der Tag der Einweihung gekommen war und der Bischof die Hände zum Segen erhob, nahm der Teufel seinen Schuh und schleuderte ihn in Rich-

„Teufelsschuh"

tung Kirche. Dieser verfehlte jedoch sein Ziel und flog stattdessen gegen die Stadtmauer, wo er sich für alle Zeit fest eingrub.
→ Beidl → Perschen

NATTERNBERG (Stadt Deggendorf, Lkr. Deggendorf)

Natternberg
Der nahe Deggendorf am rechten Donauufer gelegene, 385 m hohe Natternberg ragt weithin sichtbar aus der Ebene empor. Um 1145 wird er als Sitz eines Angehörigen der mächtigen Grafen von Bogen erwähnt; 1242 fiel er an die bayerischen Herzöge. Von der mittelalterlichen Burganlage sind nur noch Reste erhalten.
Volkstümliche Etymologie erklärt den Namen des Berges mit den zahlreichen Ringelnattern, die sich dort gern auf den herumliegenden Steinen sonnen. Wahrscheinlich geht er aber auf lat. *nauta*, „Schiffer“, bzw. *navigare*, „segeln“, zurück. Der Natternberg wäre dann der Wohnort der Natterer, der Bootsleute auf der in der Nähe fließenden Donau.
Noch einen anderen, höchst prominenten Bewohner soll der Natternberg haben: Es heißt, der populäre bayerische „Märchenkönig“ Ludwig II., warte hier auf seine Erlösung und den Tag seiner Wiederkehr – womit er im übrigen neben Karl dem Großen oder Friedrich Barbarossa einer der wenigen volkstümlichen

Ludwig II., 1874

Herrscher ist, denen die Sage ein irdisches Weiterleben zugesteht.
Der 1845 geborene Wittelsbacher, der am 13. Juni 1886 im Starnberger See unter ungeklärten Umständen den Tod fand, hielt sich nach den ersten, als enttäuschend empfundenen Regierungsjahren gern fern der Münchner Residenz auf, mit Vorliebe auf seinen Alpenschlössern in den Ammergauer Bergen. Umgeben von Bildern und Skulpturen, in denen die deutschen Sagenwelt wiederauflebt, wie sie auch die Opern seines Freundes Richard Wagner (1813–1883) aufgreifen, lebte er dort in seiner eigenen Gedankenwelt und verfiel mehr und mehr einer krankhaften Menschenscheu. Am 10. Juni 1886 wurde er, nachdem ihn Ärzte für unzurechnungsfähig erklärt hatten, von der bayerischen Regierung abgesetzt und zwei Tage später nach Schloß Berg gebracht, wo er am Abend des 13. Juni zusammen mit dem ihn begleitenden Psychiater Dr. Bernhard von Gudden im Starnberger See ertrank.
Es war wohl ein Kollege von Guddens, der für einige Jahre in Deggendorf tätige und wie jener der Gutachterkommission angehörende Psychiater Rudolf Grashey, der dazu später die Wandersage vom schlafenden Herrscher in Umlauf brachte. Danach soll Ludwig mit weißem, wallenden Bart in einer Höhle des Natternbergs schlummern, aus der er eines Tages zurückkehren werde. Alljährlich an seinem Geburts- und Namenstag verlasse der König die Höhle und erkundige sich, ob „Bayern noch bei Preußen“ sei – eine Anspielung auf das 1866 geschlossene „Schutz- und Trutzbündnis“ zwischen den beiden deutschen Staaten. Da nun seine Frage nach wie vor bejaht werde, seufze der König tief, wende sich traurig ab und verschwinde wieder im Berg.
Gelegentlich muß der „Märchenkönig“ auch als Kinderschreck herhalten: Bezugnehmend auf eine Sage, wonach einst zwölf Deggendorfer Kinder von einem Zwerg in den Natternberg gelockt wurden, um dort dem König zu dienen, drohen ältere Frauen ihren ungezogenen Enkeln: „Wenn’st nicht brav bist, kimmst zum Kini.“

NEIDSTEIN (Gem. Etzelwang, Lkr. Amberg-Sulzbach)

Tisch der Riesen
Etwa 10 km nordwestlich von *Sulzbach-Rosenberg* steht bei dem kleinen Weiler *Tabernackel* am west-

lichen Rand eines dichtbewaldeten Bergrückens Schloß Neidstein. Von der mittelalterlichen Burg aus dem 12. Jh. sind nur geringe Reste erhalten. Das jetzige Wohnschloß wurde 1513 erbaut; es befindet sich auf einer unteren Terrasse und ist heute in Privatbesitz. Am Fuß des Schlosses liegt neben einer alten Steintreppe ein großer, länglicher, mit Moos bewachsener Stein, der auf zwei kleineren Steinen ruht. Die Formation hat eine Spannweite von 6 m. Die Sage deutet sie als „Tisch“ von Riesen, die früher hier gelebt haben sollen.

NEUEGLOFSHEIM (Gem. Thalmassing, Lkr. Regensburg)

Wolfgangseiche

Neueglofsheim ist durch eine Absplitterung der Herrschaft *Alteglofsheim* entstanden. Das gleichnamige Schloß, auch Schloß Haus genannt, ist seit 1835 Eigentum der Fürsten von Thurn und Taxis. Nicht weit entfernt vom Schloß steht eine auffällig gewachsene Eiche, die sog. „Wolfgangseiche“; Hinweisschilder zeigen den Weg zu ihr.

Eichen haben eine lange Entwicklungszeit und blühen je nach Standort oft erst mit 50 Jahren zum ersten Mal. Ihre Lebensdauer ist dafür sehr lang: sie erreichen im Durchschnitt ein Alter von 500 Jahren; manche bringen es auf 750 und einige sogar auf über 1000 Jahre. Wegen ihres hohen Gebrauchswertes und wegen ihrer majestätischen Erscheinung gehörte die Eiche bereits in vorchristlicher Zeit zu den am meisten verehrten Waldbäumen. Bei allen indogermanischen Völkern gilt sie als Aufenthaltsort von Göttern. In christlicher Zeit nahm man an, in Eichen säßen böse Geister; Hexen und Teufel versammelten sich hier zu nächtlichen Orgien. In der magischen Praxis war die Eiche als Zaubermittel im positiven wie im negativen Sinne sehr geschätzt. Andererseits gibt es viele Sagen um „heilige Eichen“. Als ein heidnischer Kultbaum mußte die Eiche mit der Einführung des Christentums verschwinden. Bonifatius fällte 723 im nordhessischen Geismar eine dem Heidengott Donar geweihte Eiche und baute aus ihrem Holz eine Kapelle. Von der Wolfgangseiche in Neueglofsheim wird erzählt, der hl. Wolfgang (um 924–995) habe nach seiner Ernennung zum Bischof von Regensburg (972) unter ihr gepredigt.

NEUKIRCHEN (Lkr. Straubing-Bogen)

Nagelsteiner Wasserfälle

Der Weg zu den romantischen Wasserfällen führt über *Obermühlbach*. Dort geht eine Abzweigung rechts in Richtung *Kagers/Mitterberg,* von wo aus man einem Hinweisschild folgt.

Im Volksglauben gelten die Nagelsteiner Wasserfälle als unheimlicher Ort. Während des Dreißigjährigen Krieges sollen die Mönche der Benediktinerabtei *Oberalteich* ihre Kirchenschätze hier vergraben haben, als sie vor den anrückenden Schweden fliehen mußten. Dieser sollen noch heute an nämlicher Stelle verborgen liegen, bewacht von einem großen, schwarzen, geisterhaften Hund, weshalb abergläubische Menschen den Platz früher mieden und die alte Straße über den Nagelstein ungern ohne Begleitung gingen. Am Fronleichnamstag, wenn zum Evangelium geläutet wird, soll der Schatz hellerleuchtet an die Oberfläche kommen und von jedem gesehen werden können.

→ Oberalteich

NEUKIRCHEN BEI HL. BLUT (Lkr. Cham)

Wallfahrts- und Pfarrkirche zum Hl. Blut

Neukirchens Beiname „bei Hl. Blut“ verweist auf die nahe des Ortes gelegene Wallfahrtsstätte, deren mächtiger Turm mit der für die Gegend typischen Zwiebelbekrönung kilometerweit zu sehen ist, hat sich erst in neuerer Zeit durchgesetzt.

Die Gründungslegende der Kirche zeugt davon, daß der kleine Ort im bayerisch-böhmischen Grenzgebiet in einer zwischen Spätmittelalter und Hochbarock von religiös-politischen Auseinandersetzungen heimgesuchten Landschaft liegt. Ihr Entstehen soll sie nämlich einer auf einem Baumstumpf gefundenen leuchtenden Hostie verdanken; über diesem baute man eine Kapelle, die mehrfach erweitert und im 17./18. Jh. durch den heutigen Kirchenbau ersetzt wurde. Die Stelle der zunächst verehrten heiligen Hostie hat später eine kleine geschnitzte Muttergottesfigur eingenommen, die um 1400 in Klettau/Böhmen entstanden sein muß. Ihr Festgewand aus gelbem, reichbesticktem Samt wurde im 18. Jh. aus dem Brautkleid einer böhmischen Prinzessin gefertigt.

In der Zeit der Hussiteneinfälle wurde Neukirchen zweimal niedergebrannt, 1422 und 1433. Die Legende erzählt von einer frommen Bäuerin namens Susanna Halada, die die Marienfigur 1419 vor hussitischen Bilderstürmern aus dem böhmischen Lautschim nach Bayern rettete und in einer hohlen Linde aufstellte. Dort entdeckte sie 1450 einer der hussitischen Anführer und warf sie in einen nahegelegenen Brunnen, aus dem sie jedoch auf wundersame Weise an ihren Platz zurückkehrte. Der Mann war darüber so erbost, daß er mit seinem Säbel auf das Bild einhieb und ihm das Haupt spaltete. Zu seinem Staunen floß aus der ‚Wunde' frisches Blut, was Neukirchen seinen Beinamen einbrachte. Der entsetzte Frevler versuchte zu fliehen, konnte sein Pferd jedoch nicht von der Stelle bringen und riß ihm schließlich wutentbrannt die Hufeisen ab, die er für verzaubert hielt. Schließlich bekehrte er sich zum katholischen Glauben und wurde aus einem Verfolger zu einem Verehrer des wunderbaren Bildes, das er noch oft besuchte. Säbel und Hufeisen schenkte er der Kirche.

Die seit 1656 von Franziskanern betreute Wallfahrt zählt noch immer zu den bedeutendsten bayerischen Marienwallfahrten.

Das Gnadenbild steht heute über dem Tabernakel des Hochaltars in einem vergoldeten Glasschrein. Ursprünglich hatte es tatsächlich einen Säbel im Kopf, der jedoch später durch eine Krone ersetzt wurde; die Spalte im Holz ist noch vorhanden.

Ein Hussit haut den Säbel auf den Kopf Mariens

An der rechten Seite der Emporenbrüstung erzählen acht Bilder von der Entstehung der Wallfahrt zum „verletzten Kultbild“; auf dem Opferstock erinnert eine nach gotischem Vorbild gefertigte barocke Figurengruppe an die Freveltat des Hussiten, der gerade den Kopf der Marienfigur spalten will. Über dem Eingang zur Sakristei hängt eine Votivtafel, auf welcher der vergebliche Fluchtversuch des Täters zu sehen ist; die Hufeisen werden ebenfalls gezeigt.
Auch die ältere Wurzel der Wallfahrt ist nicht vergessen. Der Hochaltar soll der Sage nach an jener Stelle errichtet worden sein, an der man die entehrte Hostie gefunden hatte. Wohl erst im 19. Jh. entstand die Legende, auch das Marienbild sei an dieser Stelle von einem pflügenden Bauern entdeckt worden.
Neukirchen besitzt eine reichhaltige Sammlung von Votivkerzen, Bildern und sonstigen Zeugnissen zur Geschichte der Wallfahrt, die in einem eigenen Wallfahrtsmuseum (Marktplatz 10) ausgestellt sind. Der Brunnen, in welchen der Hussit die Marienfigur geworfen haben soll und dessen Wasser früher den Pilgern zum Trinken und Augenwaschen diente, wurde durch die Sakristei überbaut.

St.-Anna-Kapelle zum Hl. Brunn
In unmittelbarer Nähe der Wallfahrts- und Pfarrkirche zum Hl. Blut befindet sich auf freiem Feld die St.-Anna-Brunnenkapelle. Der jetzt noch vorhandene, achteckige Bau mit Zeltdach und zwiebelbekrönter Laterne entstand um 1700 über einer Heilquelle, die von dem kranken Mädchen Barbara nach einer Traumweisung bei der Wallfahrt 1610 gefunden wurde; durch den Genuß des Wassers soll es die Gesundheit wiedererlangt haben.

NEUSATH-PERSCHEN (Nabburg, Lkr. Schwandorf)

Rauberweihermühle im Oberpfälzer Freiland-Museum
In Perschen hat man 1964 in einem neben der Kirche gelegenen Adelshof des 15. Jh. und späterem Pfarrhof eines der ältesten Bauernhofmuseen in Bayern, das „Oberpfälzische Bauernmuseum Perschen“, eingerichtet. Bis 1976 eigenständig, wurde es 1977 vom Bezirk Oberpfalz in das geplante „Oberpfälzer Freilandmuseum Neusath-Perschen“ übernommen, das nach mehrjähriger Aufbauzeit seit August 1986 für Besucher zugänglich ist. Das ca. 25 ha große Gelände liegt 3 km östlich von Neusath (Gem. Nabburg). Der

Neuaufbau von rund dreißig historisch bedeutende Haus- und Hofstellen, deren Erhalt am ursprünglichen Standort nicht möglich ist, ist inzwischen fast abgeschlossen. Damit ist Neusath-Perschen das zentrale Schwerpunktmuseum für ländlich-bäuerliche Kulturgeschichte in der Oberpfalz. Seine Aufgaben sind die Erhaltung, Erforschung und Vermittlung ländlich-bäuerlicher Lebensformen, insbesondere der letzten zweihundertfünfzig Jahre. Zu den Sammlungsbereichen gehören neben historischen Gebäuden originale Einrichtungs- und Ausstattungsgegenstände sowie Arbeitsgeräte und Maschinen. Hinzu kommen die Haltung alter Haustierrassen und die Rekonstruktion überlieferter Feld- und Waldwirtschaftsformen. Für die geschlossene regionaltypische Darstellung in Siedlungseinheiten wurden sog. „Dörfer" rekonstruiert, innerhalb derer die Ausstellungsbereiche Platz finden.

Das Oberpfälzer Freilandmuseum ist von April bis Oktober geöffnet; während der Saison werden neben Führungen, Schülerprojekten und Sonderausstellungen zu bestimmten Terminen auch traditionelle Arbeiten aus Handwerk, Land- und Hauswirtschaft (Flachsverarbeitung, Dreschflegel-, Rechen- oder Strohschuhmachen, Brotbacken etc.) vorgeführt.

In der Baugruppe „Mühlental", die das Eisen-, Glas- und Mühlengewerbe der Oberpfalz dokumentiert, steht seit 1984 die sog. „Rauberweihermühle", ein Landsassengut aus dem Oberpfälzer Wald. Das Gebäude, ein ehemaliges herrschaftliches Jagdhaus mit Mahlmühle, stammt aus dem frühen 18. Jh. Der damalige Inhaber von Rauberweiherhaus, Karl Sigmund Graf von Aufseß, vererbte das Anwesen seiner zweiten Ehefrau Eva Sophia von Murach, die 1765 starb und hier begraben wurde. Urkundlich bezeugt sind ein Kammerdiener sowie ein ebenfalls im Haus lebender herrschaftlicher Jäger und Forstverwalter, während die Mühle mit separater Wohnung nacheinander an verschiedene Müller verpachtet wurde. Seit 1840 betrieb die Müllerfamilie Dürr, die von 1795–1965 Erbpächter war, in der Rauberweihermühle eine Schankwirtschaft.

An die wechselvolle Geschichte des Anwesens erinnern verschiedene Erzählungen, die sich um das ehem. „Schlößchen Rauberweihermühle" bzw. einen nicht mehr erhaltenen älteren Vorgängerbau ranken. Eine Sage bringt den Namen mit Räubern und Dieben in Zusammenhang, die früher hier in „Raubhausen" Unterschlupf fanden und ihrem Hauptmann und Beschützer,

einem Freiherrn von Raubtasch, Zins zahlen mußten. Eine andere Überlieferung berichtet von der Erscheinung einer Weißen Frau, die von mehreren Gewährsleuten gesehen worden sein soll. Ein Reisender aus *Schwandorf* wollte in den fünfziger Jahren des 20. Jh. dem Gespenst auf die Spur kommen und suchte um Mitternacht mit einer Taschenlampe das Obergeschoß des Gebäudes auf, in dem sich die früheren herrschaftlichen Räume (darunter eine Kapellenkammer) befanden. In der ehem. Küche kam eine Frau in langem weißem Gewand auf ihn zu, vor der er entsetzt davonlief. Auch im Keller der Mühle soll sie sich sehen lassen haben. Es heißt, das Gespenst sei der Geist einer Gräfin, die in jungen Jahren auf der Rauberweihermühle starb und mit ihren Kindern in einer Gruft unter der „Stubenkammer" des Müllers beigesetzt wurde.
Reales Urbild der Weißen Frau in der Rauberweihermühle ist vermutlich eine der früheren Besitzerinnen, die bereits erwähnte Eva Sophia von Murach. Als man beim Abtragen des Gebäudes archäologische Grabungen durchführte, wurden u. a. Teile alter Fußböden, das Hofpflaster, der zugeschüttete Mühlgraben und Fundamente bereits abgebrochener Trennwände und Öfen freigelegt. Unter der Stubenkammer fanden sich außerdem Spuren einer Grablege. Dieser Befund ist im jetzigen Museum rekonstruiert; die Kellergewölbe wurden nicht wieder aufgebaut.

Neustadt a. d. Waldnaab (Lkr. Neustadt)

Wallfahrtskirche St. Felix

Die hoch über der Waldnaab auf einer Anhöhe gelegene Felixkirche, weithin sichtbares Erkennungszeichen des Ortes, ist ein beliebtes Wallfahrtsziel. Der hier verehrte Heilige, Mitglied des Kapuzinerordens, wurde 1515 in Cantalice bei Rieti nördlich von Rom als Kind armer Eltern geboren. Schon in jungen Jahren mußte er seinen Lebensunterhalt mit Viehhüten verdienen, wobei er viele Stunden betend vor einem in einen Baum geschnitzten Kruzifix verbracht haben soll. 1544 trat er in das Kloster der Kapuziner in Rom ein, wo er vierzig Jahre lang das Amt eines Almosensammlers versah und Kranke und Notleidende betreute. Da er auch für die geringste Gabe mit einem „Deo gratias" dankte, erhielt er den Beinamen „Bruder Deogratias". Die Legende erzählt, zum Dank für seine aufopfernde Gottes- und Nächstenliebe habe die Muttergottes ihr Kind in seine Arme gelegt. Felix von Cantaliare starb 1587; 1625 wurde er selig-, 1712 heiliggesprochen.

Der Wallfahrtsort hat eine typische Entwicklung durchgemacht. Im Jahr 1709 hatte Fürst Ferdinand II. von Lobkowitz Kapuziner nach Neustadt berufen, die den Bau einer Kapelle für ihren Ordenspatron betrieben. Als 1712 der fürstliche Stadtrichter schwer erkrankte, versprach er, im Fall der Genesung eine Statue des Heiligen zu stiften, was auch geschah. Als sich weitere Wunder ereigneten und die Zahl der Pilger immer mehr zunahm, wurde 1729 für die bisher im Freien stehende Heiligenfigur eine hölzerne Kapelle erbaut, die man 1746 durch den heutigen Kirchenbau ersetzte. 1763–65 erfolgten Erweiterungen und eine Neuausstattung.
Die Anlage verbindet einen quadratischen Raum mit abgerundeten Ecken für die Laien mit einem kleeblattförmigen Chor für die Mönche; seit 1925 betreuen Minoriten Kirche und Wallfahrt. Auf dem Hochaltar steht in einem Glasschrein die von dem böhmischen Bildhauer Adolph Grieger 1712 in Holz geschnitzte Statue des hl. Felix. Er ist mit einem Kapuzinerhabit beklei-

Standbild des hl. Felix

det und trägt über der linken Schulter den Almosensack mit der Aufschrift „Deo gratias". Die Decken von Langhaus und Chor sind mit insgesamt 46 Fresken ausgemalt, welche sich mit dem Leben des Heiligen, darunter seine Voraussage des Sieges der christlichen Flotte aber die Türken in der Seeschlacht von Lepanto 1571 und seine Heiligsprechung, befassen.

An der zur Kirche führenden Kastanienallee liegt auf halber Höhe das (heute ausgetrocknete) „Felixbrünnlein“ mit dem Bild des Heiligen. Es ist auch unter dem Namen „Gnadenbrunn“ bekannt und soll früher über heilkräftiges Wasser verfügt haben.

NIEDERAICHBACH (Lkr. Landshut)

Schloß und Kirche
Etwa 15 km nordöstlich von *Landshut* liegt in einem kleinen Seitental der Isar Schloß Niederaichbach. Die ehem. Hofmark Niederaichbach wurde Anfang des 16. Jh. Siegmund von Königsfeld zum Lehen gegeben. Der zweiflügelige Wohntrakt mit Eckturm, durch Wirtschaftsgebäude ergänzt, stammt aus dem 17. Jh., wurde aber im 18. und 19. Jh. vielfach verändert. Nachdem die Niederaichbacher Linie der Königsfelder um die Mitte des 18. Jh. ausstarb, kam das Schloß in den Besitz der Fürsten von Urach.
Die spätgotische katholische Filialkirche St. Margaretha im direkt hinter Niederaichbach liegenden *Reichersdorf* erfuhr im Laufe der Jahrhunderte mehrere Veränderungen; 1993/94 wurde sie, inzwischen stark heruntergekommen, umfangreich restauriert. Trokkenlegungsarbeiten im Kirchenboden gaben Anlaß zu archäologischen Grabungen, die zur Auffindung von Fundamenten der Vorgängerbauten (die bis Mitte des 10. Jh. zurückreichen) und Königsfelder Grabstätten führten. Aus den sieben aufgefundenen Epitaphien geht hervor, daß die Kirche der Adelsfamilie von 1546 bis 1749 als Grablege diente. Ferner wurden bei Grabungen außerhalb des Kirchengebäudes an der südwestlichen Wand die Skelette von acht Kleinkindern gefunden, die ebenfalls dem Königsfelder Geschlecht zuzuordnen sind.
Wohl diese Funde haben Anlaß gegeben zur Ausbildung einer Sage, die Schloß und Kirche in Beziehung setzt: Eine Gräfin, die vor langer Zeit auf dem Schloß lebte, tötete ihre Neugeborenen, da sie keine Kinder haben wollte. Als sie selbst starb und begraben werden sollte, trippelten hinter ihrem Sarg acht Küken her. Es heißt, dies seien die ruhelosen Seelen der ermordeten Säuglinge gewesen.

NIEDERALTEICH (Lkr. Deggendorf)

Benediktinerabtei und Basilika St. Mauritius
Die Gründung dieses ältesten bayerischen Klosters erfolgte 731 oder 741 durch Herzog Odilo von Bayern.

Die ersten Mönche kamen von der Insel Reichenau im Bodensee und ließen sich hier im Altwassergelände (Altaha) der Donauebene nieder. Die Ergänzung „Nieder“ wurde dem Namen erst nach der Gründung von *Oberalteich* (um 1100) hinzugefügt. Aufgabe des durch Schenkungen reichbegüterten Klosters war von Anfang an die Rodungs- und Missionstätigkeit im Bayerischen Wald; es beteiligte sich auch an der kulturellen Erschließung der Ostmark. Im Dreißigjährigen Krieg und im österreichischen Erbfolgekrieg erlitt die Abtei allerdings schwere Einbußen und Schäden; ein erneutes Aufblühen im 18. Jh. fand mit der Säkularisation (1803) sein Ende. Erst 1918 zogen in Niederalteich wieder Benediktiner ein; sie widmen sich vor allem dem Schuldienst und der Verständigung mit der Ostkirche. 1969 wurden die älteren Gebäude durch Neubauten ergänzt, um ein Gymnasium mit Internat, ein Ökumenisches Institut und ein Bildungszentrum der Diözesen Passau und Regensburg unterzubringen. Vorgängerin der jetzigen Klosterkirche war eine romanische Basilika aus dem 11. Jh., die im 13. Jh. zu einer gotischen Hallenkirche umgebaut wurde. Die weitere Umgestaltung (1718–26) zu einem spätbarocken Bau unter Beteiligung vieler namhafter Künstler stand ganz im Zeichen der 1731 bevorstehenden Jahrtausendfeier.

Im Innenraum befindet sich ein ausgedehnter, farbenfroher Freskenzyklus, ein Werk des Österreichers Wolfgang Andreas Heindl (1693–1757) aus den Jahren 1719 bis 1732. Sechs Bilder des Langhauses erzählen von der Klostergründung: Die Legende berichtet von einer riesigen Eiche, die einst an der Stelle des heutigen Klosters gestanden haben soll. Unter ihr versammelten sich die bajuwarischen Ureinwohner zu ihren Götzendiensten, bis die ersten Mönche den Baum fällten und die Priester vertrieben. Da eine übernatürliche Strafe ausblieb, die alten Götter also offenbar ihre Macht verloren hatten, bekehrten sich die Heiden zum christlichen Glauben.

Das nächste Bild des Freskenzyklus zeigt den heiligmäßigen Abt und Wanderbischof, den Gründer der Abtei Reichenau, wie er einen grünen Zweig der gefällten Eiche in die Erde pflanzt. Aus diesem wächst unter der sorgsamen Pflege der Mönche und durch die Fürbitte der Heiligen erneut ein mächtiger Eichbaum heran, unter welchem geistliche und weltliche Wissenschaften blühen – ein Hinweis auf die selig- oder heiliggesprochenen Bischöfe und Äbte, die aus dem Kloster hervorgegangen sind. Von dieser alten Eiche wurde auch der Ortsname „Alteich“ hergeleitet, doch ist die richtige Etymologie eine andere: Das Kloster wurde im Jahr 821 unter dem Namen „Altach“ gegründet, was „Altwasser“ bedeutet.

OBERALTEICH (Stadt Bogen, Lkr. Straubing-Bogen)

Ehem. Klosterkirche St. Peter

Das auf dem linken Donauufer nordöstlich von Straubing gelegene ehem. Benediktinerkloster, das in seinen Anfängen bis ins 8. Jh. zurückreicht, wurde um 1100 von Graf Friedrich von Bogen neubegründet. Die 1129 geweihte romanische Kirche wurde 1621 abgerissen; ein dreischiffiger Neubau entstand während des Dreißigjährigen Krieges (1622–1630). 1803 wurde das Kloster säkularisiert; die Klosterkirche dient seither als Pfarrkirche. Die von dem Straubinger Maler Joseph Anton Merz geschaffenen Deckenfresken erzählen aus der Frühgeschichte des Klosters und vom Wirken der Benediktinermönche.

Die Oberalteicher Klosterkirche war eine bevorzugte Grablege der Adelsgeschlechter aus dem Bayerischen Wald und besaß viele Grabdenkmäler, die im 19. Jh. teilweise entfernt und beim Bau des Donaukanals verwendet wurden. Einige sind jedoch erhalten geblieben, darunter die um 1418 entstandene rotmarmorne Tumba der Stifter Friedrich und Aswin von Bogen im westlichen Seitenschiff.

An diese Grabsteine knüpft sich eine antikonfessionell geprägte Warnsage: Als während des Dreißjährigen

Plündernde Soldaten. Kupferstich

Krieges die Schweden nach Oberalteich kamen, hatten die Mönche bereits das Kloster verlassen und sich in Sicherheit gebracht – außer einem Laienbruder und dem Klosterfischer mit seiner Tochter, die sich in der Gruft und Totenkammer verbargen. Nachdem die schwedischen Soldaten die Kirche in Brand gesteckt und den Weinkeller geplündert hatten, entdeckten sie die Zurückgebliebenen in ihren Verstecken, töteten die beiden Männer und zerrten das Mädchen in die zerstörte Kirche. In seiner Not rief es die Toten um Beistand an, die auch unter ohrenbetäubendem Lärm aus ihren Gräbern stiegen. Beim Anblick der in Tücher gehüllten Gerippe ergriffen die Schweden die Flucht.

→ Neukirchen

Oberfahrenberg (Markt Waldthurn, Lkr. Neustadt a. d. Waldnaab)

Wallfahrtskirche Mariä Heimsuchung

Auf dem 801 m hohen Fahrenberg stand im Mittelalter eine Burg der Herren von Waldau, die später an *Waldsassen* fiel. Im 14. Jh. wurde sie zu einem Zisterzienserinnenkloster umgebaut, welches jedoch im Zuge der Hussitenangriffe im 15. Jh. wieder aufgegeben wurde.

Die heutige Wallfahrtskirche wurde 1775–78 mit Unterstützung des Hauses Lobkowitz, dessen Wappen den Chorbogen schmückt, von Martin Beer aus Pleystein erbaut und ausgestattet. Das Gnadenbild im Hochaltar, eine ursprünglich spätgotische, heute barock bekleidete Muttergottes mit Kind, die an Marienfesten von zahlreichen Wallfahrern aufgesucht wird,

Überfall auf ein Kloster

hat eine bewegte Vergangenheit hinter sich. Einst soll es von den vor den Hussiten flüchtenden Klosterfrauen in einen Brunnen geworfen worden sein (dessen Stelle an der Südseite der Kirche ist heute mit einem Stein gekennzeichnet, der den Buchstaben F für lat. *fons*, „Brunnen“ trägt). Eine Einschußstelle am Hals der Marienfigur rührt vermeintlich von einem Gewehrschuß her, den ein schwedischer Soldat im Dreißigjährigen Krieg abfeuerte.

Die Legende berichtet, einmal sei eine Kröte in die Kirche gekrochen und trotz aller Bemühungen des Mesners, sie hinauszujagen, bis zu den Altarstufen vorgedrungen, wo der Priester gerade den Kelch zur Wandlung hob. Da sei sie plötzlich verschwunden. Man sagt, daß es sich um eine „Arme Seele“ handelte, die zu Lebzeiten versäumt hatte, eine versprochene Wallfahrt durchzuführen; in Tiergestalt mußte sie nun auf den Fahrenberg kriechen, um ihr Gelübde zu erfüllen und Erlösung zu erlangen. Angeregt wurde diese Erzählung möglicherweise durch die Tatsache, daß Kröten aus Wachs, Silber oder Eisen oft als Votivgabe geopfert wurden, um Hilfe bei Frauenleiden zu erlangen (die Kröte ist ein Symbol der Gebärmutter). In der Fahrenberger Kirche haben sich solche Votive allerdings nicht erhalten.

OBERVIECHTACH (Lkr. Schwandorf)

Eisenbarth-Denkmäler

Oberviechtach ist der Geburtsort des berühmten Arztes Johann Andreas Eisenbarth (1663–1727). Der Sohn und Enkel von Chirurgen absolvierte eine Lehre als Okulist, Stein- und Bruchschneider und legte die Gesellenprüfung als Wundarzt ab. Anschließend zog er als wandernder Heilkünstler mit Roß und Wagen und großem Gefolge durch die Lande und pries auf Wochen- und Jahrmärkten seine Kunst an, führte Heilbehandlungen durch und verkaufte selbsthergestellte Pulver, Salben und Tinkturen. In Magdeburg, seinem Wohnsitz, kaufte er 1703 ein Haus, das zugleich als Arzneimittelfabrik diente.

Das siebzig Jahre nach seinem Tod verfaßte Studentenlied „Ich bin der Doktor Eisenbarth“ verspottet den Arzt als Quacksalber und Marktschreier. Dort heißt es u. a.:

> Des Küsters Sohn in Dideldum,
> Dem gab ich zehn Pfund Opium;
> Drauf schlief er Jahre, Tag und Nacht,
> Und ist bis jetzt noch nicht erwacht.

Zu Prag da nahm ich einem Weib
Zehn Fuder Steine aus dem Leib;
Der letzte war ihr Leichenstein:
Sie wird jetzt wohl kurieret sein.

In Wirklichkeit war Eisenbarth jedoch einer der bedeutendsten Chirurgen seiner Zeit, der auch vor risikoreichen Operationen nicht zurückscheute und zumal als Erfinder medizinischer Instrumente hervortrat. Trotz fehlenden Universitätsstudiums brachte er es immerhin zu einem „Königlich Grossbritannischen und Churfürstlich-Braunschweigisch-Lüneburgischen privilegierten Landarzt wie auch Königlich Preußischen Rat und Hofokulist“, wie sein offizieller Titel lautete.

Lange Zeit sah *Viechtach* im Bayerischen Wald Eisenbarth als Sohn der Stadt an, bis anhand von Kirchenbüchern nachgewiesen werden konnte, daß sein Geburtsort Oberviechtach ist. Inzwischen erinnern dort eine Bronzebüste des Heilkünstlers am Alten Rathaus sowie der darunter befindliche Eisenbarth-Brunnen an den berühmten Mediziner. Das im Rathaus untergebrachte Heimatmuseum hat unter dem Titel „Doktor Eisenbarth und seine Zeit“ eine Dauerausstellung eingerichtet, die das Wirken des Arztes veranschaulicht.

Johann Andreas Eisenbarth. Kupferstich 1717

P

Passau

Die am Zusammenfluß von Donau, Inn und Ilz gelegene „Dreiflüssestadt" gehört zu den ältesten europäischen Städten nördlich der Alpen und gilt wegen ihrer reizvollen Lage und des gut erhaltenen historischen Stadtbildes als eine der schönsten Städte Deutschlands. Ihre Anfänge reichen bis ins 5. Jh. zurück, als die Kelten auf der rundum von Wasser geschützten Landzunge zwischen Donau und Inn eine befestigte Siedlung, „oppidum Boiodurum", anlegten. Die Römer errichteten rechts des Inns zur Grenzsicherung ein Militärlager, „castra Batava", das sie später in die keltische Stadt verlegten und durch weitere Kastelle ergänzten. Aus „castra Batava" oder „Batavis" wurde in germanischer Sprache „Bazzava", woraus sich „Passau" entwickelte.

Passau, um 1493

Von größter Bedeutung für die Stadt, die schon früh ein vom hl. Severin (gest. 482) gegründetes Kloster mit Basilika beheimatete, war die Erhebung zum Bischofssitz durch Papst Gregor III. im Jahr 739. Das neugegründete Bistum entwickelte eine ausgedehnte Missionstätigkeit nach Osten und reichte im hohen Mittelalter donauabwärts über Wien bis nach Ungarn. Die Gründung von Stift Niedernburg, das 1010 unter Leitung von Gisela, der Schwester Kaiser Heinrichs II. und Witwe König Stephans des Heiligen von Ungarn Reichsabtei wurde, geht ins 8. Jh. zurück. Die Macht über die Stadt blieb gespalten, bis im 13. Jh. der landesherrliche Bischof die Oberhand gewann und vom Kaiser mit der Würde eines Reichsfürsten belehnt wurde.

Die Rückentwicklung der Diözese Passau zum heute kleinsten Bistum Deutschlands begann 1469 mit der Ablösung des Bistums Wien. Im Zuge der Säkularisierung (1803) erfolgte die Auflösung des ehem. Fürstbistums und 1817 die Angliederung an Bayern.

Domkirche St. Stephan

Das Patrozinium der zwischen Donau und Inn an der höchsten Erhebung der Altstadt emporragenden Bischofskirche reicht ins 8. Jh. zurück. Spätestens 731 ist eine bischöfliche Amtskirche nachweisbar, die 739 von Bonifatius als Diözesankathedrale St. Stephan offiziell bestätigt wurde. Die Bauten des frühen und hohen Mittelalters haben keine Spuren hinterlassen. Älteste Teile der heutigen dreischiffigen Basilika sind die romanische Krypta (1262) und der spätgotische, 1407–1530 errichtete Ostbau. Ein verheerender Großbrand in Passau (1662) führte zur Barockisierung der Domkirche; mit dem Wiederaufbau wurden italienische Baumeister, Stukkateure und Maler beauftragt.
Jüngstes Stück der Inneneinrichtung ist der 1945 bis 1953 von dem Münchener Bildhauer Josef Henselmann geschaffene Hochaltar, auf dem das Martyrium des hl. Stephanus, des Schutzheiligen der steinverarbeitenden Berufe und Patrons vieler Städte und Bistümer, dargestellt ist. Apostelgeschichte 6–7 nennt diesen Diakon und ersten christlichen Märtyrer einen „Mann voll Glauben und heiligen Geistes“ und setzt fort: „Stephanus, voll Liebe und Kraft, tat große Zeichen und Wunder unter dem Volke.“ Zusammen mit sechs anderen gewählt und von den Aposteln durch Handauflegen geweiht, warb er mit überzeugenden Predigten für den neuen Glauben. Einige Juden ließen sich mit ihm auf Streitgespräche ein, mußten sich jedoch geschlagen geben und verklagten ihn schließlich beim Hohen Rat, der ihn wegen Gotteslästerung zum Tod durch Steinigung verurteilte.
Mit dem Festtag des Heiligen (26. Dezember) verbindet sich ein reiches Brauchtum. So trank man an diesem Tag „Stephansminne“, wobei man in den Kelch einen Stein legte, der gegen Krankheiten wie Gallen- oder Nierenstein helfen sollte.
Der hl. Stephanus wurde zunächst als Diakon mit Buch und Palme abgebildet; erste spätere Darstellungen der Buch-, Wand-, Glas- und Tafelmalerei zeigen ihn mit Steinen, oder aber die Steinigung und seine Verteidigungsrede vor dem Hohen Rat. Die aus Pappelholz gehauene, mit dünnem Silberblech umkleidete Figurengruppe im Passauer Dom zeigt den hl. Ste-

phanus, wie er von zwei Schergen gesteinigt wird, während Saulus (der spätere Apostel Paulus) seine Kleider in Verwahrung nimmt und ein Pharisäer sich hochmütig abwendet. Darüber wird die Vision des unter den Steinwürfen zusammenbrechenden Märtyrers vergegenwärtigt: „Ich sehe die Himmel offen und den Menschensohn zur Rechten Gottes stehen.“ Zwischen diesen beiden Szenen schweben waagerecht Synagoge und Kirche, Sinnbild des Alten und des Neuen Bundes, von denen die eine sich abwendet und ihr Zepter zerbricht, während die andere dem Märtyrer Kreuz und Palme reicht.

Henselmann nimmt mit diesem Werk direkten Bezug auf das darüber befindliche mächtige Chorfresko, das nach dem Brand von 1662 durch den Mailänder Maler Carpoforo Tencella (1632–1685) ausgebessert und um ein Selbstbildnis in der linken unteren Zuschauergruppe ergänzt wurde. Auch hier ist die Steinigung des Kirchenpatrons und seine Vision des sich öffnenden Himmels dargestellt, an dem sich die Dreifaltigkeit zeigt. Doch scheint dem Betrachter die Himmelsregion mit ihren größeren Figuren näher zu sein als die irdische Stätte des Martyriums.

Passauer Tölpel

Veste Oberhaus mit „Passauer Tölpel"
Gegenüber der Altstadt steht hoch über dem linken Donauufer auf steiler Felsnase die Veste Oberhaus. Erbaut wurde sie 1213 von Bischof Ulrich II. zum Schutz gegen die sich auflehnende Bürgerschaft. Während des 16. und 17. Jh. wurde die mittelalterliche Zwingburg durchgreifend umgestaltet und zu einer barocken Festung ausgebaut. Ab 1822 diente Oberhaus als Kaserne und Militärgefängnis; 1931 übernahm die Stadt Passau die Anlage und richtete darin u. a. eine Wetterstation und eine Jugendherberge ein. In fünfzig Sälen ist das Oberhaus-Museum untergebracht, das größte städtische Museum Niederbayerns. Es enthält neben einer Gemäldegalerie umfangreiche Sammlungen zur Geschichte von Stadt und Stift Passau sowie zur Volkskunde und Kulturgeschichte des Bayerischen und des Böhmerwaldes.
Beim Aufgang zur Rundbastei Katz, die bis 1866 Standort der Festungsartillerie war, befindet sich das Wahrzeichen der Stadt, der sog. „Passauer Tölpel". Es handelt sich um einen zentnerschweren wuchtigen Männerkopf aus Stein mit hoher Stirn, wulstigen Lippen und tonsurartig geschorenem Haar; die Augen sind geschlossen, der Mund ist zu einem Lächeln verzogen. Der Kopf gehörte ursprünglich zu einer riesigen Stephansfigur aus dem 14. Jh., die zunächst auf dem Südturm der frühgotischen Domkirche stand und bei dem großen Stadtbrand 1662 heruntergestürzt ist. Die Figur zerschellte am Boden, und nur der Kopf blieb einigermaßen erhalten. Wegen seiner übermäßigen Größe und des auf den heutigen Betrachter etwas blöd und tollpatschig wirkenden Aussehens erhielt er den Namen „Tölpel", eine Bezeichnung, die bald zum Neck- und Spottnamen wurde. Es heißt, wer dem Steinkopf dreimal über den lächelnden Mund streiche, dem sei ein heiteres Leben beschieden. Ist der Betreffende aber ein Bösewicht, so verschlingt ihn der Tölpel mit seinem Riesenmund und lächelt gleich darauf wieder satt und zufrieden vor sich hin. Dem neckischen Wahrzeichen beigegeben ist ein erläuternder Text mit folgendem Vers:

> Von Passaus Dom fiel ich herunter,
> wobei mein schöner Leib zerbrach.
> Bin trotzdem kreuzwohlauf und munter
> und nur im Kopf noch etwas schwach.

Nibelungensäle im Rathaus
Passau rühmt sich, einen bedeutenden Beitrag zur deutschen Literaturgeschichte geleistet zu haben: Das

in 34 Handschriften überlieferte Nibelungenlied, eines der berühmtesten Werke mittelalterlicher Epik, ist vermutlich am Hof und im Auftrag des Passauer Bischofs Wolfgers von Ellenbrechtskirchen (1191–1204), eines bedeutenden Kunstmäzens, entstanden. Es ist das Werk eines namentlich nicht bekannten Dichters aus dem Donauraum, der um 1200 einen Stoff der Heldensage im Sinne zeitgenössischer höfischer Poesie umgestaltete.

Die Nibelungensage selbst ist aus verschiedenen Stoffkreisen erwachsen, die sich ursprünglich getrennt entwickelten, erst allmählich miteinander in Beziehung gebracht und schließlich literarisch zusammengefaßt wurden. Die wichtigsten Stoffkerne sind die von Siegfrieds Tod und Kriemhilds Rache. Beide haben historische Grundlagen: die konfliktbeladene Einheirat eines Merowingerfürsten in das burgundische Königshaus einerseits, den Untergang des Burgundenreiches (Niederlage des Königs Gundahar gegen ein Heer der Hunnen 453 n.Chr.) und den Tod des legendären Hunnenkönigs Attila bzw. Etzel, dessen Reich vom Kaukasus bis fast an den Rhein reichte, andererseits.

Siegfried, ein niederländischer Königssohn, wirbt nach zahlreichen Abenteuern mit stark märchenhaften Zügen (Drachenkampf, Gewinnen eines großen Goldschatzes) um Kriemhild, die Schwester der drei Burgundenkönige Gunther, Gernot und Giselher. Er heiratet sie, nachdem er die isländische Königin Brunhild mit Hilfe seiner Tarnkappe in Kampfspielen überwunden und für Gunther zur Frau erworben hat. Bei einem Rangstreit der beiden Königinnen verrät Kriemhild das Geheimnis der Werbung und der Hochzeitsnacht. Daraufhin wird Siegfried von Hagen, einem entfernten Verwandten der drei Könige, auf der Jagd erschlagen, nachdem Kriemhild seine einzige verwundbare Stelle preisgegeben hat. Als Gattin des Hunnenkönigs Etzel übt sie Jahre später furchtbare Rache, der Hagen und das burgundische Königsgeschlecht zum Opfer fallen: Sie lädt die Burgunden an den Hof nach Ungarn ein, wo es zu einem Saalkampf kommt, bei dem alle Helden wie auch Kriemhild sterben.

Den Beinamen „Nibelungenstadt“ verdankt Passau dem Umstand, daß es der einzige in dem Epos erscheinende Ort ist, bei dessen Beschreibung genauere lokale Kenntnisse des Dichters erkennbar sind. Hinzu kommt, daß die im Lied auf den Reisen zwischen Passau und Wien genannten Stationen fast ausschließlich zum Gebiet des Passauer Bistums gehören. Schließ-

lich erscheint der Passauer Bischof Pilgrim (971–91), um dessen Person sich im späten 12. Jh. ein regelrechter Heiligenkult gebildet hatte, im Nibelungenlied (wenn auch ungeschichtlich) in der Rolle eines Oheims von Kriemhild und der burgundischen Könige, die ihn alle auf ihrer Reise ins Hunnenland besuchen – wohl eine versteckte Huldigung des Dichters an seinen Passauer Gönner.
Es ist dem 19. Jh. mit seiner romantischen Rückbesinnung auf das Mittelalter zuzuschreiben, daß sich auch in Passau sichtbare Zeugnisse zur Nibelungensage finden: 1885 beauftragte man den aus Passau gebürtigen Historienmaler Ferdinand Wagner (1847–1927), einen Schüler Karl Theodor Pilotys, mit der repräsentativen Ausmalung des Großen und des Kleinen Saales im Rathaus, ein 1393 begonnener Bau, dessen Kern in späteren Jahrhunderten zahlreiche Umbauten und Erweiterungen erfahren hat. Das allegorische Deckenbild im Kleinen Rathaussaal (1888) zeigt die Verleihung des Stadtwappens mit dem (sprechenden) roten Wolf durch Bischof Wolfger und die Huldigung „Passavias“, Passaus Symbolfigur, durch die personifizierten Flüsse Donau, Ilz und Inn. Für den Großen Saal, den Festsaal im Obergeschoß, schuf Ferdinand Wagner zwei Kolossalgemälde, von denen eines die Hochzeit Kaiser Leopolds I. mit Gräfin Eleonore von

Kriemhild und ihr Oheim Pilgrim von Passau

Pfalz-Neuburg im Jahr 1676 darstellt. Thema des anderen, 1891 entstandenen Wandbildes ist der „Einzug Kriemhilds in Passau“ (NL, Strophe 1295–1299); der zugehörige Text lautet:

> Der Bischof mit der Nichte ritt auf Passau an.
> Als das den Bürgern der Stadt ward kund getan,
> Das Schwesternkind des Fürsten, Kriemhild, wole kommen,
> Da ward sie wohl mit Ehren von den Kaufherrn aufgenommen.

Über dem Eingangsportal des Großen Saales hat der Künstler eine weitere Szene aus dem Nibelungenlied dargestellt: die in den Strophen 1533 bis 1542 geschilderte Begegnung Hagens mit den zukunftskundigen Donaunixen, welche die Burgunden vor der Reise zu König Etzel warnen.
Auf einem Wandbild im Städtischen Ratskeller schließlich ist zu sehen, wie sich Ferdinand Wagner im 19. Jh. den Empfang Kriemhilds durch ihren Onkel vorgestellt hat. Vor dem Hintergrund der Veste Oberhaus ist Pilgrim im bischöflichen Ornat zu sehen, wie er seine eben das Schiff verlassende Nichte bei der Hand nimmt. Der Bildtext lautet:

> Bischof Piligrim sprach zu sein Schwesterkind
> „Kriemhilde sei willkommen und dein lieb Ingesind
> In Passau ist gut leben drum geitz nicht mit der Stund,
> Du gehst noch früh genug im Heunenland zu Grund.“

Wallfahrtskirche Mariahilf ob Passau
Hoch über dem rechten Innufer erhebt sich die doppeltürmige Wallfahrtskirche Mariahilf mit dem benachbarten Kapuzinerkloster. Mit dem PKW ist sie über eine Fahrstraße erreichbar; für Fußgänger führt eine 321 Stufen umfassende, überdachte Wallfahrtsstiege gleich einer Himmelsleiter vom Innufer zur Kirche empor.
Die Geschichte der Mariahilf-Verehrung beginnt in der frühen Neuzeit: 1611 brachte Erzherzog Leopold I. von Österreich, der zugleich Fürstbischof von Passau war (1598–1625), von einem Besuch am Dresdener Hof als Gastgeschenk ein aus der kurfürstlichen Gemäldesammlung stammendes, von Lucas Cranach d. Ä. 1514 geschaffenes Muttergottesbild mit, das er zunächst in der Kapelle seiner Passauer

Residenz aufstellen und später nach Innsbruck überführen ließ, wo es 1650 in den Hochaltar der Pfarrkirche St. Jakob eingefügt wurde.
Ein besonderer Verehrer des Cranach-Bildes, der Passauer Domdekan und Bistumsverweser Marquard von Schwendi (1574–1634), ließ sich um 1620 für seine Privatandacht vom Hofmaler Pius eine vergrößerte Kopie anfertigen, die er in seinem Garten außerhalb der Stadt aufstellte. Lichterscheinungen und eine Marienvision auf der gegenüberliegenden bewaldeten Höhe, dem heutigen „Mariahilfberg", brachten ihn auf den Gedanken, daß sich die Muttergottes dort ein Heiligtum wünsche. 1622 ließ er deshalb für das kopierte Cranachbild zunächst eine hölzerne Kapelle, 1627 einen Kirchenbau aus Stein mit Nebengebäuden für die Kirchendiener und einem Wohnhaus für sich selbst errichten. Als Marquard von Schwendi am 29. Juli 1634 starb, wurde er in der Gruft des von ihm erbauten Kapuzinerklosters begraben; sein Wappen über dem Hauptportal der Wallfahrtskirche erinnert an den frommen Stifter.
Schon zu seinen Lebzeiten kamen Pilger aus Bayern, Österreich und Böhmen; der neue Wallfahrtsort bekam den Namen „Maria Hilf", ein Gebetsruf, der bis heute nicht verstummt ist. Ins europäische Blickfeld geriet die Passauer Muttergottes im Zuge der Belagerung Wiens durch die Türken im Jahr 1683. Eine Tafel neben dem Hauptportal der Kirche erinnert daran, daß der kriegsunkundige Kaiser Leopold mit seinem Wiener Hofstaat vor dem Türkenansturm nach Passau floh und vor dem Marienbild betete. Am 12. September brachte die Schlacht am Kahlenberg unter Führung des Prinzen Eugen von Savoyen, dem größten Feldherren der Donaumonarchie, den Sieg.
Nach der Säkularisation waren Wallfahrten als Verdummung und Aberglauben verpönt. Der Wallfahrt Mariahilf drohte 1809 das Ende, weil die französische Heeresleitung, die rings um Passau Befestigungswerke anlegte, die Kirche aus militärstrategischen Gründen abtragen wollte. Als jedoch Napoleon I. das Heiligtum persönlich besuchte, soll er seinen Plan spontan geändert und den Gnadenort unberührt gelassen haben.
Der Stadtbrand von 1662 machte bei der Kirche auf dem Mariahilfberg eine Erneuerung der Dächer erforderlich, bei der die beiden Türme eine merkwürdige Bekrönung erhielten: je eine Kuppel mit breitem, säulengetragenem Laternenviereck und Zwiebelhaube. Das Innere des Gotteshauses ist schlicht und relativ

schmucklos. Der baldachinartige, in Holz geschnitzte und vergoldete Hochaltar mit dem Gnadenbild entstand 1729. Daß der künstlerisch eher unbedeutende Bau eine vielbesuchte Gnadenstätte ist, bezeugen kostbare Weihegeschenke, darunter die 1676 von Leopold I. anläßlich seiner Vermählung gestiftete „Kaiserampel", einige Türkenwaffen (gesammelte Trophäen aus der Schlacht vor Wien) sowie zahlreiche Votivtafeln aus älterer und neuer Zeit. Die im Untergeschoß gelegene ehemalige Sakristei dient als Wallfahrtsmuseum.

Pattendorf (Stadt Rottenburg a. d. Laaber, Lkr. Landshut)

Spitalstiftung

Pattendorf ist vom größeren Rottenburg nur durch die Laaber getrennt. Die Spitalkirche St. Joseph gehört zu der 1493 durch Hans Ebran von Wildenberg für zwölf Bedürftige ins Leben gerufenen Stiftung. Die ursprüngliche Kirche wurde 1886 durch einen neuromanisch-neugotischen Bau ersetzt. Das Spitalgebäude (Hauptstraße 15), im wesentlichen ein zweigeschossiger, langgestreckter Walmdachbau aus dem 18. Jh. mit spätgotischem Kern, wurde im 19. Jh. verändert und erweitert. Nach dem Aussterben der Stifterfamilie im Jahr 1623 war der Besitz bis 1812 Eigentum des Bischofs von Regensburg und gehört seither dem bayerischen Staat. Er beherbergt heute ein Altenheim mit Forst- und Landwirtschaft.
Über den Anlaß für diese bemerkenswerte Stiftung weiß die Sage folgendes: Die Gräfin von Wildenburg, deren Ehe kinderlos war, sah einst im Traum sich und ihren Mann in einem großen Zimmer an einem riesigen Tisch sitzen, dessen Längsseiten von je sechs ärmlich gekleideten Männern eingenommen wurden. Eine Stimme sagte: „Das sind eure Kinder!" Das fromme Paar ließ daraufhin in Pattendorf ein Heim bauen, in dem stets zwölf arme Leute umsonst leben konnten.

Pentling (Lkr. Regensburg)

Dorfkapelle

In der Ortsmitte von Pentling steht an der Ecke Hauptstraße und Schulstraße eine um 1649 erbaute Kapelle, mit der sich eine unheimliche Spukgeschichte verbindet. Lange Zeit soll sich dort um Mitternacht die „Klagmuada" (Klagemutter) gezeigt haben, deren Erscheinen meist ein Unglück oder einen Todesfall ankündigte. Das vor allem im deutsch-böhmischen Grenzbereich häufige dämonische Wesen wird als alte, häßliche Frau mit schwarzem Kleid und weißem Halstuch sowie einem von Spinnweben verhangenen Gesicht vorgestellt. Es kann aber auch in Gestalt eines Tieres auftreten: als Hund mit langen schwarzen Haaren, als graue Katze oder dreibeiniges Schaf. In manchen Gegenden gilt die Klagmuada als erlösungsbedürftiger Geist, dem man unter gewissen Bedingungen Hilfe bringen kann.

Erdarbeiten an der Kapellenmauer haben Mitte der siebziger Jahre das Skelett einer kleinwüchsigen Frau zutage gefördert, die vermutlich auf unnatürliche Art starb. Möglicherweise handelt es sich um ein Bauopfer, bei dem man ein lebendes Wesen (Mensch oder Tier) in das neuerrichtete Bauwerk einmauerte, damit sich seine Lebenskraft auf dieses übertrage und es festige. In den Grundmauern von Häusern, Kirchen oder Brücken finden sich bei Abbruch- oder Renovierungsarbeiten Reste derartiger Opfer nicht selten. Von der Pentlinger Kapelle wird erzählt, seit der Entdeckung des Gerippes hätten die nächtlichen Spukerscheinungen ein Ende gefunden, da die Seele des Opfers nun zur Ruhe gekommen sei.

PERKA (Gem. Biburg, Lkr. Kelheim)

Kath. Kirche St. Michael und St. Leonhard

Südlich von *Abensberg*, auf halbem Weg zwischen Biburg und *Siegenburg*, liegt das Dorf Perka. Die Kirche mit ihrem gedrungenen romanischen Glockenturm hat über die Jahrhunderte allerlei bauliche Veränderungen erfahren. Aus den Jahren 1743–45 stammen der Neubau des Schiffes, die Anpassung des Chores und die einheitliche Stuckierung.

In früheren Zeiten wurden für jedes Brautpaar, das durchs Dorf fuhr, die Glocken geläutet. Der Mesner und auch die Armen des Dorfes bekamen dann eine kleine Spende. Eines Tages nun, so erzählt man sich, wurde die Hochzeit eines reichen, aber geizigen Brautpaares gefeiert. Der Bräutigam, der nicht die Absicht hatte, dem Bettelvolk für das seiner Meinung nach armselige Gebimmel etwas zukommen zu lassen, knallte mit der Peitsche und fuhr stolz auf seinem Wagen aus dem Dorf hinaus. Lachend schaute er zurück, doch da wich der Boden unter dem Hochzeitswagen, und die Brautleute verschwanden in der Tiefe.

Perschen (Stadt Nabburg, Lkr. Schwandorf)

Kirche St. Peter und Paul mit Pfarrhofanlage

Die spätromanische Basilika des wenige Kilometer von Nabburg entfernten Perschen, ehemals Pfarrkirche für Nabburg und *Pfreimd*, stammt aus dem beginnenden 13. Jh. und ist damit eine der ältesten Kirchen der Oberpfalz. 1752/53 wurde sie wegen Baufälligkeit erneuert und barockisiert.

Neben der Kirche steht die zweigeschossige runde Friedhofskapelle mit kunstgeschichtlich bedeutsamen, guterhaltenen Fresken, deren Bildprogramm einer Totenkapelle entsprechend auf Weltgericht und Fürbitte weist. Sie ist ein Beispiel für die in Süddeutschland und Österreich verbreiteten Karner (Beinhäuser), deren Untergeschoß zur Aufbewahrung der bei der Anlage neuer Gräber gefundenen Knochen dient. Der Perschener Karner heißt im Volksmund „Hussitenturm“, weil in ihm angeblich im 15. Jh. gefallene Hussiten beigesetzt wurden.

An der nördlichen Friedhofsmauer schließt sich die ummauerte Dreiseitanlage des 1964 gegründeten Bauernhausmuseums an. Es wurde in einem Adelshof des 15. Jh., dem späteren Pfarrhof, eingerichtet und beherbergt neben einer Spezialbibliothek vor allem eine Sammlung alter landwirtschaftlicher Geräte.

Neben dem Eingangstor liegt an der Mauer ein großer, dreieckiger Felsblock. Es wird erzählt, ortsansässige Riesen (also die Vertreter des Heidentums) seien über den Bau der Perschener Kirche sehr verärgert gewesen. Darum habe ein Riesenfräulein den schweren Stein herangeschleppt, um den Bau zu zerstören. Als sie aber den nahen Bach überschritten hatte, öffnete sich ihr Schurzband, und sie habe den Stein ablegen müssen, um es neu zu binden. Darüber habe sie ihr eigentliches Vorhaben schlicht vergessen.

Eine andere, kulturhistorisch jüngere Version der Sage schreibt die Herkunft des Steins dem Teufel zu. Als er mit ihm über den Bach schritt und zum Wurf ausholte, um die Kirche zu zertrümmern, wurde gerade das Kreuz auf den Turm gesetzt. Beim Anblick des verhaßten Zeichens ließ der Unhold den Stein fallen und verschwand.

Am nördlichen Friedhofseingang fällt ein verwitterter Granitblock ins Auge; er stellt ein Fabelwesen dar, auf dessen Rücken ein bärenähnliches Tier sitzt. Diese Skulptur, die vermutlich als Konsole diente und apotropäische Funktion hatte, also Unheil abwehren sollte, ließ die Sage vom „Bärenfräulein“ entstehen: Eines

„Bärenfräulein"

Tages weilte die Tochter des Ritters von Wernberg mit ihren Gespielinnen im Tal der Naab beim Blumenpflücken, als sich plötzlich ein bärenartiges Ungeheuer auf sie stürzte und mit den Tatzen umklammerte. In ihrer Todesangst gelobte sie, die Perschener Kirche neu bauen zu lassen, wenn das Ungetüm von ihr ablasse. Dies geschah: Der Bär verschwand im Wald, und das Mädchen erfüllte ihr Gelübde und ließ den zweiten Kirchturm errichten.
→ Beidl → Nabburg

PFARRKIRCHEN (Lkr. Rottal-Inn)

Wallfahrtskirche Zur Schmerzhaften Muttergottes auf dem Gartlberg
Die hoch über der Stadt auf dem Gartlberg gelegene Kirche, eine barocke Zweiturmanlage aus dem Jahr 1715, ist weithin sichtbar. Sie hat die Auferstehung

Christi zum Patrozinium, Pilgerziel aber ist ein Gnadenbild der Schmerzhaften Muttergottes. Die Kirche wurde zeitgleich mit dem Passauer Dom von den Italienern Giovanni Battista Carlone und Paolo d'Aglio in der Barockzeit erbaut und ausgestattet.
Über dem Tabernakel des 1689 errichteten Hochaltars thront in einem prächtigen Silberrahmen (18. Jh.) das Gnadenbild, eine Darstellung der trauernden Mutter Maria mit dem Leichnam Christi auf dem Schoß. In der Vorhalle der heutigen Wallfahrtskirche schildern zwei um 1800 entstandene Holzbildtafeln mit je fünf Bildern die Geschichte der Wallfahrt.
Die Kultentwicklung begann 1659, als der Pfarrkirchner Hutstepper Wolfgang Schmierdorfer das 1643 von einer protestantischen Bürgersfamilie in *Regensburg* erworbene marianische Andachtsbild, eine auf Kupfer gemalte Marienklage (Pieta), zur Verehrung an einen Föhrenbaum auf dem Gartlberg nagelte. Als noch im selben Jahr eine Frau von schwerer Krankheit geheilt wurde, schrieb sie dies, wie die älteste Votivtafel bezeugt, der „Gottesmutter vom Gartlberg" zu. Ein Jahr später kehrte ein Mädchen, das in eine tiefe Wassergrube gefallen war und für tot gehalten wurde, auf wundersame Weise ins Leben zurück. Nach weiteren Heilungswundern wuchs die Schar der Pilger so stark an, daß man zum Schutz des Marienbildes den Baum mit einer hölzernen Kapelle umbaute. 1687 wurde das Gnadenbild in die heutige Kirche übertragen.
Am 7. Mai 1743 ereignete sich ein weiteres ‚Wunder'. Während des Österreichischen Erbfolgekrieges sollte die Stadt bombardiert werden, aber die Kugeln zündeten nicht, woraufhin der feindliche Heerführer ausrief: „Ja wahrhaftig, eine mächtige Schutzfrau habt ihr, die ihr aber nicht wert seid!" Zum Dank wurden einige dieser Kugeln in der Kirche aufbewahrt; heute sind sie allerdings nicht mehr vorhanden.

PFREIMD (Lkr. Schwandorf)

Hahnenkreuz
Das an der Mündung von Pfreimd und Naab gelegene Städtchen ist ein alter Edelsitz, der rund dreihundert Jahre den Landgrafen von Leuchtenberg gehörte.
Am östlichen Ortsrand steht auf einer Granitsäule ein schmiedeeisernes Feldkreuz, das vom Typus her den sog. „Arma-Christi-Kreuzen" zuzuordnen ist. Unter den „arma Christi" sind die in der Passionsgeschichte erwähnten Leidenswerkzeuge wie Dornenkrone, Hammer, Lanze oder auch Essigschwamm zu ver-

„Hahnenkreuz"

stehen; sie wurden ursprünglich als Majestätssymbole des Wiederauferstandenen aufgefaßt, später galten sie als Reliquien Christi und als Waffen im Kampf gegen die Sünde. Das Pfreimder Kreuz trägt neben Lanze und Schwamm einen Hahn – eine Anspielung auf die von den Evangelisten berichtete dreimalige Verleugnung Jesu durch Petrus vor dem ersten Hahnenschrei. Die Sage deutet dieses „Hahnenkreuz", das wohl auch den Zweck hatte, die Saat vor Unwetter zu schützen, völlig anders: Sie erzählt von einem tiefgreifenden Zwist zwischen den benachbarten Gemeinden Pfreimd und *Nabburg*, der mit Waffengewalt ausgetragen werden sollte. In stockfinsterer Nacht wagten die Nabburger einen Angriff, weil sie die Feinde schlafend glaubten. Da krähte jedoch ein Hahn, und die Pfreimder konnten noch rechtzeitig die Offensive abwehren. Zur Erinnerung an diese Begebenheit stellten sie ein Kreuz mit dem Bild des Hahns auf, dem sie ihre Rettung verdankten.

PIELENHOFEN (Lkr. Regensburg)

Kloster- und Pfarrkirche St. Maria

Das 1250 gegründete ehem. Zisterzienserinnenkloster unterhielt von Anfang an enge Beziehungen zu dem im Schwäbischen gelegenen Reichsstift Kaisheim, dem es 1655 nach der Rekatholisierung des Gebiets als Superiorat einverleibt wurde. 1806 zogen Karmelitinnen ein, denen 1836 Salesianerinnen folgten. Die Klosterkirche wurde der Pfarrei übergeben; in den Klostergebäuden richtete der Orden ein Mädcheninternat mit Lyzeum ein. Seit 1981 beherbergt Pielenhofen eine Internatsschule der *Regensburger* Domspatzen.

Das mittelalterliche Kloster ist völlig verschwunden. Die jetzigen spätbarocken Gebäude wurden in den Jahren 1692 bzw. 1702 auf Initiative des Kaisheimer Abtes Rogerius I. Rösch von Grund auf neu errichtet. An die stattliche Dreiflügelanlage schließt sich nördlich die von dem Vorarlberger Meister Franz II. Beer zwischen 1700 und 1720 erbaute doppeltürmige Hallenkirche an, die neben einer reichen Stuckdekoration viele Kunstschätze aufzuweisen hat, darunter eine Madonnenfigur des frühen 15. Jh., die aus dem mittelalterlichen Kirchlein stammt und heute auf dem Altar des südlichen Querhauses steht.

Bilderzyklus an den Emporenwänden

Unter der Emporenbrüstung befindet sich ein vierundzwanzigteiliger Gemäldezyklus mit szenischen Darstellungen aus dem Leben des hl. Bernhard. Der eigentliche Begründer des Zisterzienserordens wurde 1091 als Sohn adliger Eltern in Burgund geboren und erhielt eine sorgfältige Erziehung und Bildung. 1112 trat er zusammen mit 30 Gesellen in das 1098 von Robert von Molesmes gegründete Reformkloster Citeaux ein. Die Abtei wuchs so schnell, daß bald die Einrichtung von Filialklöstern erforderlich wurde. Im Jahr 1115 schickte der Abt Stephan Harding (1111–1134) Bernhard nach Clairvaux, dessen Abt er mit fünfundzwanzig Jahren wurde und bis zu seinem Tod am 20. August 1153 blieb. Seine Heiligsprechung erfolgte bereits 1174.

Bildliche Darstellungen zeigen für gewöhnlich Bernhard als Abt in der weißen Tracht der Zisterzienser, oft mit einer Mitra zu Füßen als Hinweis auf die ihm dreimal angebotene Bischofswürde oder mit einem Bienenkorb als Zeichen seiner Rednergabe. Häufig ist er – wie auf dem ersten Bild des Pielenhofener Zyklus – von einem Hund begleitet. Die entsprechende Legende berichtet, Bernhards fromme Mutter Aletha habe vor seiner Geburt im Traum ein weißes Hündchen mit rotem Rücken gesehen, das laut bellte – eine Vorausdeutung auf den bellenden „Wachhund Gottes“, der

Bernhard von Clairvaux

später als Prediger das Haus Gottes bewachen und seine Stimme gegen die Feinde der Kirche erheben sollte. Ein Fresko an der Südseite des Kirchenschiffs zeigt, wie der hl. Bernhard den Teufel überlistete. Der Legende zufolge war ihm eines Tages das nötige Geld zur Vollendung des Kirchbaus ausgegangen. Als er mit einer Pferdekutsche zum nahegelegenen Schatzberg bei Penk an der Naab fuhr, um aus einem dort verborgenen Schatz Gold zu holen, brach der Teufel, der den Bau des Gotteshauses verhindern wollte, aus einem der Räder Felge und Speichen heraus. Der Heilige aber machte ein Kreuzzeichen, flocht den Teufel in das gebrochene Rad und erreichte so Pielenhofen. Nach einer anderen Version weist das Rad mit dem Teufel auf den Achsenbruch eines Erntewagens hin, den die Mönche durch das das Böse überwindende Gebet des hl. Bernhard doch noch in die Scheune bringen konnten.

Gnadenbild vom Weinenden Heiland und Lindmayr-Bildnis

Im südlichen Seitenschiff befindet sich eine von einem unkannten Künstler gemalte Ecce-Homo-Darstellung. Das Pielenhofener Bild zeigt einen totenblassen, dornengekrönten Christus, dessen Antlitz von einem bräunlichen Bart umwallt ist. Das um 1700 in München entstandene Gemälde stammt aus dem Besitz der karmelitischen Mystikerin Maria Anna Josefa Lindmayr (1657–1727), deren Bildnis sich ebenfalls im südlichen Seitenschiff (neben dem Taufbecken) befindet. Die Ecce-Homo-Darstellung in der Klosterkirche Pielenhofen gilt als wundertätiges Bild. In der Nacht vom 21. zum 22. Dezember 1690 (dem Freitag vor Weihnachten) soll Maria Anna Lindmayr, als sie vor dem von ihr sehr verehrten Bild betete, gesehen haben, wie Tränen aus den Augen der Christusfigur flossen.

PILSACH (Lkr. Neumarkt i. d. Opf.)

Schloß

Nördlich von *Neumarkt* liegt der kleine Ort Pilsach mit seinem Schloß. Das Geschlecht der Pilsacher ist seit 1323 bezeugt und war bis ins 17. Jh. Eigentümer der Anlage. Der heutige barocke Walmdachbau, das einzige Wasserschloß des Landkreises, besitzt einen schönen Schloßpark. Von 1982 bis 1989 wurde er umfassend renoviert. Im Untergeschoß befindet sich heute eine Galerie für Bilder und Glasarbeiten aus dem Bayerischen Wald.

Pilsach gilt als Gefängnis von Kaspar Hauser, jenem geheimnisvollen Findling, der am 26. Mai 1828 in Nürnberg auftauchte und am 17. Dezember 1833 in Ansbach an den Folgen einer tiefen Stichwunde in der Brust starb. Der bei seinem Erscheinen 16 oder 17 Jahre alte Junge trug teure, aber zerlumpte Kleidung und hatte einen Brief bei sich, dem zu entnehmen war, daß er in völliger Einsamkeit und ohne Kontakt zu Menschen gelebt habe und wie sein Vater zum Kavalleriesoldaten ausgebildet werden solle.

Kaspar Hauser

Kaspar Hauser (wie er sich selbst nannte) reagierte auf die Bemühungen, ihm Sprechen, Lesen und Schreiben zu lehren, erstaunlich rasch, doch blieben seine geistigen Fähigkeiten begrenzt. Er erregte schnell das öffentliche Interesse, scheint dabei aber immer mehr aus dem seelischen Gleichgewicht geraten zu sein. Einige Zeit reiste er mit dem englischen Aristokraten Lord Stanhope durch Europa. In Ansbach lebte Hauser von 1831 bis zu seinem Tod bei Lehrer Johann Georg Mayer in der Pfarrstraße 16. Am 14. Dezember 1833 stolperte er dort blutend ins Haus und behauptete, im Hofgarten des Schlosses von einem Unbekannten angegriffen worden zu sein; er starb am 17. Dezember und wurde auf dem Ansbacher Friedhof begraben. Der im Hofgarten nahe der Orangerie aufgestellte Gedenkstein trägt die Inschrift „Hic occultus occulto occisus est“ (Hier wurde ein Unbekannter von einem Unbekannten ermordet).

Letzte Klarheit über Herkunft und Mörder Kaspar Hausers konnte bis heute nicht gewonnen werden. Schon früh kam der Verdacht auf, bei dem jungen Mann handle es sich um den 1812 geborenen badischen Großherzog Karl Ludwig Friedrich, der einem Intrigenspiel um die Thronfolge zum Opfer gefallen sei; die rivalisierende Linie habe den Mord veranlaßt. Inzwischen ist aber durch Gen-Analysen, die sich auf ein blutbeflecktes Kleidungsstück stützen, zweifelsfrei bewiesen worden, daß das „Findelkind Europas“ nicht dem Hause Baden angehörte. Der rätselhafte Kriminalfall hat sowohl Wissenschaftler als auch Künstler anhaltend beschäftigt. In Literatur und Film ist sein Schicksal immer wieder thematisiert worden, zuletzt in Peter Sehrs 1992 entstandenem Spielfilm „Kaspar Hauser“ mit André Eisermann in der Titelrolle und Katharina Thalbach als Gräfin Luise Hochberg, die den Erbprinz von Baden beiseite schafft, um die eigene Linie an die Macht zu bringen.

Kaspar Hauser hat ausgesagt, er sei bis zu seinem Erscheinen in Nürnberg sein gesamtes Leben lang eingesperrt gewesen. Außerdem berichtete er von einer Gefangenschaft in einem dunklen Kellerverlies, in dem er auf Stroh saß und schlief und von Personen, die er nicht zu Gesicht bekam, versorgt wurde. In Schloß Pilsach hat man zu Beginn des 20. Jh. ein verborgenes Zwischengeschoß entdeckt, das mit dem von Hauser beschriebenen Raum identisch sein könnte. August Sieghardt, der das Verlies vor dem Zweiten Weltkrieg in Augenschein genommen hat, beschreibt es als „ein etwa 3 m langes, 2 m breites und 1,60 m hohes Gelaß

Seitenansicht des Schlosses Pilsach mit Lichtschacht des Kerkers

mit roh behauenen Steinwänden und einer von zwei Stützbalken getragenen Decke ... An der Südwestseite ... entdeckten wir ein mehr als handgroßes Guckloch, das die einzige Luft- und Lichtquelle dieses schauerlichen, von Moderluft erfüllten Raumes war ... Der Boden des Verlieses war ... mit einer 50 cm dicken Schicht aus Stroh- und Flachshadern bedeckt. Von außen konnte kein Ton, kein Geräusch an das Ohr dringen; wer da drinnen saß, war von der Welt vollkommen abgeschlossen.“ Die Annahme, daß es sich um den Kerker des Kaspar Hauser handelt, wird durch den Fund von geschnitztem Holzspielzeug gestützt, welches jenem ähnlich sah, das der Junge bei seinem Auffinden bei sich trug.
Noch heute erzählt man sich in Pilsach und Umgebung unheimliche Geschichten über das vermeintliche Gefängnis. Ein Kinderfräulein, das hier in Dienst stand, soll eines Nachts laute Geräusche gehört haben, so als ob große Lastzüge durch das Schloß führen. Obwohl sie mit den erschrockenen Kindern betete, hörte der Spuk erst bei Tagesanbruch auf.

Rauhbühl (Stadt Viechtach, Lkr. Regen)

Gläserne Scheune

In dem zwischen Viechtach und *Schönau* gelegenen Weiler Rauhbühl hat der 1938 geborene Glasmaler Rudolf Schmid sein Lebenswerk realisiert. Für die Sagengestalten des Bayerischen Waldes schuf er aus bemalten und aneinandergefügten Einzelscheiben ein monumentales Denkmal aus Glas.

In der Mitte einer fachwerklich beeindruckenden, unterteilten Giebelwand, gestaltete der Künstler auf 7 × 10 m in ausdrucksvollen farbigen Einzelbildern die Lebenstationen des „Mühlhiasl", mit bürgerlichem Namen Matthias Lang, des bekanntesten Hellsehers des Bayerischen Waldes. Lang wurde 1753 als Sohn eines Müllers in der zum Kloster *Windberg* gehörenden Apoiger Mühle geboren. 1801 scheint es zwischen dem Mühlhiasl und dem Abt des Klosters Windberg wegen eines nicht zurückgezahlten Darlehens zu Unstimmigkeiten gekommen zu sein. Matthias Lang mußte die Mühle verlassen und führte von da an ein unstetes Wanderleben als Müllersknecht, Köhler und Waldhirte. 1809 ist er in der Gegend von *Zwiesel* gestorben.

Der Mühlhiasl war einer der in der Abgeschiedenheit des Bayerischen Waldes nicht seltenen Menschen, von denen es heißt, sie besäßen die Gabe der Präkognition. Im Mittelpunkt der Voraussagen des Mühlhiasl standen die von vielen als bedrohlich empfundenen Umwälzungen des späten 18. und frühen 19. Jh. auf geistigem, politischem und technischem Gebiet. Als Matthias Lang die Apoiger Mühle in *Hunderdorf* verlassen mußte, soll er vorausgesagt haben, die Patres würden bald selbst das Kloster verlassen und Weiber und Kinder aus den Fenstern von Windberg herausschauen – eine Vorahnung der Schließung des Klosters im Zuge der Säkularisation im Jahr 1803.

Krieg, Elend, Umweltkatrastophen und künftige technische Errungenschaften soll der Mühlhiasl mit ziemlicher Genauigkeit vorausgeahnt haben: „Wenn der silberne Fisch über den Wald kommt, steht's nimmer lang an" – gemeint ist wohl der Zeppelin, der im Frühjahr 1914 den Bayerischen Wald überflog. Die Vision von einem „eisernen Hund", der „durch den Wald bellen wird", nimmt auf die Eisenbahn Bezug, die am 1. August 1914 von *Kaltenegg* nach *Deggendorf* fuhr. Auch die Vorhersage, es würden einmal Wagen gebaut werden, die ohne Pferd und Deichsel fahren, hat sich mit der Erfindung des Autos bewahrheitet.

Im Hinblick auf den ersten Weltkrieg prophezeite der Mühlhiasl: „Die Menschen, die diese schlimme Zeit überstehen wollen, müssen eiserne Schädel haben“ – also Stahlhelme und Gasmasken. Auch Hitlers Machtergreifung und die KZ-Greuel soll er vorhergesehen haben: „Dann wird ein strenger Herr kommen und ihnen die Haut abziehen.“

Kurz vor seinem Tod prophezeite Mühlhiasl zum letzten Mal: „Noch als Toter werde ich ein Zeichen geben.“ Als er 1809 im Wald tot aufgefunden wurde, wollte man ihn wie einen Geächteten außerhalb der Mauer des ehem. Friedhofs in *Zwiesel* beerdigen, etwa an der Stelle des Stadtplatzes, wo heute das Kriegerdenkmal steht. Während ein Ochsengespann den Toten zum Grabplatz karrte, löste sich ein Wagenrad. Der Sargdeckel rutschte herunter und eine erhobene Hand ragte heraus. Dies soll das versprochene Zeichen des Waldpropheten gewesen sein.

An der Längsseite der Gläsernen Scheune befindet sich ein 10 × 8 m großes Glasgemälde mit Szenen aus dem Leben des berühmt-berüchtigten Räubers Michael Heigl. Heigl kam 1816 in *Beckendorf* bei *Kötzting* als Kind einer armen Tagelöhnerfamilie zur Welt und schlug sich als Hütejunge, Knecht, Schlosserlehrling und wandernder Hausierer durch, bevor er zum Räuber wurde. Seine kriminelle Karriere begann 1841 mit dem Diebstahl einer goldenen Uhr. Die heute noch zugängliche Heigl-Höhle auf dem Kaitersberg bei Kötzting war lange Zeit sein Schlupfwinkel. Es folgten Raubüberfälle mit Körperverletzung, Brandstiftung und weitere Diebstähle. 1854 wurde Michael Heigl schließlich gefaßt und zum Tod verurteilt, von König Maximilian II. jedoch zu lebenslanger Kettenhaft im Arbeitshaus Au bei München begnadigt. 1857 geriet er in Streit mit einem Mitgefangenen, der ihn mit der Eisenkugel seiner Fußkette erschlug.

Das Bild in der Gläsernen Scheune zeigt Heigl mit seiner Lebensgefährtin, der „Roten Res“, und den drei Kindern. Im oberen Teil ist, an einer Kette hängend, die Kugel zu sehen, die seinen Tod verursachte.

In der volkstümlichen Überlieferung ist der Räuber Heigl lebendig geblieben; Sagen schildern ihn als Sozialrebellen vom Typus des „edlen Räubers“, der lediglich die Reichen schädigt, die Armen aber an der Beute teilnehmen läßt. So heißt es in einer 1932 in Grafenwiesen aufgefundenen Moritat:

> … den armen Leuten hat er nichts getan,
> der Heigl war kein böser Mann.

Auf der Festspielbühne bei der Burgruine Lichteneck bei *Rimbach* (Lkr. Cham) wird seit 1995 alljährlich im Juli das Leben dieses „Robin Hood des Bayerischen Waldes“ in Szene gesetzt.

Am Tor der Gläsernen Scheune hat Rudolf Schmid ein Stück Bayerwald-Mythologie dargestellt. Seine Arbeit, eine Schnitzerei in 10 cm dicke Leimholzelemente, behandelt das Thema „Rauhnacht“, die Zeit der in Glauben und Brauch besonders beachteten zwölf Nächte zwischen Thomastag und Neujahr bzw. Dreikönig, in denen allerlei Geister ihr Unwesen treiben. U. a. ist eine „Drud“ zu sehen, ein weiblicher Druckgeist, der sich schlafenden Menschen auf die Brust setzt, so daß sie an Atemnot und Alpträumen leiden. Das dämonische Wesen löst schreiend seine Gestalt auf, weil es auf einen Drudenfuß, einen in einem Zug gezogenen fünfzackigen Stern getreten ist, das ‚klassische‘ Abwehrmittel gegen solchen Spuk.

→ Hunderdorf

Regensburg

Wie archäologische Funde bezeugen, war das Mündungsgebiet von Donau und Regen bereits in vorgeschichtlicher Zeit besiedelt. Auf eine menschliche Niederlassung der späten Latènezeit (5. Jh. v. Chr.) geht der Ortsname Radasbona zurück, den die Römer für ihr um 80 n. Chr. an der Stelle des heutigen Stadtteils Kumpfmühl errichtetes Militärlager übernahmen. Von hier aus konnten der strategisch wichtige Donauübergang und das Regental kontrolliert werden. Baureste und Bodenfunde weisen auch auf eine von Händlern, Handwerkern und Veteranen bewohnte Zivilsiedlung bei dem Kastell. Während der Markomannenkriege wurden die Siedlungen zerstört; unter Kaiser Marc Aurel (166–180) entstand zur Grenzsicherung der Provinz Rätien das Militärlager „Castra Regina“, welches bis ins 3. Jh. bestand. Nach dem Ende der Römerherrschaft und der Einwanderung der Bajuwaren wurde „Reganespurc“ Mittelpunkt eines bayrischen Stammesherzogtums unter Führung der Agiloifinger, die die alte Römerstadt zu ihrer Residenz wählten. Im Jahr 739 wurde es Bischofssitz. Nach der Absetzung Herzog Tassilos durch Karl den Großen im Jahr 788 wurde Bayern Teil des Frankenreichs und Regensburg die wichtigste Königspfalz im süddeutschen Raum. Auf das Geschlecht der Karolinger folgten 911 die Luitpoldinger, die schließlich der

Reichspolitik unterlagen, als Kaiser Otto I. (936–973) Angehörige der eigenen Familie in das Herzogsamt einsetzte. Der in der Nähe von Regensburg geborene Heinrich II. der Heilige (975–1024), deutscher König seit 1002, deutscher Kaiser seit 1014, war der letzte Bayernherzog aus sächsischem Geschlecht.
Aus den Machtkämpfen zwischen Herzog, König und Bischof ging schließlich das reiche, aufstrebende Bürgertum als Sieger hervor. Die durch ihren ausgedehnten Fernhandel aufblühende Stadt gewann Mitte des 13. Jh. die Reichsfreiheit, wurde also von Herzog und Bischof unabhängig. Das 14. und 15. Jh. waren eine Zeit wirtschaftlichen Abstiegs. Dennoch blieb Regensburg als Sitz des „Immerwährenden Reichstags“, eines Parlaments der Reichsstände (1664–1806), Brennpunkt wichtiger politischer Ereignisse. 1748 übernahmen die gefürsteten Reichspostmeister Thurn und Taxis das Amt des kaiserlichen Stellvertreters und ließen sich in Regensburg nieder. Der Reichsdeputationshauptschluß von 1803 leitete das Intermezzo eines Fürstentums Regensburg unter Fürstprimas Carl von Dalberg ein; 1810 fiel die Stadt wieder an Bayern. Die über 2000 Jahre alte Römer-, Bischofs-, Kaiser- und Freie Reichsstadt zählt, da sie von Kriegsschäden weitgehend verschont blieb, zu den schönsten und am besten erhaltenen Städten Deutschlands. Das moderne Regensburg ist Sitz der Regierung der Oberpfalz, Industriestadt und wegen seiner günstigen Lage ein internationaler Verkehrsknotenpunkt. 1964 wurde hier die vierte bayerische Landesuniversität gegründet.

Stadtwappen
Das Regensburger Wappen zeigt auf rotem Feld zwei schräg gekreuzte silberne Schlüssel. Sie sind das Attribut des hl. Petrus, des Patrons von Dom und Stadt. Von Christi erhielt er die Vollmacht, der Gemeinschaft der Gläubigen vorzustehen. Schon das älteste, im 12. Jh. entstandene Stadtsiegel zeigt den Apostel mit ein oder zwei Schlüsseln. Seit dem 14. Jh. erscheinen diese auch auf Münzen, in Wappenbüchern, auf Fahnen und in alten Beschau- und Wasserzeichen.

Um das Regensburger Wappen haben sich zwei Sagen gebildet, die unterschiedliche Erklärungen anbieten. Die eine erzählt, Papst Leo IX. (1049–1054) habe anläßlich seines Aufenthalts in Regensburg im Jahre 1052 den Bürgern dieses Wappen zum Dank für ihre Frömmigkeit und Anhänglichkeit an die Kirche verliehen. Nach einer anderen sollen die beiden Schlüssel die Wichtigkeit des Übergangs über die Donau andeuten. Regensburg als „Tor Deutschlands“ hätte sie bereits zur Römerzeit erhalten:

> Wegen des Paß hierauf die Stadt
> Zwen Schlüssel zum Reich bekommen hat

Steinerne Brücke

Das berühmteste profane Bauwerk der Stadt ist die über 300 m lange und fast 8 m breite Brücke, die in sechzehn Bögen die Donau überspannt. Sie zählt zu den größten technischen Leistungen des Mittelalters und konnte bisher allen Naturgewalten (Hochwasser und Eisgang) und kriegerischen Ereignissen trotzen. Kurz vor Ende des Zweiten Weltkriegs wurden zwar mehrere Bögen gesprengt, später aber wiederaufgebaut.

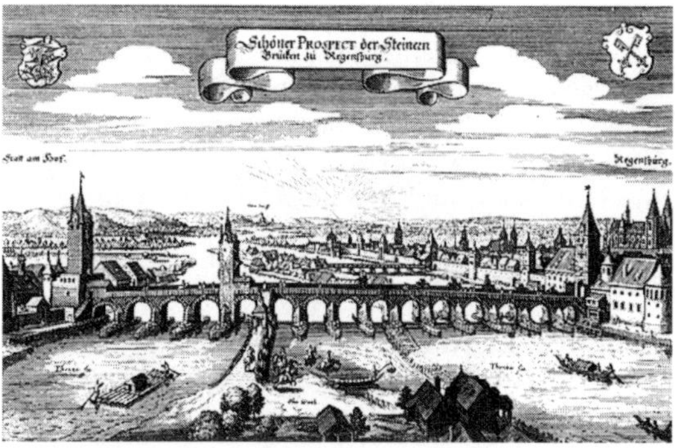

Drei Türme (Mittelturm, Schwarzer Turm und das Brücktor mit Statuen König Philipps von Schwaben und Kaiser Friedrich II.) dominieren den zum Wahrzeichen gewordenen Bau, der erstmals um 1250 auf einem Brückensiegel zu sehen ist. Das dreizehnte Brückenjoch diente früher als Richtstätte für den Vollzug von Wasserstrafen.

Von der Mitte der Steinernen Brücke bietet sich ein herrlicher Blick auf Stadt und Fluß. Die gefährlichen Donaustrudel haben Anlaß zu der volkstümlichen Ballade „Als wir jüngst in Regensburg waren“ gegeben. Sie erzählt vom Schicksal eines adligen Fräuleins, das seine Unschuld verloren hat und deshalb von einem Wassermann in die Tiefe gezogen wird, während ein zwölfjähriges Mädchen unversehrt bleibt, weil es „noch nicht lieben kunnt“. Die für heutiges Empfinden reichlich hausbackene Moral am Ende lautet:

> Wem der Myrtenkranz geblieben
> landet froh und sicher drüben;
> wer ihn hat verloren,
> ist dem Tod erkoren.

Elf Jahre lang, von 1135 bis 1146 hat man an Deutschlands ältester, ganz in Stein erstellter Brücke gebaut. Der ausführende Baumeister ist nicht bekannt, ebensowenig die Auftraggeber. Es ist jedoch anzunehmen, daß das Unternehmen von der Regensburger Bürgerschaft geplant und finanziert wurde, und zwar nicht allein aus wirtschaftlichen Gründen, sondern auch zur Demonstration städtischen Selbstbewußtseins.
Seit alters her haben Brücken in Mythologie, Volksglauben und Brauchtum große Bedeutung gehabt. Traditionell gelten sie als Spukort, an dem Geister und Dämonen ihr Unwesen treiben. Von manch berühmter mittelalterlicher Brücke, deren Bau Jahre in Anspruch nahm, wird erzählt, sie habe überhaupt nur mit teuflischer Hilfe vollendet werden können. Dieser ist jedoch stets der Geprellte, der von dem ihm intellektuell überlegenen Menschen getäuscht und um den versprochenen Lohn gebracht wird.
Auch von der „Stainern Pruckn“ in Regensburg ist eine Teufelssage im Umlauf. Es heißt, ihr Baumeister habe mit dem Meister des gleichzeitig im Bau befindlichen Domes eine Wette abgeschlossen, daß sein Werk als erstes vollendet sein werde. Das rasche Heranwachsen der Kirche vor Augen, schloß der Brükkenbaumeister einen Pakt mit dem Teufel, der sich ihm erboten hatte, die Brücke fertigzustellen. Als Entgelt verlangte er die Seelen der ersten drei Passanten, die die Brücke überqueren. Der Brückenbaumeister gewann die Wette, konnte aber den Teufel übertölpeln, indem er zwei Hähne von einem Hund auf die Brücke jagen ließ, bevor sie der erste Mensch betrat. Der wütende Teufel soll daraufhin ein Loch in die Brücke geschlagen und sich mit den Tieren in die Tiefe des Wassers gestürzt haben, wodurch der Sage nach die vielbesungenen Strudel entstanden.
Etwas abweichend davon heißt es in einer Verserzählung des bayerischen Sagensammlers Alexander Schöppner, daß der herzogliche Bauherr dem Baumeister bei Strafe des „Eselsritts“ (eine früher verbreitete

Ehrenstrafe, bei der der Delinquent auf einem Esel sitzend unter allgemeinem Spott durch die Gassen geführt wurde) auferlegt, die Brücke binnen elf Jahren fertigzustellen. Da sich die Bauarbeiten jedoch verzögern, ruft dieser den Teufel um Hilfe an, der sie unter der Bedingung gewährt, daß ihm die Seele des ersten Benutzers gehöre. Als nun der Bau geweiht werden soll und das Volk versammelt ist, um ihn zu betreten, wirft der Meister seinen Hut auf die Brücke, dem sein Hund alsbald nachspringt. Damit ist der Teufel um seinen Lohn geprellt, und er bricht in seiner Wut dem Tier den Hals. Schöppner endet mit den Worten:

Es mahnt der Pudel ohne Kopf
zu Regensburg noch heute,
wie sehr der dumme Teufel dort
den Brückenbau bereute.

Die Erzählung vom „kopflosen Pudel" knüpft wohl an eine der vielen Kleinplastiken an, die sich früher einmal auf der Steinernen Brücke befanden, von denen aber nur ein kleiner Teil erhalten ist, darunter zwei kämpfende Hähne, ein Löwe und das berühmte Brükkenmännchen. Die symbolische Bedeutung dieser Wahrzeichen ist umstritten. Die Originale befinden sich heute im Städtischen Museum am Dachauplatz; auf der Brücke wurden Kopien aufgestellt.

An die Steinerne Brücke knüpft sich außerdem eine populäre Wandersage, die als „Traum vom Schatz auf der Brücke" auch von anderen alten Brücken in Frankfurt und Koblenz erzählt wird. „Zu Regensburg auf der Brück/Blüht dir dein Glück", träumt es darin einem Bauern. Er folgt der Weisung und geht zur Regensburger Brücke. Doch nichts geschieht. Als er einem Wachsoldaten von seiner nächtlichen Vision erzählt, antwortet dieser mit einem eigenen Traum: Er habe mehrfach von einem Bauern geträumt, unter dessem Birnbaum er einen Topf voll Geld finden würde – Träume seien ja nur Hirngespinste. Der Bauer jedoch eilt nach Hause und gräbt an der bezeichneten Stelle, wo er zu seiner großen Freude einen Geldschatz findet.

Brückenmännchen

Das berühmteste Bildwerk und zugleich das eigentliche Wahrzeichen der Brücke befindet sich etwa in deren Mitte. Hier thront auf dem Satteldach einer bildstockförmigen Säule rittlings ein nur mit einem Lendenschurz bekleideter Jüngling, der unter schützender Hand nach Süden zum Dom hin schaut. Vor der Figur

Brückenmännchen, Federzeichnung

liegt ein Spruchband mit dem in gotischen Lettern gehaltenen Text: „Schuck wie heiß“. Die Reliefs am Postament zeigen das Regensburger Stadtwappen und das Löwenwappen der bayerischen Herzöge sowie eine Inschrift, die sich auf das Baujahr der Brücke bezieht.

Die Sage erklärt die im Volksmund „Bruckmandl“ genannte Skulptur als ein Konterfei des Brückenbaumeisters, der das Wachsen des Domes beobachtet, dem es aber schließlich gelingt, mit Hilfe des Teufels sein eigenes Werk doch eher zu vollenden. Durch wandernde Handwerksburschen ist die Geschichte vielfältig kolportiert und verändert worden. Der aus Thüringen stammende Bäckergeselle Christian Wilhelm Bechstedt (1787–1867), der sich im September 1809 einige Tage in Regensburg aufhielt, deutete die Figur als ein Maurerlehrling, der mit Hilfe des Teufels die Brücke früher fertiggestellt hat als sein Meister den Dom. Auf dem Dach eines kleinen Brückenhauses sitzt der Junge und verlacht seinen Meister, der auf dem Dom steht und sich ärgert.

In Wirklichkeit ist das „Bruckmandl“, das sehr unterschiedliche Deutungen erfahren hat, wohl nur die

Werbefigur für eine Badestube gewesen, wie sie im Mittelalter vielfach in der Nähe von Brücken betrieben wurden: die Nachbildung eines Püsterichs, den man, mit Wasser gefüllt, ins Feuer setzte, um Dampf zu erzeugen. Das Vorhandensein eines Brückenmännchens ist seit Mitte des 15. Jh. bezeugt. Eine um 1579 angefertigte zweite Skulptur – ein stark mitgenommener Torso ohne Arme und Beine – befindet sich heute im Stadtmuseum. Das jetzige Brückenmännchen, ein Werk des Regensburger Bildhauers Anton Blank, wurde am 23. April 1854 aufgestellt.

Um den Schurz des Männchens hat sich eine eigene Sage gebildet, die auf enge wirtschaftliche Beziehungen zum nahen Benediktinerkloster *Prüfening* hinweist. Sie erzählt, der Rat der Stadt Regensburg sei seit alters her verpflichtet gewesen, dem Kloster alljährlich zu Pfingsten Zins und Abgaben zu schicken. Diese bestanden aus Naturalien: einer blauleinenen Halbhose, zwölf roten Lederriemen und einem vier Ellen langen Gürtel aus schwarzer Wolle. Überbracht wurden diese Dinge vom Brückenmeister oder Brükkenzöllner, der als Gegenleistung einen halben Eimer Bier, dreißig Weißbrote und dreißig Eier erhielt. Die blaue Hose, so heißt es, gehörte eigentlich dem Brükkenmännchen, das sie aber mangels Eigenbedarf dem Kloster überließ.

Dom St. Peter

Der aus dem Mittelalter stammende Dom hatte mehrere Vorgängerkirchen, die sich aufgrund von Ausgrabungen bis in karolingische Zeit datieren lassen. 778 ist erstmals von einer Peterskirche die Rede. Östlich des heutigen Domes wurden Reste einer romanischen

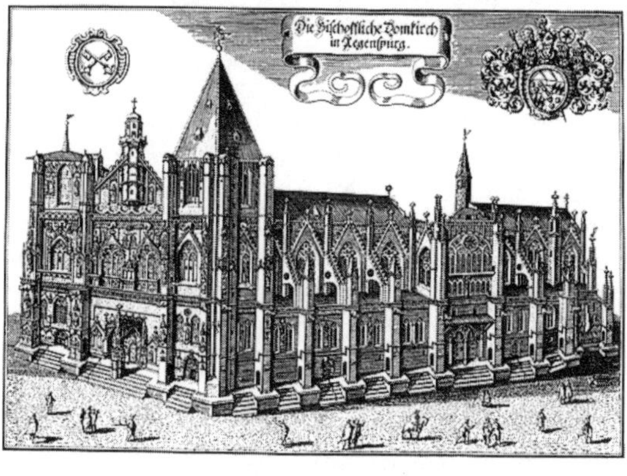

Regensburger Dom, Kupferstich 1657

Basilika aus dem 11. Jh. gefunden. Um 1250 begann man mit dem Bau der gotischen Kathedrale, der sich mit mehrfachen Unterbrechungen bis ins 19. Jh. hinzog. Die während des 17. und 18. Jh. durchgeführte Barockisierung wurde zur Zeit König Ludwigs I. von Bayern (1825–1848) wieder entfernt, weil es als nationales Anliegen erschien, das unfertig gebliebene Gotteshaus im Stil der Gotik zu vollenden. Da der für den Bau verwendete weiche Grünsandstein stark verwittert, ist der Dom stets reparaturbedürftig. An den reichgegliederten Außenfassaden wurde vielfältiger figürlicher Schmuck angebracht, doch sind zahlreiche dieser Steinskulpturen inzwischen verlorengegangen.

Dombaumeister
Am nördlichen Domchor ist neben dem Eselsturm in großer Höhe ein steinerner Wasserspeier angebracht. Er stellt einen Mann mit markantem Profil in angespannter Haltung dar, den Körper wie zum Sprung vorgestreckt, Gesäß und Schenkel gegen die Mauer gestemmt. Die Hände halten einen Krug, aus welchem bei Regen das Wasser abfließen kann.

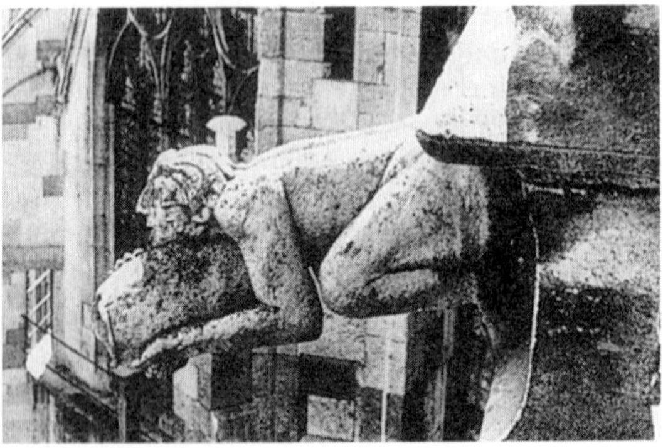

Dombaumeister

Diese Figur stellt der Sage nach den Dombaumeister dar, der sich aus Zorn und Verzweiflung in die Tiefe gestürzt haben soll, nachdem er gegen den Baumeister der Steinernen Brücke eine Wette verloren hatte, daß er sein Werk vor jenem vollenden würde. (Die Erzählung widerspricht allerdings schon der Chronologie, da der Dom erst rund 140 Jahre nach der Brücke erbaut wurde.)

Ungetreue Steinmetzbraut
Der südliche Treppenturm des Chores gegen den Domplatz hin trägt am Dachansatz als westliche Eck-

zier eine Skulptur, die vermutlich eine Allegorie von Gut und Böse, Schönheit und Häßlichkeit ist. Sie verkörpert ein junges Mädchen, das von einem Teufel mit krummer Nase und abstehenden Fledermausohren umklammert und emporgehoben wird, wogegen es sich heftig zur Wehr setzt. Der Sage nach soll das Mädchen die Braut eines Steinmetzen oder des Dombaumeisters gewesen sein. Als sie ihrem Liebhaber untreu wurde, wurde sie auf dessen Veranlassung hin zur Strafe vom Teufel geholt.

Judensau

An den Strebepfeilern des südlichen Seitenschiffs befinden sich einige um 1320 entstandene, stark verwitterte Kalksteinskulpturen allegorischen Inhalts. Der dritte Pfeiler von Westen zeigt eine Darstellung des früher sehr verbreiteten Schand- und Spottmotivs, der sog. „Judensau“: drei kleine menschliche Gestalten, durch ihre (heute kaum noch zu erkennende) Kopfbedeckungen als Juden ausgewiesen, machen sich an den Zitzen eines Schweins zu schaffen.

Das Schwein, wegen seiner zahlreichen Nachkommenschaft schon in prähistorischer Zeit mit Fruchtbarkeit assoziiert, steht einerseits für Mutterschaft und Glück, andererseits ist es ein Symbol für den Teufel, das Laster (Unmäßigkeit, Freßgier, körperliches Begehren) und den von Sünde befleckten Menschen. Schon im Alten Testament gilt es als unreines Tier, dessen Fleisch nicht gegessen werden darf (3 Mos. 11, 7). Zugleich steht das Schwein für die Synagoge als dem Symbol des Alten Bundes und des Judentums (im Gegensatz zur Ecclesia, die den Neuen Bund und das Christentum verkörpert).

„Judensau“

Die ikonographische Darstellung einer Judensau, an welcher Juden saugen oder deren Exkremente sie essen, muß als besonders perfide gelten, da im Judentum der Verzehr von Schweinefleisch aus religiösen und hygienischen Gründen gerade tabu ist. Schon zur Zeit der Kreuzzüge kursierten haltlose antijüdische Gerüchte von Brunnenvergiftung, Hostienschändung oder rituellen Morden. Abendländischer Antisemitismus bezeichnete die Juden als Christusmörder oder betrachtete sie als Teufelsbündner und Zauberer, die Christen mit allen Mitteln zu schaden versuchen. Gelegentlich wurden ihnen auch bestimmte physische Merkmale zugeschrieben, die sie als satanisch-dämonische Mischwesen erscheinen lassen. So sollen sie Hörner, Schwänze, Bocksfüße oder auch Schweinehauer und -ohren haben – letzteres, einem Wunderbericht aus dem Jahr 1602 zufolge, weil Juden aus dem Stamm Naphthali Jesus verspottet hatten und dafür von Gott bestraft worden waren.
Mit Erfindung des Buchdrucks und einer verbesserten Holzschnittechnik fanden solche Geschichten im Spätmittelalter weite Verbreitung und hielten Einzug in die bildende Kunst. Unter dem Eindruck der antisemitischen Propaganda verschlechterte sich die rechtliche und wirtschaftliche Stellung der Juden entscheidend; zahllosen von ihnen kostete sie gar das Leben.
→ Deggendorf

Jungfrau mit dem Einhorn
Am zweiten Strebepfeiler unter der Sonnenuhr auf der Südseite des Doms befindet sich eine Mariendarstellung, besser bekannt als „Jungfrau mit dem Einhorn". Sie zeigt ein auf einem Schemel sitzendes Mädchen, dem ein von einem Hund verfolgtes pferdeartiges Tier mit spitzem, gewundenem Horn auf der Stirn den Kopf in den Schoß legt.
Das Einhorn ist ein in der abendländischen ebenso wie in der islamischen, indischen und chinesischen Kultur bekanntes Fabeltier. Das gehörnte Pferdewesen, scheu, wild und unbezähmbar, gilt überall als heiliges Tier. Durch Verknüpfung mit einer altindischen Legende, wonach das Einhorn nur von einer Jungfrau gefangen werden könne, wurde es sowohl zum Symbol für Keuschheit als auch für Fruchtbarkeit. Über den „Physiologus", ein Naturkundebuch aus dem 2. Jh. n. Chr., gelangte das Einhorn in die Welt des Mittelalters. Nun wird es zum Symbol für die Menschwerdung Christi, wobei die Jungfrau, in deren Schoß es sich flüchtet, als Maria gedeutet wird.

Jungfrau mit dem Einhorn

In Volksglauben und Volksmedizin spielte das sagenhafte Horn eine wichtige Rolle als Heilmittel. Man bediente sich fossiler Mammutzähne oder des Horns des Narwals und zerstieß es zu einem Pulver, welches als Mittel gegen Fieber, Epilepsie und Vergiftungen sowie als Aphrodisiakum teuer verkauft wurde. Noch heute ist die frühere Bedeutung des Einhornmedikaments an der großen Zahl der „Einhorn“ benannten Apotheken erkennbar.

Der Teufel und seine Großmutter
Das Hauptportal des Domes wird innen von zwei höhlenartigen Nischen flankiert, in denen zwei Tierwesen mit menschlichen Köpfen zu sehen sind. Auf der rechten Seite hockt der Teufel in Gestalt eines Drachen oder Basilisken mit Hörnern, krallenbesetzten Flügeln und fliegenden Haaren. Das Gegenstück links zeigt ein Mischwesen mit riesigen, unter einer Art Umhang verborgenen Tatzen, langem Schweif und dem Gesicht einer alten Frau, das von einem Tuch umhüllt ist. Die aus dem späten 14. Jh. stammenden Kleinfiguren, volkstümlich „Der Teufel und seine Großmutter“ genannt, gehören zu den bekanntesten Wahrzeichen des Regensburger Doms. Sie hatten wohl apotropäische Funktion, d. h. sie sollten den Teufel vom Gotteshaus fernhalten, der einmal im Jahr in das Gotteshaus zu schleichen versucht, um Kirchweih zu feiern.

Kruzifix
An der Innenwand des südlichen Querhauses hängt oberhalb von Südportal und Ziehbrunnen ein über-

lebensgroßer, farbig gefaßter Holzkruzifixus aus der zweiten Hälfte des 16. Jh. mit natürlichem Haupt- und Barthaar. Der ausführende Künstler, dessen Name nicht bekannt ist, soll für sein Werk seine eigenen Haare hergegeben haben. Es heißt, sie würden ständig weiterwachsen, bis der ganze Körper damit bedeckt sei. Dann stehe der Tag des Jüngsten Gerichts bevor.

Totenleuchte im Domgarten, ehem. Domfriedhof
Totenleuchten oder Lichtsäulen sind meist freistehende, säulenförmige Bauten mit einer Laterne als Abschluß. Es wird vermutet, daß der Brauch, Lichtsäulen aufzustellen, auf die Kelten zurückgeht, da der Totenkult bei ihnen besonders stark ausgebildet war. Auch im Christentum ist es bekanntlich Brauch, die Grabstätten mit Lichtern zu schmücken. Die ältesten dieser Leuchten finden sich in Frankreich und stammen aus dem 12. und 13. Jh. Seit jeher gelten Licht und Feuer

Totenleuchte, Zeichnung um 1860

als Elemente des Guten, die Finsternis als das des Bösen. Nach der volkstümlichen Anschauung des Mittelalters soll das Licht einerseits vor ruhelosen Totengeistern schützen, die unter gewissen Umständen wiederkommen und den Lebenden Schaden zuzufügen suchen, andererseits soll es den Toten zur Orientierung dienen, damit sie beim Anbruch des Jüngsten Tages geordnet zum Gericht marschieren können.
Die auf dem ehem. Domfriedhof (östlich vom Domchor) befindliche Lichtsäule, deren Laterne von einem krabbenbesetzten Fialtürmchen bekrönt ist, wurde 1341 von zwei Regensburger Bürgern als „Seelgerät" gestiftet.

Historische Wurstküche (Weiße-Lamm-Gasse 3)
Östlich der Steinernen Brücke steht dicht an der Donau, an ein Reststück der alten Stadtmauer gelehnt, die „Wurstküche", ein kleines, ebenerdiges Haus mit schrägem Dach, rauchgeschwärzter Küche, offenem Kamin und einer sehr kleinen, aber urigen Gaststube. Sie soll historisch gesehen auf die Bauzeit der Brücke zurückgehen und als Werk- und Garküche für die dort beschäftigten Arbeiter gedient haben. Trotz mehrfacher Zerstörung wurde sie in gleicher Größe und Form immer wieder aufgebaut. Die Wurstküche, seit 1820 im Besitz der Metzgerfamilie Schricker, die sie noch immer bewirtschaftet, zählt zu den Sehenswürdigkeiten der Stadt. Ihre Spezialität sind die auf einem Rost gebratenen Schweinswürstchen mit Roggensemmeln, Kraut oder Salat.

Wurstküche

Von der historischen Wurstküche erzählt die Sage, ein beim Dombau beschäftigter armer Steinmetzgeselle namens Konrad habe sich in die Tochter eines reichen Metzgermeisters verliebt. Um sie heiraten zu können, schloß er einen Pakt mit dem Teufel, baute mit seiner Hilfe die Brücke über die Donau, prellte ihn dann aber um den versprochenen Lohn. Der Teufel nahm jedoch furchtbare Rache: Als Konrad sich von seiner zukünftigen Ehefrau Würstchen braten lassen wollte, leckte er das Schmalz aus der Pfanne, so daß die Würste verkohlten. Voller Zorn warf da Konrad die Pfanne gegen die Wand und rief: „Eh ich ein Weib nehme, das keine Würstchen braun bringt, soll mich der Teufel holen!" So geschah es. Da die Leute die Schuld an Konrads plötzlichem unerklärlichen Verschwinden dem Metzgermeister zuschrieben, wurde dieser für die Dauer von elf Jahren ausgewiesen und mußte sich außerhalb der Stadtmauer bei der Steinernen Brücke ansiedeln. Dort bauten seine Tochter und er die Wurstküche, jedoch ganz niedrig, da er sich wegen seiner Körperfülle nicht so plagen wollte.
→ Regensburg, Steinerne Brücke

Dollingersaal im Neuen Rathaus
Wie die Rathäuser vieler anderer alter Städte ist auch jenes in Regensburg im Lauf der Zeit aus mehreren Baukörpern zusammengewachsen. Der Trakt des Alten Rathauses entstand um die Mitte des 14. Jh. und wurde später mehrfach erweitert. Das im Osten anschließende Neue Rathaus ist eine barocke Vierflügelanlage (1661) mit Portalschmuck (1723) und Hofarkaden. Es beherbergt seit 1963/65 im ersten und zweiten Obergeschoß den sog. Dollingersaal, den Festsaal eines Regensburger Patriziers, der sich ursprünglich in dem 1889 abgerissenen Dollingerhaus (Rathausplatz 3) befand. Der Saal ist wegen seiner Ausstattung mit Plastiken berühmt. Die Originale wurden allerdings beim Abbruch des Hauses zerstört bzw. sind im Museum ausgestellt. Im Dollingersaal selbst sind nur Gipsabgüsse zu sehen.
Die um 1300 entstandenen lebensgroßen Stuckreliefs stellen den hl. Oswald, König Heinrich I. (919–936) sowie den legendären Zweikampf zwischen dem Ritter Hans Dollinger und dem Ungarn Krako dar, der 930 im Rahmen der Waffenstillstandsverhandlungen mit den Ungarn in Gegenwart des zukünftigen Kaisers ausgetragen worden sein soll. Gezeigt wird der Augenblick, in dem Dollinger seinen Gegner mit der Lanze am Kopf trifft. Man hat das Bildwerk als Selbst-

Turnierszene Dollinger-Krako aus dem Dollingersaal. Holzschnitt, 1621

darstellung des aufstrebenden städtischen Patriziats gedeutet, das sich als Beschützer des Kaisertums gleichberechtigt neben den Adel stellt.

Die Sage schildert Krako als einen Heiden von riesenhafter Gestalt und schrecklichem Aussehen, der im Bund mit dem Teufel stand und dessen Bild auf dem Schild trug. Hans Dollinger, Abkömmling eines alten Regensburger Geschlechts, erklärte sich bereit, mit dem Riesen zu kämpfen. Nachdem er am Grab des hl. Erhard gebetet hatte, kam es auf dem Haidplatz (damals ein brachliegendes, mit Gesträuch bewachsenes Landstück) zu einem Kampf, in dessen Verlauf Dollinger zweimal irritiert vom Pferd stürzte, weil es ihm schien, als ob zwei gewappnete Teufel den Riesen im Kampf unterstützten. Da kam ihm der Kaiser mit einem Kreuz zu Hilfe, das er an seine Lippen drückte, und Dollinger erinnerte sich der mahnenden Worte eines Priesters, im Namen des Allmächtigen anzugreifen. Jetzt war der teuflische Zauber gebrochen: Die Lanze des Ritters drang durch das Ohr Krakos in dessen Schädel, und Dollingers Gegner fiel tot vom Pferd. Die Rüstung Krakos übergab Dollinger der Äbtissin von Niedermünster zur Aufbewahrung am Grab des hl. Erhard, wo sie lange Zeit blieb.

Die Steinreliefs im Regensburger Dollingersaal sind prägend für alle späteren bildlichen Darstellungen des Themas (Tafelbilder, Kupferstiche, Holzschnitte, Zeichnungen des 17. bis 19. Jh.). 1730 wurden zum achthundertjährigen Gedenktag zwei Silbermedaillen geprägt, 1813 an der Frontseite des Dollingerhauses zwei Fresken gemalt, die den Zweikampf und den Kuß des Kreuzes zum Inhalt hatten.

Das im 15. Jh. entstandene, um 1510 erstmals niedergeschriebene „Dollingerlied" hat durch seine Aufnahme in die Volksliedsammlung „Des Knaben Wunder-

horn“ (1806–08) von Achim von Arnim und Clemens Brentano Eingang in die deutsche Literaturgeschichte gefunden.
→ Regensburg, Dompfarrkirche Niedermünster

Johannesbüste am Huberschen Stiftungshaus
Über dem Hauseingang steht in einer Nische die steinerne Büste eines Mannes, über der eine Hand aus der Mauer hervorwächst, die im Begriff ist, sich zur Faust zu schließen. In die rückwärtige Nischenwand sind beiderseits von oben nach unten Schriftbänder mit den Worten „Johannes“ bzw. „Baptista“ („Johannes der Täufer“) eingetieft. Die Kalksteinskulptur stammt wohl aus der Zeit der Gotik und dürfte erst im 17. Jh. an die jetzige Stelle gelangt sein.
Nach dem Bericht der Evangelien ist der Bußprediger und Prophet Johannes ein Vorläufer und Wegbereiter Christi, den er im Jordan taufte. Als er seine Stimme gegen den regierenden Fürsten Herodes Antipas erhob und ihm die unrechtmäßige Verbindung mit seiner Schwägerin Herodias öffentlich vorwirft, läßt dieser

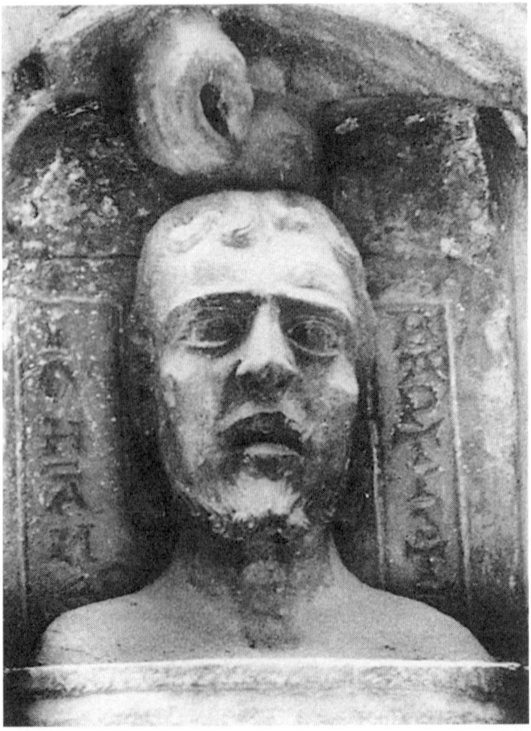

Johannes Baptista. Steinbüste

den unbequemen Sittenrichter gefangensetzen. Die haßerfüllte Herodias veranlaßte ihre Tochter Salome, deren Tanz den Fürsten entzückte, bei nächster Gelegenheit als Lohn für ihre Kunst das Haupt des Täufers zu fordern. Herodes Antipas erfüllte ihren Wunsch: Johannes wurde hingerichtet, und Salome erhielt seinen Kopf auf einer Schüssel (Luk. 6, 17–28).
Die Regensburger haben in ihrer Plastik wohl den Kopf eines Enthaupteten erblickt, und so konnte folgende Sage entstehen: Ein früherer Besitzer des Hauses in der Glockengasse hatte während des Dreißigjährigen Krieges mit den Schweden paktiert und war deshalb zum Tode verurteilt worden. Er fand unter der Bedingung Gnade, zur Sühne und gewissermaßen stellvertretend an seinem Haus einen steinernen Kopf anzubringen, den der Scharfrichter gerade beim Schopf packt.
Nach einer anderen Version des Stoffes soll das Haus eine Freiung gewesen sein, also ein Ort, wo die Justiz keinen Zugriff hatte. Ein Verbrecher, heißt es, konnte sich einst vor der Todesstrafe retten, indem er in das Haus flüchtete. Zum Dank ließ er seinen schon verlorengeglaubten Kopf in Stein hauen und darüber die Hand des Henkers anbringen.
Eine dritte Sage erzählt von einem ehrgeizigen Glokkengießer, der wegen angeblichen Mordes an einem erfolgreicheren Kollegen zum Tod verurteilt worden war. Als sich im letzten Moment seine Unschuld herausstellte, ließ er als Andenken und Mahnung über der Pforte seines Hauses besagten Kopf anbringen.

Steinerner Hirsch (Waaggäßlein 1)

Über der Eingangstür der gegenüber dem Alten Rathaus liegenden Gaststätte „Hofbräuhaus" befindet sich ein lebensgroßer, in Stein gehauener Hirsch mit echtem Geweih. Ursprünglich stand hier das 1871 abgebrochene Haus „Zum goldenen Hirschen", das man später durch das jetzige dreigeschossige Eckhaus im Stil der Neugotik ersetzt hat. Das alte Wahrzeichen wurde nach dem Neubau wieder angebracht. Die Tierplastik stammt aus der Barockzeit und dürfte ehemals vergoldet gewesen sein.
Die Sage bringt die Anbringung des Hirschen mit folgendem Geschehen in Verbindung: Einst wurde während eines Reichstages in der waldreichen Umgebung der Stadt eine Jagd abgehalten. Ein prächtiger Hirsch flüchtete vor den Jägern in die Stadt, lief durch die Straßen bis zum Rathausplatz und rettete sich schließlich durch ein offenstehendes Haustor, das hinter ihm

ins Schloß fiel. Der Kaiser, der gerade seinen Speer schleudern wollte, pochte an die Tür und forderte die Herausgabe des Hirsches. Er verzichtete jedoch auf die Beute, als die Bewohner – ein alter Mann und seine Tochter – kniefällig baten, das Tier zu verschonen.

Gasthof „Zum Bären an der Kette"/„Brandlbräu" (Ostergasse 16)
In der Ostengasse 16 ist in einem gotischen Bürgerhaus der Gasthof „Zum Bären an der Kette" untergebracht. Das Haus stammt in seinem ältesten Kern aus der zweiten Hälfte des 13. Jh. und wurde 1596 im Stil der Renaissance umgebaut. Seit Ende des 19. Jh. ist es im Besitz der Familie Brandl, daher der Name „Brandlbräu". Der Braubetrieb wurde 1967 eingestellt. An der Fassade ist eine barocke Freskomalerei zu sehen. Sie zeigt neben einem Baumstrunk und

Bär an der Kette. Wandmalerei

Buschwerk einen aufrechtstehenden, zähnefletschenden Bären an langer Kette. Diese läuft (ebenfalls gemalt) noch einige Meter über den Stuckrahmen des Bildes hinaus und verschwindet in einem kleinen Mauerloch. Die Inschrift über dem Fresko lautet:

Dieß Hauß stehet in Gottes Hand
Zum Bären an der Kettn ist's Benandt

Die Bezeichnung „an der Kette" für die Einmündung der Osten- in die Hallergasse wird schon 1391 genannt und bezieht sich wohl auf das bei besonderen Anlässen übliche Absperren von Seitengassen mittels Ketten. Der Beiname wurde notwendig, da es zu Beginn des 18. Jh. in Regensburg bereits drei „Bären“-Wirtschaften gab. Zur Namensgebung gibt es folgende originelle Geschichte: Eines Tages war ein Zirkus nach Regensburg gekommen, zu dem auch ein Tanzbär gehörte. Schausteller und Tiere fanden in einem Gasthof in der Ostengasse Quartier, wobei zwei zum Schlachten bestimmte Kälber ihren Platz im Stall für den Bären räumen mußten. In der Nacht kam ein Dieb, um die Tiere zu stehlen. Er wurde jedoch von dem aus dem Schlaf aufgestörten Bären sehr unsanft empfangen und an der Flucht gehindert. Daraufhin war der Bär Stadtgespräch und wurde von zahlreichen Besuchern bestaunt. Der dankbare Wirt, den er nicht nur vor empfindlichem Schaden bewahrt, sondern dessen Bierumsatz er auch gesteigert hatte, kaufte das Tier und hielt es wie einen treuen Hund an einer langen Kette.

Gänsebrunnen im Hotel Bischofshof (Krauterermarkt 3)

Der „Bischofshof“ am Krauterermarkt zählt zu den ältesten Gast- und Beherbergungsstätten in Deutschland. Die heutige Vierflügelanlage wurde im 14. bis 16. Jh. aus älteren Bauteilen im Renaissancestil gestaltet. Der Bischofshof war zunächst Kaiserherberge, bis 1803 Residenz des Bischofs, später eine Brauerei. Heute ist er ein Hotel.

Anläßlich von Sanierungsarbeiten wurde 1980 im Innenhof ein von dem Bildhauer Joseph Michael Neustifter geschaffener Brunnen aufgestellt. Der Brunnentrog zeigt vier Reliefs mit Motiven aus Regensburgs reicher Geschichte, darunter die Verleihung der Kurwürde an Herzog Maximilian von Bayern im Jahr 1623.

Die auf einem Postament über dem Brunnentrog sitzende Bronzefigur stellt einen Kleriker in Soutane dar. Das Gesicht ist zur linken Seite geneigt, der Blick scheinheilig nach oben gerichtet. Zu seinen Füßen sitzen drei Gänse, während auf der Rückseite ein Fuchs, der soeben eine Gans frißt, aus der halbgeöffneten Soutane neugierig hervorschaut.

Die Skulptur ist die plastische Umsetzung einer im Mittelalter weitverbreiteten Fabel, der sog. „Gänsepredigt“. Sie erzählt von einem Fuchs (oder Wolf), der auf eine Schar Gänse traf und gerne eine davon verspeisen wollte. So nahm er die Gestalt eines Klerikers an und predigte den Gänsen so lange, bis sie einge-

schlafen waren und er sich die fetteste aussuchen konnte. Diese Fabel war deshalb so beliebt, weil ihr Inhalt sich für eine allegorische Auslegung im christlichen Sinn besonders eignet. Der Fuchs als Inbegriff von Klugheit und Hinterlist ist ein Symbol des Ketzers, der den Gläubigen falsche Lehren verkündet und sie so um die ewige Seligkeit bringt.
Eine weitere, um 1320 entstandene Darstellung der Gänsepredigt befindet sich am westlichsten Strebepfeiler der Südfront des Regensburger Doms.

Goliathhaus (Goliathstr. 4 / Watmarkt 5)
Das in den Häuserblock zwischen Goliathstraße und Watmarkt eingespannte Gebäude zählt zu den ältesten und interessantesten in Regensburg. Mit seinem sechsgeschossigen, zinnengeschmückten Turm und dem vierstöckigen Wohntrakt hat es noch ganz den Charakter einer mittelalterlichen Stadtburg bewahrt. Die frühgotische Anlage entstand um 1220/30 und hat im Lauf der Jahrhunderte mehrere Umbauten erfahren. 1897/98 wurde sie total ausgekernt und beherbergt heute Wohnungen und Geschäfte. Das Goliathhaus gilt als Stammhaus der Patrizierfamilie Thundorfer, denen später die Dollinger, Maller und Tucher folgten.
Der Name „Zum Goliath“ erscheint urkundlich erstmals im Jahr 1573, existierte jedoch schon früher. Er weist auf die sog. „Goliarden“: fahrende Kleriker und Theologiestudenten, deren Schutzpatron Golias war. In Universitätsstädten besaß diese Gruppe ihre eigenen Herbergen – in Regensburg könnte diese Unterkunft an der Stelle des späteren Goliathhauses gestanden haben.
An der Frontseite des Hauses befindet sich ein um 1570 entstandenes monumentales Freskogemälde von Melchior Bocksberger (1525/30–1587). Sein Thema ist der noch heute bekannte alttestamentliche Bericht vom siegreichen Kampf des kleinen, aber geschickten David gegen den riesenhaften und prahlerischen Philister Goliath (1 Sam. 17).
Über den Anlaß für die Wahl gerade dieser Szene berichtet die Sage, einst hätten in Regensburg zwei benachbarte Kaufleute gelebt, die in stetem Wettstreit miteinander lagen. Der eine war viel skrupelloser, reicher und mächtiger als sein solider und ehrlicher Kollege, doch gingen seine Geschäfte schließlich so zurück, daß er keine Konkurrenz mehr für jenen darstellte.
Das Fresko ist in der Vergangenheit mehrmals erneuert worden. 1841 erfolgte auf Wunsch König Lud-

wigs I. von Bayern eine Restaurierung durch den Regensburger Maler Hans Kransberger, der das Bild um eine heute unverständliche Zutat bereicherte: den zu Füßen Goliaths hockenden Frosch, der ursprünglich zudem mit Barthaar und Sporen versehen war. Der Anekdote nach handelt es sich um eine Karikatur des damals in der Nähe wohnenden pensionierten Maut-Oberbeamten Freiherrn Anton von Quentel, der täglich in grasgrünem Frack, riesigem Schnurrbart und mächtigen Sporen am Goliathhaus vorbeiritt.

Dompfarrkirche Niedermünster

Die Geschichte des nordöstlich vom Dom gelegenen Stifts steht in engem Zusammenhang mit derjenigen der agilolfingischen Herzöge und des Wander- und Missionsbischofs Erhard. Schon in vorkarolingischer Zeit stand an der Stelle der heutigen Niedermünsterkirche ein Frauenkloster, das die besondere Gunst der Agilolfinger genoß. Herzogin Judith, die Gemahlin Herzog Heinrichs I. von Bayern (948–955), stattete das Stift neu aus und ließ eine große Saalkirche bauen. 973 nahm sie hier selbst den Schleier und war bis zu ihrem Tod im Jahr 986 Äbtissin. Die heutige Kirche ist jedoch nicht mehr der Bau der Herzogin Judith, sondern eine dreischiffige romanische Basilika ohne Querschiff, die nach einem verheerenden Stadtbrand 1154 gebaut wurde (wobei man sich in einzelnen Teilen auch älterer Reste bediente). Einwölbung und Stuckdekoration stammen aus dem 17. und frühen 18. Jh.
Im nördlichen Seitenschiff befindet sich die Grabstätte des hl. Erhard, ursprünglich ein mit einer römischen Sarkophagplatte abgedecktes Tuffsteingrab, das um 1330 zu einer dreiteiligen steinernen Ziboriumsanlage umgestaltet wurde. Die durch spitzbogige Arkadenöffnungen sichtbaren lebensgroßen Holzfiguren des hl. Erhard und seiner Gefährten Albert und Wolfgang stammen aus dem frühen 16. Jh. 1866 wurde für die Reliquien des hl. Erhard (Kopfreliquiar, Stab und Stola) ein prächtiger Schrein aus vergoldetem Kupfer geschaffen. Zum Erhard-Altar gehören außerdem vier im 16./17. Jh. entstandene Tafelgemälde mit szenischen Darstellungen aus dem Leben des Heiligen.
Herkunft und Leben Erhards liegen im dunkeln, so daß man weitgehend auf legendäre Überlieferung angewiesen ist. Er war einer jener frühen „Wanderbischöfe" iroschottischer, vielleicht auch südfranzösischer Herkunft, die von Land zu Land zogen und das Christentum predigten. Um 680 kam er auf Veranlassung des Bayernherzogs Theodo als Nachfolger des Bi-

schofs Emmeram nach Regensburg, wo er eine der ersten Diözesen Deutschlands einrichtete. In Bayern soll Erhard insgesamt vierzehn, in den Vogesen sieben Kloster gegründet haben. Er starb um das Jahr 700 und wurde im Stift Niedermünster, das er zeitweilig als Abt leitete, beigesetzt. Schon 1052 wurde er heiliggesprochen.

Erhard ist Helfer in allen Nöten von Mensch und Vieh, Patron der Schuhmacher und der zum Tode Verurteilten. Auch bei Augenleiden wird er angerufen und in bezug darauf ebenso wie die hl. Odilia (Ottilia), an der er ein Heilungswunder gewirkt haben soll, häufig mit zwei Augen auf einem Buch dargestellt. Die blindgeborene Herzogstochter war wegen ihres Gebrechens vom Vater verstoßen und von der frommen Mutter in einem Kloster untergebracht worden. Als ihr der durch einen Engel angewiesene Wanderbischof Erhard die Taufe spendete, erlangte sie auf wunderbare Weise das Augenlicht. Odilia versöhnte sich später mit ihrem Vater, nahm den Schleier und gründete südwestlich von Straßburg zwei Frauenklöster, die sie beide bis zu ihrem Tode leitete: das nach ihr benannte Stift auf dem Odilienberg und die Abtei Niedermünster.

Eines der Tafelgemälde in der Dompfarrkirche zeigt Erhard, wie er Odilia tauft. Weitere Bilder erzählen von Brunnenreinigungen des Heiligen, vom Gebet des christlichen Ritters Dollinger an Erhards Grab und von seinem siegreichen Kampf gegen den Hunnen Krako sowie von dem Leintuch, welches der Legende nach aus Erhards Grab wächst und beim Auflegen alle Krankheiten heilt.

Der linke Teil der Ziboriumsanlage ist der seligen Kunigunde von Uttenhofen gewidmet, die um 980 Klosterfrau in Niedermünster war und dort als Küsterin diente. Während ihrer Amtszeit soll das Tuch, in das der Leichnam des Heiligen gewickelt war, aus dem Grab gewachsen und von den Wächtern der Kirche wiederholt gedankenlos weggerissen worden sein. Schließlich sei das hölzerne Kreuz am Grab Erhards in Tränen ausgebrochen und habe Kunigunde gebeten, das Tun der Wärter zu verbieten, „da unter dem Tuch einer liegt, der sich keiner geringen Wertschätzung vor Gott erfreut." Eine andere Legende berichtet, nach dem schweren Kirchenbrand, von dem nur ein Kruzifix an der Kirchenwand verschont geblieben sei, habe große Trauer unter den Stiftsdamen geherrscht. Als die fromme Kunigunde deshalb wieder einmal unter dem Kruzifix gebetet habe, soll sich die Hand des Christusbildes gelöst, ihre Wange berührt und ihr auf

wundersame Weise die Stelle des verschollenen Grabes offenbart haben. Zeitlebens habe Kunigunde daraufhin ein Mal an der Wange gehabt.
→ Regensburg, Dollingersaal

Erhardibrunnen
Die Erhardigasse verbindet die Niedermünsterkirche mit der Erhardikapelle, einer kryptaartigen frühromanischen Anlage. Unweit davon steht ein Brunnen, der ebenfalls nach dem Heiligen benannt ist. Die ursprüngliche Brüstung und die Hubpumpe sind nicht mehr vorhanden; der Schacht besitzt eine zylindrische Einfassung aus Sandstein (datiert 1581) und ist mit einem runden Granitdeckel verschlossen.
Im 17. Jh. besaß der Brunnen wohl ein steinernes Schöpfgerüst mit dem Bildnis des hl. Erhard, der den 50 Fuß tiefen Brunnen nach dem Bericht seines ersten Biographen aus dem 11. Jh. eigenhändig gegraben hat. Mehrere Personen, die in den Brunnen stürzten, sollen wunderbarerweise von Schaden bewahrt worden sein.

Kirche St. Jakob, sog. Schottenkirche
Die Gründung des Benediktinerklosters St. Jakob geht auf einen irischen Wanderprediger namens Mecherdach zurück, der sich im 11. Jh. in Regensburg niederließ und einige Landsleute nachzog, die man fälschlicherweise „Schotten" nannte (wegen lat. *scotus*, eigentlich „Ire"). Bereits 1075 ist von einem außerhalb der Stadtmauern gelegenen Kloster der Schotten die Rede. 1120 wurde eine erste Jakobskirche geweiht. Diese mußte zwischen 1156 und 1185 dem jetzigen Bau weichen, der 1278 bis auf die Mauern niederbrannte. Dennoch ist das romanische Baugefüge, eine dreischiffige Basilika mit drei Apsiden und flachgedecktem Langhaus, in seltener Vollständigkeit überliefert. St. Jakob wurde erst 1862 aus dem Verband der schottischen Benediktiner gelöst; die Kirche dient heute als Priesterseminar.

Nordportal
Zu den bedeutendsten Werken romanischer Plastik in Bayern gehört das um 1190 vollendete Nordportal. Es war ursprünglich vergoldet und mit 144 bemalten Figuren geschmückt. Auch heute noch ist die dreigeschossig gegliederte Portalwand reich mit figürlichem Dekor versehen, der nach neueren Erkenntnissen teilweise aber erst im 16. Jh. in dieser Zusammenstellung angebracht wurde. Über das bildnerische Programm, das den Zeitgnenossen noch unmittelbar verständlich

war, ist viel gerätselt worden. Häufig deutet man die Figuren als durch die Kirche abzuwehrende Dämonen, oder man sprach vom Gericht Gottes über Satan, verstockte Heiden oder ungläubige Juden. Im Mittelpunkt des Werkes steht Christus als Weltenrichter. Er wird flankiert von den zwölf Aposteln und weiteren Heiligen, außerdem von der Muttergottes mit Kind und einem bärtigen Mann auf einem Thron, der als Negativfigur anzusehen ist und vermutlich den Antichrist darstellt, der kurz vor dem Weltenende als falscher Messias erscheinen soll, um die Christen unter seine Herrschaft zu zwingen.
Die gesamte Symbolik der Bildwerke bezieht sich auf das Ende aller Zeiten und die Einteilung der Welt in Gut und Böse, die in vielfältigen Formen sichtbar gemacht wird. Maria ist umgeben von menschenähnlichen Wesen mit Fischschwanz, den Sirenen: Sinnbilder für Häresie, Sinnlichkeit und weltliche Lust. Der Antichrist wird von einem Greif begleitet, einem aus dem orientalischen Kulturkreis stammenden mythischen Fabelwesen aus Löwe und Adler, deren Eigenschaften er in sich vereint.

Relieffigur Rydan
Bei Restaurierungsarbeiten wurde 1871 ein steinernes Relief freigelegt, das sich im Inneren der Kirche links neben dem Eingang des Nordportals befindet. Es zeigt eine liegende männliche Gestalt, die durch Kukulle, Skapulier und Tonsur als Mönch ausgewiesen ist. Seine Hände halten eine Art Latte; am linken Arm hängt an einem Band ein großer Schlüssel. Der ins Gestein geritzte Name „Rydan“ bezeugt, daß der Dargestellte wirklich lebte. Wissenschaftler deuten die Figur entweder als einen Pförtner der Jakobskirche, der Schlüssel und Riegelbalken bei sich hat, oder als den Baumeister, der eine Meßlatte trägt und nach vollendetem Werk den Schlüssel an den Bauherrn übergibt.

Rydan

Auch die Sage hat sich der steinernen Skulptur angenommen. Zum einen heißt es, der Mönch Rydan sei ein gewissenhafter Kirchenpförtner gewesen, der darum gebeten habe, seine geliebte Tätigkeit bis zum Tod ausüben zu dürfen. Dieser Wunsch sei ihm erfüllt worden. Eines Morgens habe man ihn tot bei der schon geöffneten Pforte gefunden.
In der zweiten Sage erscheint Rydan hingegen als ein abtrünniger Mönch, der seinen Entschluß, der Welt zu entsagen, bereute. Eines Nachts wollte er heimlich das Kloster durch das Kirchenportal verlassen, doch kaum trat er über die Schwelle, stürzte er so unglücklich, daß er an den Folgen des Unfalls starb. Zuvor jedoch bat er den Abt, zur Reue und Mahnung sein in Stein gehauenes Bildnis an der Kirchenpforte anzubringen.

Steigbügel
Gleich links vom Eingang, an der nördlichen Seite der Jakobskirche, hängt hoch oben unter einem Säulenkapitell ein rostiger Steigbügel, der seiner Form nach aus dem 16. oder 17. Jh. stammt. Der Sage nach wurde er zur Erinnerung an die Eroberung Regensburgs im Dreißigjährigen Krieg angebracht, nach welcher die Jakobskirche von den protestantischen Besatzern als Pferdestall benutzt worden sein soll. Als das Gotteshaus nach der Rückeroberung der Stadt durch die kaiserlichen Truppen wieder ihrer Bestimmung als Sakralraum übergeben wurde, habe sich beim Aufräumen der Steigbügel gefunden.

Kapelle Maria Läng
Südwestlich des Domplatzes befindet sich im Erdgeschoß des Anwesens Pfauengasse 2 die kleinste Kapelle der Stadt. Das früher dem Domherrn und späteren Regensburger Weihbischof Albert Ernst Graf von Wartenberg (1688–1716) gehörende Haus wurde 1675 von seinem Besitzer als Gruftkirche eingerichtet, nachdem er beim Neubau seiner nahegelegenen Hauskapelle auf Fundamente aus römischer und mittelalterlicher Zeit, Skelettreste und zwei vermeintliche Reliquienkästchen mit Figuren der Apostel Petrus und Paulus gestoßen war. Die Phantasie des ebenso wundersüchtigen wie legendengläubigen und der Gegenreformation verpflichteten Mannes hat eine historisch nicht belegbare Überlieferung angeregt, nach der schon die Apostel und Evangelisten in diesen unterirdischen „Katakomben“ das Meßopfer gefeiert haben sollen.
Die ehemals freistehende Maria-Läng-Kapelle ist 1881 mit dem jetzigen viergeschossigen Wohn- und

Geschäftshaus überbaut worden. Das heutige Gnadenbild, eine lebensgroße, kostbar bekleidete Holzfigur der Muttergottes mit Krone und Zepter, steht in einer Nische des barocken Altars von 1798. Auf einer Konsole an der Ostwand befindet sich das ältere, von Graf Wartenberg beigebrachte Bild: eine nach dem Vorbild der „Schönen Maria" auf dem Neupfarrplatz gearbeitete Holzskulptur aus der Zeit um 1675.

Der Name „Maria Läng" bezieht sich auf einen besonderen Kulttypus: Ein Volksglaube besagt, daß das genaue Maß einer Person diese selbst und ihre Wirkung vertreten könne. Mit Gebetstexten bedruckte Papierstreifen von der Länge der Körper von Heiligen, denen man große Heil- und Segenskräfte zuschrieb, oder, wie hier, des Körpers Mariens, wurden als schützendes Amulett benutzt, wobei man sich in der Regensburger Kapelle an den Maßen des Gnadenbildes orientierte, das man für ein wahrheitsgetreues Abbild der Gottesmutter hielt. Durch Abbeten der Zettel glaubte man sich ihr nähern und sein Anliegen vortragen zu können.

„Schöne Maria"

Stiftskirche U. L. Frau zur Alten Kapelle
Die Kapelle am Alten Kornmarkt, eine ehem. Pfalzkapelle, ist eine Gründung der agilolfingischen Herzöge und als Hofkirche der Karolinger und Ottonen mit der Reichsgeschichte verbunden. Sie zählt historisch und kunstgeschichtlich zu den bedeutendsten Gotteshäusern in Bayern.
Ihre Grundform, eine dreischiffige Basilika mit östlichem Querschiff, geht auf Ludwig den Deutschen (806–876) zurück und wird 875 erstmals urkundlich genannt. Zum Bau sollen Quadersteine aus römischer Zeit gedient haben. Kaiser Heinrich II. (979–1024) veranlaßte die Wiederherstellung der zerfallenen Kirche in den Jahren 1002-04. Die im 18. Jh. vorgenommene Umgestaltung ließ die mittelalterliche Gestalt des Baukörpers fast unverändert, doch wurde das gotische Gewölbe im Inneren mit einem Rokokokleid überzogen. Der Regensburger Bildhauer Simon Sorg schuf die Altäre und das Chorgestühl, Anton Landes die reichen Stuckarbeiten. Die Fresken stammen von Christoph Thomas Scheffler (1699–1756) und Gottfried Bernhard Götz (1708–1774); sie behandeln u. a. die legendäre Geschichte des Heiligtums und das Leben des Kaiserpaares Heinrich und Kunigunde.

Fresko über der Orgelempore
Das 1752 von Christoph Thomas Scheffler gemalte Deckenfresko über der Orgel erzählt die älteste Legende der Alten Kapelle: die Taufe des Agilolfingers Theodo I. (680–718) und seines Hofstaats durch den heiligen Bischof Rupert von Salzburg (gest. 715). Auf den Grisaillen darunter sind die Zerstörung eines Götzenbilds und die Weihe eines heidnischen Tempels zu einer Marienkapelle dargestellt, die der Überlieferung nach im Bereich der heutigen Mariavermählkapelle stand. Es heißt, die Christianisierung habe von hier ihren Ausgang genommen. Das Ensemble der um 1200 entstandenen Steinfiguren in den Nischen des Nordportals, volkstümlich als Beichtszene gedeutet, wurde im 18. Jh. als Darstellung der Taufe Theodos verstanden. Tatsächlich machte er sich um den Aufbau einer Bistumsorganisation verdient. Zum Ausdruck seiner christlichen Gesinnung wird er auch gern betend an den Gräbern der Apostel darstellt.

Fresken im Lang- und Querhaus
Die ebenfalls von Christoph Thomas Scheffler geschaffenen Fresken im Lang- und Querhaus sind Kaiser Heinrich II. (975–1024) und seiner Gemahlin

Kunigunde (um 975–1033) gewidmet. Um den bedeutenden kirchlichen Reformator und seine Frau entstand im Zusammenhang mit beider Heiligsprechung (1146 bzw. 1200) eine legendenhafte Lebensbeschreibung, die auch von der bildenden Kunst rezipiert worden ist.

Das Langhausfresko der Regensburger Alten Kapelle zeigt die Übergabe eines vermeintlich vom Evangelisten Lukas gemalten Gnadenbildes durch Papst Benedikt VIII. (1012–1024) an Kaiser Heinrich 1014 anläßlich dessen Krönung. Das nach byzantinischem Vorbild im ersten Viertel des 13. Jh. gemalte Bild zeigt Maria in schwarzem Umhang und Kopftuch, auf dem rechten Arm das Kind. Heute steht das vielverehrte Gnadenbild, vor dem 1645 ein zwölfjähriger blindgeborener Junge das Augenlicht erlangt haben soll, auf dem Altar der Gnadenkapelle neben dem südlichen Seitenschiff.

Themen der Fresken im Querhaus sind verschiedene Wunder, die sich am Hof des heiligen Kaiserpaares ereignet haben sollen: das wunderbare Zusammenfügen eines zerbrochenen Kristallkelchs, die „Engelsmesse" in St. Michael am Monte Gargano in Rom, die Christus selbst im Beisein Heinrichs feiert (!), sowie der Pflugscharengang der Kaiserin. Letztere Legende erscheint erstmals 1070 in einer Lebensbeschreibung Kaiser Heinrichs. Danach war Kunigunde der ehelichen Untreue beschuldigt worden und mußte sich einem Gottesurteil unterziehen: auf offenem Markt schritt sie barfuß über sieben glühende Pflugscharen, blieb jedoch unverletzt, womit ihre Unschuld erwiesen war. Solche Gottesurteile waren im Rechtsbrauch des Mittelalters sehr verbreitet. Sie beruhen auf dem Glauben, ein Unschuldiger werde in der zu machenden Probe von der Gottheit geschützt. Andere Formen der Feuerprobe waren das Tragen eines glühenden Eisens und der Kesselfang, bei dem aus siedendem Wasser mit der bloßen Hand ein Gegenstand herausgeholt werden mußte.

→ Grossberg

Ehemal. Benediktinerklosterkirche St. Emmeram

St. Emmeram ist eines der ältesten Klöster in Bayern und in seiner über tausendjährigen Geschichte eine der wirkungsreichsten geistlichen Kulturstätten Europas. Seine Anfänge reichen bis ins 8. Jh. zurück. Bis zur Trennung vom Hochstift 975 war der Abt von St. Emmeram zugleich Bischof von Regensburg. 1295 wurde das Kloster reichsunmittelbar und blieb es bis zu sei-

Reichsstift St. Emmeram aus der Voglschau. Kupferstich, um 1750

ner Aufhebung 1803. Die ehem. Abteigebäude sind seit 1812 Residenz der Fürsten von Thurn und Taxis; sie beherbergen u. a. das Schloßmuseum, das Marstallmuseum sowie ein umfangreiches Familienarchiv und eine Bibliothek. Die Klosterkirche dient heute als Pfarrkirche; wegen ihrer historischen Bedeutung und ihrer reichen Kunstschätze wird sie „das Aachen Bayerns" genannt. Das auf den ersten Blick verwirrende Stilgemisch setzt sich aus romanischen, gotischen und barocken Elementen zusammen. Trotz vieler Um- und Anbauten und mehrerer Brandkatastrophen ist die frühmittelalterliche Basilika im Kern noch erhalten. Während des 18. Jh. erfuhr das Kircheninnere eingreifende Veränderungen: 1731 begann durch den Linzer Baumeister Michael Prunner und die Brüder Asam aus München die barocke Ausgestaltung. Die vielen kunstvollen Grabmäler erinnern daran, daß St. Emmeram bis ins 12. Jh. Grablege bedeutender Adelsgeschlechter war, aus denen Kaiser, Könige und Bischöfe hervorgingen.

Emmeramsgrab und -fresken
Anlaß zur Klostergründung war die Überführung des um 715 ermordeten Wanderbischofs Emmeram durch Herzog Theodo II. nach Regensburg. Der vermutlich in Poitiers geborene Emmeram hatte in Süd- und Westfrankreich Missionsarbeit geleistet, bevor er um das Jahr 680 nach Bayern und Regensburg kam. Hier blieb er mehrere Jahre, bis er einer wohl politisch motivierten Hofintrige zum Opfer fiel. Da historische Quellen fehlen, war Raum für die Entstehung von Legenden gegeben. Nach der im zweiten Drittel des 8. Jh. vom Freisinger Bischof Arbeo verfaßten Lebensbeschreibung „Vita et passio Sancti Haimhrammi episcopi et martyris Ratisbonensis“ erwartete die Herzogstochter Uta ein uneheliches Kind von dem Sohn eines hohen Beamten. Sie vertraute sich Emmeram an, und dieser nahm freiwillig die Verantwortung auf sich, um den Vater zu schützen. Auf einer gerade angetretenen Pilgerreise nach Rom wurde er von Lantpert, Utas Bruder, in der Nähe von *Kleinhelfendorf* im heutigen Landkreis München auf grausame Weise gemartert und verstümmelt, worauf er ihn blutend liegenließ. Die Einwohner des Ortes brachten den Sterbenden nach *Aschheim*, wo er zunächst begraben wurde. Wochenlange Regengüsse und eine große Überschwemmung bedeuteten ihnen, daß Emmeram hier nicht bleiben wollte. Da sich mittlerweile auch seine Unschuld an Utas Schwangerschaft herausgestellt hatte, veranlaßte Herzog Theodo die Überführung des Leichnams nach Regensburg. Ein führerloses Ochsengespann brachte ihn nach *Oberföhring* an der Isar; dort wurde er auf ein bereitstehendes Schiff verladen, das der Legende nach selbständig die Isar hinab und dann auf der Donau stromaufwärts bis Regensburg fuhr. Die auf dem Schiff befestigten Kerzen sollen trotz heftigen Sturms nicht erloschen sein.
In Regensburg wurde Emmeram zunächst auf einem südwestlich der Römermauer gelegenen frühchristlichen Gräberfeld bestattet, über welchem eine Georgskapelle entstand. Mitte des 8. Jh. ließ Bischof Gaubald (739–761) die Gebeine erheben und in der neuerbauten Krypta des Benediktinerklosters beisetzen. Über dieser entstand zwischen 780 und 790 der romanische Kirchenbau, der später den Namen des Heiligen erhielt. Ende des 14. Jh. errichtete man zu Ehren des Heiligen in der Georgskapelle ein marmornes Hochgrab mit einer vollplastischen liegenden Steinfigur des Heiligen. Seine Gebeine ruhen seit 1659 in einem silbernen Schrein unter dem Hochaltar. Das von Joachim

Sandrart 1679 gemalte Altarblatt zeigt ebenso wie die um 1733 entstandenen zehn Freskobilder an den Seitenwänden des Mittelschiffs Szenen aus Leben und Martyrium des Heiligen; letztere sind ein Werk Cosmas Damian Asams.

Johann Baptist Kraus-Plastik
Über der Brüstung des hintersten (westlichen) Nordfensters der Kirche befindet sich eine lebensgroße Skulptur aus bemaltem Stuck. Sie stellt einen Mönch im Benediktinerhabit dar, der in den gefalteten Händen einen Rosenkranz hält und nachdenklich ins Kirchenschiff hinunterschaut. Die Figur ist ein Bildnis des Klosterverwalters und späteren Abtes Johann Baptist Kraus (1700–1762), der die Barockisierung der Klosterkirche durch die Brüder Asam in den Jahren 1731 bis 1733 leitete. Die ausführenden Künstler Cosmas Damian und Egid Ouirin Asam haben wohl seine wachsamen Blicke gelegentlich als lästig emp-

Porträtfigur des späteren Abtes Johann Baptist Kraus

funden und deshalb als kleine Rache eine Porträtskulptur des Verwalters geschaffen, die sie in die Nähe der Stelle setzten, von der aus er zumeist die Aufsicht führte.
Volkstümliche Überlieferung sieht in ihr den Mönch von St. Emmeram, der dazu verurteilt ist, in der Kirche auf ewig Wache zu halten.
Daneben hat sich eine Legende gebildet. Sie deutet die Plastik als Bild eines besonders frommen und demütigen Klosterbruders, der bei den Gottesdiensten freiwillig die schweren Blasebälge für die Orgel trat. Lag er während der sakralen Höhepunkte in tiefer Anbetung auf dem Boden, sollen die Bälge von übernatürlichen Kräften in Bewegung gehalten worden sein.

Dionysius-Chor
Vom Querhaus führen Stufen hinauf in den 1211 geweihten Dionysiuschor. Ein Steinsarg unter dem Altar wurde 1440 durch einen silbernen Metallschrein ersetzt. Die Verehrung des Dionysius, an den auch eine Relieffigur am Portal und Reste romanischer Wandmalereien im Dionysiuschor erinnern, nahm Mitte des 11. Jh. von St. Emmeram ihren Ausgang und dehnte sich auf ganz Deutschland aus.
Dionysius ging nach dem Bericht des Historikers Gregor von Tours in der Mitte des Jahrhunderts von Rom nach Gallien, um zu missionieren und das kirchliche Leben zu organisieren. Als Bischof von Paris erlitt er während einer Christenverfolgung den Märtyrertod (um 285). Die Legende erzählt, er habe nach der Hinrichtung seinen abgeschlagenen Kopf vom Richtplatz Montmartre selbst zu dem von ihm gewünschten Beisetzungsort St. Denis getragen. Bildliche Darstellungen zeigen ihn darum in bischöflicher Kleidung, das Haupt in den Händen haltend. Dionysius ist einer der vierzehn Nothelfer und wird insbesondere bei Kopfschmerzen angerufen. Obwohl er vor allem in Frankreich verehrt wird, haben auch einige schweizerische und deutsche Städte den hl. Dionysius zu ihrem Schutzpatron erwählt. In Regensburg brachte es der Heilige sogar zu Bistumsehren – obwohl er nie einen Fuß in die Stadt gesetzt hat: Nachdem St. Emmeram durch die beiden letzten Karolinger Grablege der deutschen Kaiser geworden war, bedienten sich die dortigen Mönche zur Aufwertung ihrer Abtei einer frommen Lüge und sagten, Kaiser Arnulf von Kärnten (887–899) habe während eines Feldzugs die Reliquien aus St. Denis entwenden lassen und nach St. Emmeram geschafft.

Wolfgangskrypta
Unter dem Dionysiuschor liegt die fünfschiffige, von Papst Leo IX. im Jahr 1052 geweihte Wolfgangskrypta.
Der Leib des Heiligen wurde aus einem Erdgrab, das sich vermutlich im südlichen Seitenschiff befand, in einen ersten hölzernen Reliquienschrein überführt. Bei einer vierten Erhebung der Gebeine im Jahr 1878 kamen sie in einen Metallschrein. Das jetzige Hochgrab mit Liegefigur stammt aus der Zeit der Gotik.
Der 924 in Schwaben geborene Wolfgang war eine außergewöhnliche Erscheinung seiner Zeit, deren gesellschaftlicher und politischer Führungsschicht er als Reichsbischof angehörte. Er wurde in der Klosterschule Reichenau erzogen, war bis 965 Domdekan und Lehrer in Trier und trat dann in das Benediktinerkloster Einsiedeln/Schweiz ein. 972 wurde er auf Empfehlung Pilgrims von Passau Bischof von Regensburg, wo er 22 Jahre lang wirkte. Er reformierte

Beisetzung des hl. Wolfgang in St. Emmeram. Holzschnitt 1515

die Klöster seines Bistums und förderte das geistige und kirchliche Leben. Um politischen Streitigkeiten auszuweichen, zog er sich 976 in das Kloster Mondsee bei Salzburg zurück. Nach seinem Tod am 31. Oktober 994 in Pupping (Oberösterreich) wurde sein Leichnam nach Regensburg überführt und im Kloster St. Emmeram beigesetzt.

Die zahlreichen bildlichen Darstellungen (meist in bischöflichen Meßgewändern mit Krummstab und Kirchenmodell) seit dem 11., vor allem aber seit dem 14. Jh. bezeugen Wolfgang als einen der meistverehrten Heiligen in Deutschland. Er ist Beschützer der Hirten, Köhler, Bildhauer und Zimmerleute und wird in schwerer Krankheit als Fürbitter angerufen. Zudem ist er Patron für Bayern, Österreich, den Schweizer Kanton Zug und das Bistum Regensburg.

Bedeutend war Wolfgang als Erzieher der vier Kinder Herzog Heinrichs II. (des Zänkers) von Bayern, darunter der spätere Kaiser Heinrich II. (1002–1024) und Gisela, die erste christliche Königin von Ungarn (gest. 1095). Der 973 in der Nähe von Regensburg geborene Heinrich ist seinem Lehrer auch über dessen Tod hinaus verbunden geblieben. Die Legende erzählt, einst sei er, am Grabe Wolfgangs in St. Emmeram betend, in eine Vision verfallen: Der Bischof erschien und forderte ihn auf, an die Wand neben dem Grab zu blicken, an der in leuchtenden Buchstaben die Worte „Post Sex" („Nach sechs") standen. Heinrich deutete dies als Hinweis auf seinen in sechs Tagen bevorstehenden Tod, und bereitete sich durch Fasten und Beten auf ihn vor. Doch verging die Zeit, ohne daß etwas geschah – bis Heinrich sechs Jahre später von den deutschen Fürsten in Mainz zum König gewählt wurde. Auf einem 1658 entstandenen Gemälde von Johann Selpelius, das den Wolfgangsaltar im südlichen Seitenschiff der Emmeramskirche ziert, ist diese Legende dargestellt.

REISBACH (Lkr. Dingolfing-Landau)

Wallfahrtskapelle St. Wolfsindis

Zwölf Kilometer südöstlich von *Dingolfing* liegt im Vilstal der niederbayerische Markt Reisbach mit seiner am östlichen Ortsrand gelegenen Kapelle St. Wolfsindis. Die Anfänge der bescheidenen Kultstätte reichen in die Frühzeit der Christianisierung Bayerns zurück.

Die nichtkanonisierte Volksheilige Wolfsindis, die wohl schon im 8. Jh. in der Gegend verehrt wurde, wird erstmals im Totenbuch des 943 verstorbenen Ab-

Die Märtyrerin Wolfsindis, Altargemälde, um 1820

tes Benedikt von Wessobrunn erwähnt, in dem von einer in „Rispach" begrabenen „sancta Wolfsindis Virgo & Martyr" die Rede ist. Als man Mitte des 18. Jh. auf diese Eintragung stieß, wurde der Wolfsindiskult wiederbelebt. Nach der Legende ist Wolfsindis ein adliges Fräulein vom nahen Schloß Warth; durch ihren heimlichen Übertritt zum Christentum soll sie den Vater so erzürnt haben, daß er sie von wilden Ochsen zu Tode schleifen ließ. Einer anderen Version zufolge wurde Wolfsindis Opfer eines Fremden, der das Schloß besetzte und sie verführen wollte. Als sie Widerstand leistete, schleifte der Eindringling sie mit seinem Pferd zu Tode.

An der betreffenden Stelle unterhalb der Kirche soll die seit alters her als „Fieberbrünnerl" bekannte Quelle entsprungen sein, deren Wasser als Heilmittel bei Fieber und Augenleiden galt. 1761 wurde hier ein Bildstock aufgestellt, 1816 die heutige kleine, klassizistische Wallfahrtskirche über die Quelle gesetzt, welche gefaßt und unterirdisch durchgeleitet wurde; außerhalb des Gebäudes tritt sie in einem steinernen Becken wieder zutage. Kunsthistorische Zeugnisse des Wolfsindiskultes sind neben zahlreichen Votivtafeln das um 1845 entstandene Altargemälde, das die zwischen Engeln über der Kirche schwebende Märtyrerin mit Krone und Palmzweig darstellt.

RIED (Lkr. Cham)

Die tausendjährige Wolframslinde

In dem etwa 6 km nördlich von *Kötzting* gelegenen Ried steht nahe dem Dorfplatz und der ehem. Burg *Haidstein* der älteste und wohl auch größte Baum des Bayerischen Waldes, eine Linde. Infolge von Stürmen hat sie zwar ihre Krone verloren, geblieben ist aber die Rindenfestung des Stammes mit einem Umfang von 16 m und einem Durchmesser von 5 m. Trotz seiner mehr als 1200 Jahre hat er noch immer die Kraft auszutreiben, so daß seine höchsten Triebe die Dächer des Dorfes überragen.

Der Sage nach hat in der Höhlung des Baumes einst ein Leinweber seinen Webstuhl aufgeschlagen. Belegt ist nur die Meldung eines Revierförsters aus dem Jahr 1845, wonach das Innere des Baumes, der gut zwanzig Menschen Platz bietet, als Kapelle genutzt wurde und in ihm Maiandachten stattfanden.

Seit 1880 wird dieser Riesenbaum „Wolframslinde" genannt zum Gedenken an den fränkischen Ritter und Minnesänger Wolfram von Eschenbach (1170 bis ca. 1220), einen Meister mittelhochdeutscher Epik. Auf Burg Haidstein, wo die Schwester des Dichters lebte und dieser sich bisweilen aufhielt, sind Teile seines berühmten Gralsepos „Parzifal" entstanden.

RIEDEN (Lkr. Amberg-Sulzbach)

Ehem. Burg

Im Südosten des Landkreises Amberg-Sulzbach liegt der Ort Rieden, auf dessen Schloßberg, der sich über das Vilstal erhebt, in früherer Zeit eine Burg stand. Zwar ist sie bereits seit des Mitte des 16. Jh. verfallen, doch sind noch heute eine ausgedehnte Ringwallanla-

ge sowie romanische Mauerreste aus Buckelquadern erkennbar, die in die umliegenden Häuser einbezogen sind.
Sagenhafte Uberlieferung vermutet in den Ruinen einen verborgenen Schatz: Ein verarmtes Ehepaar, das in Rieden keine Aufnahme fand und deshalb in einem Keller der alten Burg Unterschlupf suchte, traf dort auf eine weißgekleidete, geisterhafte Frau, die sie auf im Keller bzw. im Brunnen verstecktes Geld hinwies, das früher ihr und ihrem Eheherrn gehört hatte. Das Ehepaar grub an den bezeichneten Stellen und stieß auf einen Schatz aus alten Talern. Der Fund sollte ihnen jedoch wenig Glück bringen: als der Mann bei einer Hochzeit der Braut einige dieser alten Taler zum Geschenk machte, wurde die Entdeckung des Schatzes bekannt, und man steckte den Mann wegen Funddiebstahls ins Gefängnis.

RIEDENBURG (Lkr. Kelheim)

Burg Prunn
Die ungewöhnlich gut erhaltene Burg steht exponiert auf einem steilen Felsen über dem Altmühltal bei Riedenburg und gilt als Idealtyp einer mittelalterlichen Ritterburg. Die erste urkundliche Nennung der Burg und der Herren von Prunn, die wahrscheinlich dem Abensberger Babonengeschlecht entstammten, datiert auf das Jahr 1037. 1338 erwarben die Fraunberger vom Haag die Burg. Nach mehrmaligem Besitzerwechsel kam die Anlage 1822 an die Krone Bayerns. Seit 1946 wird sie von der Bayerischen Schlösserverwaltung betreut und als Museum genutzt.

Burg Prunn, Stich um 1840

Die Burg ist über eine Holzbrücke zugänglich, die einen breiten Graben überspannt. Im Kern romanisch, wurde die Anlage in spätgotischer Zeit erweitert und der Wohnbau im 16./17. Jh. erneuert. 1575 fand man in ihr eine aus dem 14. Jh. stammende Handschrift des um 1200 entstandenen Nibelungenliedes. Dieser sog. Prunner Codex befindet sich heute in der Bayerischen Staatsbibliothek.

Wappen der Fraunberger
An der Ostmauer des Wohnbaus ist schon von weither das 4 × 3 m große Bild eines sich aufbäumenden Schimmels auf rotem Grund zu sehen. Da man über lange Zeit nicht mehr wußte, daß es sich um das Wappentier der Herren von Fraunberg handelte, wurde er zum Gegenstand einer Sage, die seine Darstellung erklären sollte: Vor Zeiten lebte eine schöne, aber grausame Gräfin auf der Burg, um deren Hand viele Ritter anhielten. Sie wollte jedoch nur denjenigen erhören, der die Burg auf dem schmalen Rand des Felsens umreiten konnte. Viele Freier verloren bei dem riskanten Ritt ihr Leben, bis es endlich einem Ritter auf seinem Pferd gelang. Zur Erinnerung soll er das Bild seines Tieres auf die schwer zugängliche Burgmauer gemalt haben.
Eine andere Erzählung führt die Entstehung des Bildes auf das Versprechen des Grafen Babo von *Abensberg* zurück, demjenigen seiner beiden Söhne die Burg zu geben, der als erster auf seinem Pferd dort ankäme. Der erste, der einen Rappen ritt, stürzte unglücklich im Altmühltal, der zweite, der einen Schimmel ritt, erreichte Burg Prunn.

Rinchnach (Lkr. Regen)

Pfarrkirche St. Johannes des Täufers, ehem. Benediktiner-Propsteikirche
Rinchnach, das älteste Kloster des Bayerischen Waldes, wurde im Jahr 1010 von einem Benediktinermönch namens Gurother als einfache Zelle mit einem Bethaus gegründet und 1040 als Propstei der Abtei *Niederalteich* unterstellt. Als Ausgangspunkt der Rodungs- und Siedlungsarbeit im Bayerischen Wald hat es viel zur Urbarmachung des Gebietes beigetragen; der damals entstandene „Gunthersteig" führt aus dem Lallinger Winkel in das Rinchnacher Talbecken.
Die ersten drei Kirchbauten sind durch Feuer zerstört worden. Der heutige, in seinen Grundmauern aus dem 15. Jh. stammende Bau brannte 1693 zusammen mit

dem Klostergebäude ebenfalls ab. Im 18. Jh. erfolgte durch den berühmten Barockbaumeister Johann Michael Fischer (1692–1766) eine völlige Um- und Neugestaltung.
Die Deckengemälde im Gemeinderaum stammen von Wolfgang Andreas Haindl aus Wels (1693–1757). Sie enthalten Szenen aus dem Leben des Kirchenpatrons Johannes des Täufers und des Ortspatrons Gunther.
Der um 955 geborene Adlige, ein Vetter Kaiser Heinrichs II. und naher Verwandter König Stephans von Ungarn, führte bis zu seinem 50. Jahr ein sehr weltliches Leben. Nach einer Begegnung mit dem heiligmäßigen Abt Godehard von Niederalteich trat er als Laienbruder in das Kloster ein, zog sich aber später in das kaum zugängliche böhmisch-deutsche Grenzge-

Gunther wird das Sterbesakrament gereicht

birge zurück, wohin ihm etliche Brüder folgten. Im hohen Alter verließ er Rinchnach und begab sich noch tiefer in die Wildnis; 1045 starb er auf dem nach ihm benannten Gunthersberg bei Gutwasser; sein Leichnam wurde in der Klosterkirche von Brevnov bei Prag beigesetzt, sein Grab 1420 durch die Hussiten zerstört.
Die Bilder der Rinchnacher Kirche zeigen Gunther, der sich mit der Rodungshacke durch den Bayerischen Wald kämpft, sowie das sog. „Pfauenwunder“, das sich bei einer Hoftafel König Stephans von Ungarn ereignet haben soll: auf die Bitte des Einsiedlers, Gott

möge ihm bei der Einhaltung seines Fastengelübdes beistehen, verwandelte sich der aufgetragene gebratene Pfau und flog davon.
Die traditionellen Gunther-Festspiele finden nicht ganz regelmäßig alle zwei Jahre im August/September statt. Mehr als siebzig Laiendarsteller lassen Leben und Wirken Gunthers auf der Bühne lebendig werden.

RINGELAI (Lkr. Freyung-Grafenau)

Pfarrkirche mit Wallfahrtsbild „Christkindl von Ringelai“
Etwa 10 km westlich von *Freyung* liegt Ringelai mit der 1919/1920 neu entstandenen Pfarrkirche „Maria Patrona Bavariae“. Der barock ausgestattete Kirchenraum weist die Form eines Schiffes auf. Vor dem Altarraum hängt links an der Wand ein Marienbild. Es zeigt Maria mit Krone und gefalteten Händen neben dem Christkind, das mit nacktem Oberkörper auf einem mit einer Prunkdecke geschmückten Strohbettchen liegt. Die Herkunft des Bildes mit einer lateinischen Inschrift wurde erst 1917 durch Zufall erkannt. Es handelte sich um eine 1747 gemalte Kopie des Gnadenbildes im Dom zu Raab, dem heutigen Györ, in Ungarn. Das Original stammt aus Irland. Es ist überliefert, daß am 17. März 1697, dem Namenstag des hl. Patrick, des Nationalheiligen Irlands, drei Stunden lang aus dem Muttergottesbild blutige Tränen geflossen seien. Ein mit diesen Tränen Mariens getränktes Tuch wird heute noch im Dom aufbewahrt und alljährlich am St. Patrickstag zur Verehrung gezeigt.
Die Wallfahrt „Zum Christkindl von Ringeloy“ setzte 1747 ein und findet alljährlich am 3. Adventssonntag und am Samstag davor statt.
Im Turm der Pfarrkirche hängt eine Glocke, die im Volksmund „Michaeli-Hund“ heißt. Sie stammt aus einer heute nicht mehr vorhandenen, dem hl. Michael geweihten Kapelle aus dem 15. Jh., die auch das Gnadenbild beherbergte. Glocken, die in Liturgie und Volksleben von großer Bedeutung sind und den Menschen gewissermaßen von der Wiege bis zur Totenbahre begleiten, gelten als eigenwillige, vernunftbegabte Wesen; bei der kirchlichen Glockenweihe werden sie regelrecht getauft und erhalten Namen. Diese Taufe verleiht ihnen dämonenabwehrende Kräfte; ihr Klang vertreibt Donner, Blitz und Hagelschlag, weshalb in ländlichen Gebieten noch heute das sog. „Gewitterläuten“ üblich ist.

Das Verursachen schwerer Unwetter, die oft genug der Ernte großen Schaden zufügten, hat man seit Jahrhunderten nicht nur übernatürlichen Wesen zugeschrieben, sondern auch Menschen, die angeblich mit dem Teufel im Bund standen; in Zauber- und Hexenprozessen ist dies ein wichtiger Anklagepunkt. In Ringelai erzählt man in diesem Zusammenhang von einem Hirten, der im Ruf stand, ein Wetterprophet zu sein – eine Zuschreibung, die wohl auf seiner Tätigkeit in freier Natur und den dabei erworbenen meteorologischen Kenntnissen beruht. Es hieß aber auch, der Hirte könne Hagel und Sturm auslösen, weshalb beim Herannahen eines Unwetters immer der „Michaeli-Hund" geläutet wurde. Der Wetterzauberer saß am liebsten in den Baumwipfeln, wo er allerlei Schabernack und Hexerei trieb, um seine Mitmenschen zu schädigen. Man setzte seinem Treiben schließlich ein Ende, indem man ihn von einer Tanne herunterschoß.

Hexenmuseum (Dorfstr. 22)
Im Hotel Groß wurde 1997 ein Museum zur Geschichte der abendländischen Hexenverfolgung eingerichtet, der vom späten 15. Jh. bis zum 18. Jh. in Mitteleuropa Zehntausende zum Opfer fielen (davon 80 % Frauen). Das Museum zeigt u. a. Folterinstrumente, die Rekonstruktion eines Scheiterhaufens sowie Verhörprotokolle und andere Prozeßakten. Den Schwerpunkt der Ausstellung bilden die Verfahren gegen die Bäuerin Maria Köblin und die Magd Afra Dicklin, die 1703 als letzte „Teufelsbuhlerinnen" im Fürstbistum Passau hingerichtet wurden.

Milchhexe. Holzschnitt, 1486

Der gegen Afra Dicklin erhobene Vorwurf der Verzauberung der ihr anvertrauten Kühe darf als typische Anschuldigung gelten: Den Lebensverhältnissen einer Agrargesellschaft entsprechend treten Hexen in erster Linie als Schädiger der bäuerlichen Produktion auf. Als Wetterhexen etwa verderben sie die Feldfrüchte, als Viehhexen sind sie Urheberinnen von Krankheiten und Seuchen, als Milch- und Butterhexen entziehen sie auf magische Weise (mit Hilfe von Axt- oder Besenstiel) Kühen aus den Nachbarställen die Milch. Auf Hexerei führte man auch das bei Euterkrankheiten häufige Auftreten von roter (mit Blut vermischter) Milch zurück. So ist von der Magd Afra überliefert, sie habe, als beim Melken statt der Milch Blut in ihren Eimer floß, den Hof verlassen müssen, worauf sie sich in den Wald zurückzog. Als zwei zufällig vorbeikommende Jäger sie um einen Trunk Wasser baten, soll sie dieses mit Gift versetzt haben. Schließlich wurde sie von zwei anderen Jägern unschädlich gemacht, angeblich, indem sie auf einem Tisch festgebunden und so von der Erde isoliert wurde, wodurch sie ihre magischen Käfte verloren habe.
→ Dingolfing

RODING (Lkr. Cham)

Totentanz-Fresko in der St.-Anna-Kapelle
Das 844 urkundlich erstmals erwähnte Roding ist eine der ältesten Siedlungen im Bayerischen Wald. Die neben der Stadtpfarrkirche St. Pankratius angebaute Josefskapelle, ein doppelstöckiger Rundbau aus dem 12./13. Jh., diente ursprünglich als Karner (Beinhaus). An sie ist südlich die kleine St.-Anna-Kapelle angefügt, die als Allerseelen- oder Totenkapelle schon 1580 genannt wird.

Totentanz-Fresko in der St.-Anna-Kapelle

An der Ostwand des Langhauses befindet sich ein Totentanz-Fresko. Der Totentanz ist ein besonders seit dem späten Mittelalter weitverbreiteter Bildtypus, bei dem der Tod als skelettierte und zugleich handelnde Person an den Menschen herantritt und dem Betrachter vor Augen führt, daß er unabhängig von Alter, Stand, Beruf und Geschlecht seiner Gewalt unterworfen ist. Bildunterschriften deuten zuweilen Rede und Gegenrede an. Obwohl er hauptsächlich in Malerei und Grafik erscheint, erzählen auch Legende und vor allem Sage von Toten, die um Mitternacht ihre Gräber verlassen und einen Tanz aufführen. Für die Lebenden, die sie zufällig dabei beobachten, wird die Begegnung sehr gefährlich, nicht selten tödlich.

Der Rodinger Totentanz zeigt in seiner unteren Bildhälfte den knöchernen Tod, der als Spielmann eine lange Reihe geistlicher und weltlicher Würdenträger begleitet; im oberen Teil folgen Bauern mit Saattuch und Dreschflegel und Mütter mit ihren Kindern, von denen der Tod eines bereits an sich gerissen hat. Am oberen Bildrand steht breitbeinig und überlebensgroß der Tod und zielt mit Pfeil und Bogen auf die an ihm vorbeiziehenden Menschen.

→ Chammünster → Oberalteich → Regensburg, Dom → Straubing

ROTTHOF (Gem. Ruhstorf a.d. Rott, Lkr. Passau)

Kirche St. Peter und Paul, sog. Siebenschläferkirche

Die auf einer Anhöhe gelegene Kirche ist über eine von der B 388 abzweigende schmale, aber gutbeschilderte Straße erreichbar. Offiziell ist das spätgotische Gotteshaus den Apostelfürsten Peter und Paul geweiht; das Nebenpatrozinium der sog. „Siebenschläfer", einzigartig in Deutschland, knüpft an zwei Grabfragmente aus römischer Zeit an, die in die südliche Außenmauer der Kirche eingelassen sind. Sie stellen drei bzw. vier Reliefbüsten männlicher Halbfiguren mit geschlossenen Augen dar, die offenbar als Siebenschläfer mißdeutet wurden.

Eine aus indisch-buddhistischer Tradition stammende, in frühchristlicher Zeit neu erzählte Legende berichtet von sieben Brüdern aus Ephesos, die sich während der Christenverfolgung unter Kaiser Decius im Jahre 250 in einer Höhle versteckt hatten, welche auf Befehl des Kaisers zugemauert wurde. Hier schliefen sie mehr als zweihundert Jahre und erwachten erst, als Ephesos christlich geworden war. Sie glaubten aber,

nur eine Nacht sei verstrichen, und schickten einen von ihnen aus, Brot zu kaufen. Als dieser dem Bäcker eine längst veraltete Münze mit dem Bild des Kaisers Decius in Zahlung geben wollte, wurde er des versuchten Betrugs beschuldigt und verhört, wodurch das Wunder offenbar wurde. Bischof und Kaiser zogen gemeinsam zur Grotte, wo sie zu ihrem Staunen alle sieben Brüder lebend fanden – Zeugen des christlichen Glaubens an Auferstehung und ewiges Leben.
Mitte des 18. Jh. hat die Rotthofer Kirche eine neue Ausstattung erhalten, die auf die Blüte der Siebenschläfer-Wallfahrt im Spätbarock zurückzuführen ist. Es entstand der von dem Kößlarner Stukkateur Johann Baptist Modler und dessen Söhnen zwischen 1758 und 1764 angefertigte Hochaltar, dessen Baldachinarchitektur als überkuppelte Grotte aus imitiertem Tuffstein mit echten Muscheln und farbigem Glas gestaltet ist. Hier ruhen, beleuchtet durch ein Chorscheitelfenster, die Siebenschläfer in tiefem Schlaf, flankiert von den beiden Kirchenpatronen Peter und Paul. Auf der Brüstungsinschrift der Kanzel stehen seit 1769 die Worte: „Brüder, wir wollen nicht, daß ihr über die Entschlafenen in Unkenntnis seid.“

S

Sammarei (Gem. Ortenburg, Lkr. Passau)

Wallfahrtskirche Mariä Himmelfahrt

Der ungewöhnliche Ortsname geht zurück auf „Sancta Maria“, was mundartlich „Sanct Marei“ oder eben „Samerei“ ergibt. Die Kirche „Mariä Himmelfahrt“ ist eine der originellsten Wallfahrtskirchen Süddeutschlands, insofern eine ältere Gnadenkapelle mit einer großen Wallfahrtskirche überbaut wurde, ein Umstand, der Sammarei den Beinamen „Bayerisches Assisi“ bzw. „Bayerisches Loreto“ einbrachte.
Die ursprüngliche, aus dem Jahr 1521 stammende Holzkapelle war der hl. Corona geweiht; sie gehörte zu einem nahegelegenen Gutshof „ad sanctam Mariam“, der besitzrechtlich dem Zisterzienserkloster *Aldersbach* unterstand. Dieses Anwesen brannte 1619 mitsamt der umherstehenden Bäume nieder, die Kapelle aber blieb unversehrt. Wider Erwarten soll im darauffolgenden Jahr ein vom Feuer ausgedörrter Apfelbaum gegrünt und wohlschmeckende Früchte getragen haben. Dieses Mirakel war der Beginn der Wallfahrt: Man überbrachte der bayerischen Kurfürstin Elisabeth ein Körbchen mit Äpfel des besagten Baumes, was sie veranlaßte, den Bau einer Kirche um

die Kapelle zu befürworten, die unangetastet in die Gesamtplanung einbezogen werden sollte. Die Kapelle steht heute im Chor des 1629–31 unter Leitung von Isaak Bader erstellten Neubaus, der am 21. September 1631 geweiht wurde.

Ihr besonderes Gepräge erhält die Wallfahrtskirche durch die fünfteilige ikonostaseartige Altarwand (1640), die den Chorraum vom Langhaus trennt. Zwei Durchgänge seitlich des Hochaltars führen in den schmalen, mit zahlreichen Votivtafeln geschmückten Umgang um die ehem. Feldkapelle mit Holzschindeldach und Dachreiter. Zugänglich ist die Kapelle durch einen niederen Türstock an der Südseite. Die Tür selbst ist nicht mehr vorhanden, da viele Pilger nach altem Brauch Holzstücke, die gegen Zahnschmerzen helfen sollen, herausgeschnitzt haben.

1772 erhielt die Kapelle einen kostbaren Gnadenaltar. Das seit 1631 verehrte Kultbild, das große Ähnlichkeit

Votivbilder im Umgang der überbauten Holzkapelle

mit dem *Passauer* Mariahilf-Bild aufweist, gilt als Kopie eines spätgotischen Tafelbildes der St. Jakobskirche in *Straubing* und wird Hans Holbein dem Älteren (geb. um 1465, gest. um 1524) zugeschrieben. Unter dem Tabernakel steht in einer Nische ein 1640 von Jakob Bendel geschnitztes Vesperbild: Maria mit ihrem toten Sohn auf dem Schoß. Wie an vielen Votivtafeln zu sehen ist, führte dies oft zu Unklarheiten, welche der beiden Mariendarstellungen das eigentliche Gnadenbild ist. Zweifellos hat aber die Ähnlichkeit mit dem bekannten Passauer Gnadenbild den Zustrom nach Sammarei beträchtlich gefördert, das Marienpatronat die Coronaverehrung rasch übertönt; an letztere erinnert nur noch ein der Heiligen geweihter Seitenaltar. Aus der Frühzeit der Wallfahrt ist eine Legende überliefert: Als nach der Brandkatastrophe viele Menschen die unversehrte Kapelle besichtigten, soll ein gottloser Mann geäußert haben, diese hätte nicht allein übrigbleiben können, wenn etwas Gutes an ihr wäre. Daraufhin blieb sein Mund offen, das Kinn verschob sich, und er konnte nicht mehr sprechen, bis die Muttergottes den reuigen Sünder erhörte und ihm seine Lästerung verzieh.

St. Englmar (Lkr. Straubing-Bogen)

Pfarrkirche St. Englmar und Englmar-Gedenkstätte

Der bekannte Luftkur- und Wintersportort ist zugleich die höchstgelegene Pfarrgemeinde des Bayerischen Waldes. Seinen Namen verdankt er einem heiligmäßigen Einsiedler, der hier um 1100 lebte und ausschließlich hier verehrt wird.

Der Legende zufolge war Englmar der Sohn einer Passauer Bauernfamilie, der sich, einem Gelübde folgend, zum geistlichen Stand bekehrte und in die Waldeinsamkeit zurückzog, wo er als Eremit in einer Klause lebte. Bei der Bevölkerung war er sehr beliebt; auch der Graf von Bogen schätzte ihn und schickte ihm täglich durch einen Knecht Nahrung. Dieser, ein schlechter und arbeitsscheuer Mensch, war es endlich leid, jeden Tag den weiten, anstrengenden Weg machen zu müssen. Am 14. Januar 1100 erschlug er den betenden Eremiten mit einer Axt, bedeckte die Leiche mit Reisig und verscharrte sie bei einem Felsen. Schnee fiel und bedeckte die Spuren der Tat. Erst Monate später kam in den Pfingsttagen ein Priester auf einem Versehgang durch den Wald und fand, durch einen hellen Lichtglanz aufmerksam gemacht, den unverwesten

Leichnam. Der Graf von Bergen, welcher in dem Toten den sel. Englmar erkannte, wollte ihn auf einem Ochsenkarren nach *Bogen* bringen, um ihn in der dortigen Kirche zu begraben. Als aber das Gefährt zu der Stelle kam, wo heute die Pfarrkirche von St. Englmar steht, blieben die Zugtiere stehen und waren nicht mehr vom Fleck zu bewegen. Man sah dies als göttliche Willenserklärung an, begrub Englmar am bezeichneten Ort und baute ebenda eine hölzerne Kapelle. Die bald einsetzenden wunderbaren Krankenheilungen und Gebetserhörungen bedingten 1130 den Bau einer Kirche aus Stein. Die entstehende Siedlung erhielt den Namen St. Englmar. Schon 1188 wurde der Einsiedler seliggesprochen.

An den Wänden des 1656 neugebauten, flachgedeckten Kirchenschiffs sowie im Chor links vom Altar befinden sich Bildtafeln mit szenischen Darstellungen aus dem Leben des Einsiedlers; auch die Deckenfresken sind diesem Thema gewidmet. Seit 1717 sind Re-

Ermordung des hl. Englmar. Andachtsbild von St. Englmar, 1757

liquien des Kirchenpatrons in der Kirche aufgestellt. Der Schrein des um 1640 entstandenen Hochaltars enthält die mit einem roten, goldbestickten Samtgewand umhüllten Gebeine des Seligen; davor steht die lebensgroße, spätbarocke Holzfigur Englmars. Erinnerungsstätten an das Leben des Einsiedlers gibt es auch in der Umgebung von St. Englmar, die ebenfalls an legendäre Überlieferung anknüpfen. Oberhalb der Kirche liegt der über eine Abzweigung neben der Post erreichbare Kapellenberg; zu ihm führen Kreuzwegstationen hinauf, die 1960 von dem Straubinger Künstler Prof. Tyroller in Ton geschaffen wurden. In

Höhe der siebten Station erhebt sich ein 1723 entstandener Bildstock aus Sandstein. Er stellt den sel. Englmar kniend in betender Haltung dar, in den gefalteten Händen einen Rosenkranz. Der Überlieferung nach soll hier die Klause des Einsiedlers gestanden haben. Die Inschrift auf dem Sockel lautet:

Der heilig Vater Englmar
für onss wöll bitten immerdar
Das Gott vor schaden onss bewahr
in schwer Leibs und Seelengfahr.

Aus Neid sein Nüt Gsell
Erschlug Ihn an der stell
Fragst wan? fromme seel
Tausend und hundert zehl!

Die vierzehnte Station des Kreuzwegs liegt inmitten einer Gruppe von Felsen. Unter diesen befindet sich ein länglicher Stein, in dessen Höhlung der sel. Englmar geruht und Abdrücke seines Körpers hinterlassen haben soll. Bei der „Englmari-Suche" wird hier das hölzerne Bildnis des Einsiedlers verborgen.

Etwa 1200 m vom südlichen Ortsende entfernt steht rechter Hand mitten im Hochwald die Kapelle „Zur weißen Marter". Sie wurde 1866 von einem Häusler gebaut, dessen Vieh erkrankt war, und 1962 erneuert. Die ursprünglich im Innern vorhandenen Votivbilder wurden leider gestohlen; 1985 schuf Hans Kolbeck

neue Hinterglasbilder mit Darstellungen aus der Englmarilegende. Es heißt, der sel. Englmar habe täglich einen Bußgang hierher gemacht.

Den seltsamen Namen der Kapelle erklärt die Legende so: Sie soll im Dreißigjährigen Krieg von frommen Bauersleuten gestiftet worden sein. An dieser Stelle vollendete sich das Schicksal eines Priesters aus St. Englmar, der vor plündernden und brandschatzenden Soldaten hierher geflohen war. Da ihn aber die Spuren

im Schnee verrieten, wurde er entdeckt und auf grausame Weise umgebracht.
Alljährlich am Pfingstmontag findet in St. Englmar das „Englmari-Suchen“ statt: die dramatische Darstellung bestimmter Legendenzüge. Der Tag beginnt morgens mit einem feierlichen Gottesdienst in der Pfarrkirche. Danach formiert sich die Prozession, deren Teilnehmer phantasievolle Trachten tragen und teilweise beritten sind. Schon vorher haben Feuerwehrleute die zu diesem Spiel verwendete überlebensgroße Englmarifigur aus ihrem Aufbewahrungsort, der auf halber Höhe des Kapellenbergs gelegenen Leonhardskapelle geholt, zum Stationenweg gebracht und dort in dem bereits erwähnten hohlen Felsblock unter Reisig verborgen. Der Zug begibt sich nun zum Kapellenberg, wo der sel. Englmar von einer Gruppe historisch kostümierter Spieler (Graf, Gräfin, Hofstaat, Geistliche) gesucht und schließlich vom „gräflichen Leibjäger“ gefunden wird. Danach findet unter freiem Himmel eine Feldmesse mit Flurumgang und Segnung mit der Englmarireliquie statt. Die Figur selbst wird auf einem Ochsenkarren zur Pfarrkirche gebracht und im Mittelgang vor dem Hochaltar aufgestellt. Eine Nachmittagsandacht beschließt das Fest.
Obwohl in der Tradition geistlicher Volksschauspiele stehend, ist das Englmari-Suchen historisch gesehen recht jung. Zunächst im Rahmen der Fronleichnamsprozession mitgeführt, wurde das Bild erst in der zweiten Hälfte des 19. Jh. zum Gegenstand eines von den Ortspfarrern initiierten Brauches, für den sie auch entsprechende szenische Dialoge verfaßten. Heute steht das Englmari-Suchen vor allem im Dienst des Fremdenverkehrs.

Steffan-Fraß-Kreuz
Am Stefan-Fras-Weg, Ecke Bayerweg, steht neben dem ersten Haus auf der rechten Seite am Wiesenhang unter einem Kirschbaum ein altes steinernes Sühnekreuz mit einem gewürfelten Schild, unter dem die Jahreszahl 1467 und die Inschrift: „steffan fraß dem got gnad“ zu lesen ist. Es heißt, das Kreuz stamme aus der Zeit des Böckler-Krieges. Die Böckler waren ein Bund von über vierzig niederbayerischen Rittern, die dem damaligen bayerischen Herzog Albrecht IV. (1447–1508) die Fehde angesagt hatten. Steffan Fraß, ein Lehnsmann des Herzogs, soll hier von der Gegenpartei erschlagen worden sein.
Sühnekreuze sind steinerne Zeugen mittelalterlicher Rechtsprechung. Neben anderen Auflagen, wie z. B.

einer lebenslänglichen standesgemäßen Versorgung der Angehörigen des Opfers, oblag es dem Mörder, am Ort des begangenen Verbrechens zum Andenken an den Ermordeten ein Sühnekreuz zu setzen. Nur durch Einhaltung der ihm auferlegten Sühneleistungen entging er der Blutrache der Hinterbliebenen, und die Seele des Toten konnte Ruhe finden.
Die Sage schreibt Steffan Fraß eine andere Todesart zu: Als er einmal mit seinem Knecht an dieser Stelle rastete, wurde in Englmar gerade zur Messe geläutet. Der Knecht bat seinen Herrn, am Gottesdienst teilnehmen zu dürfen, worauf der Ritter fürchterlich fluchte und das Meßopfer verspottete. Daraufhin strafte ihn Gott an dieser Stelle mit dem Tod.
→ Böhmischbruck → Kallmünz

Totenbretter
Im Ortszentrum von St. Englmar stehen beim Schuhbauersteg rund ein Dutzend teilweise bemalte Totenbretter.
Totenbretter stammen aus einer Zeit, in der es mangels Sarg und Leichenhalle noch üblich war, den Verstorbenen zu Hause aufzubahren. Als Unterlage diente ein Brett, auf dem man ihn in ein Leintuch gewickelt zum Friedhof trug. Am Rand des Grabes wurde das Brett schräggestellt, so daß der Tote hinabglitt. Der Volksmund nannte diesen Vorgang „Brettlrutsch'n". „Aufs Brett kommen" bedeutet in Ostbayern noch heute soviel wie „sterben". Die weitere Behandlung dieser Totenbretter verlief unterschiedlich. Teilweise legte man das Brett mit ins Grab; häufig stellte man es als Erinnerungszeichen für die Lebenden auf, der Toten im Gebet zu gedenken. Als zu Beginn des 19. Jh. auch auf dem Lande die Sargbestattung üblich wurde, wandelten sich die Totenbretter zu Gedenkbrettern. Mit diesem Funktionswandel änderte sich auch ihre Ausgestaltung: Sie wurden bemalt, mit Namen und Lebensdaten des Verstorbenen versehen und oft auch mit einem Reimspruch beschriftet, der auf Leben und Sterben des Betreffenden Bezug nahm. Zum Schutz vor der Witterung erhielten sie ein kleines vorspringendes Dach und wurden dann bei Weggabelungen, Brücken, Bäumen, Kreuzen oder Kapellen als Denkzeichen aufgestellt, die Grabmälern auf dem Friedhof entsprechen.
Mit Totenbrettern verbinden sich viele abergläubische Vorstellungen. Da sie mit dem Verstorbenen in enge Berührung kamen, schrieb man ihnen Zauberkräfte zu; ihre Standplätze galten als Spukort. In einigen Ge-

genden wurden sie verbrannt oder als Stege über Bäche und in Sümpfe gelegt, zum einen, um der Seele den Übergang ins Jenseits zu erleichtern, zum anderen, um den Zerfallsprozeß zu beschleunigen, weil man annahm, der Verstorbene könne erst dann Ruhe finden, wenn sein Totenbrett vermodert sei.
Natürlich hat diese Nähe zum Tod auch die Sagenbildung angeregt. So wird u. a. erzählt, daß die Seelen Verstorbener zu bestimmten Zeiten auf die Erde zurückkehren dürfen, um mit Hilfe frommer Menschen Erlösung aus dem Fegefeuer zu finden. Nächtliche Wanderer begleiten sie oft in Gestalt eines Irrlichts, um dann plötzlich hinter einem Totenbrett zu verschwinden. Wer auf ein solches Brett tritt, tritt auf das Herz der „Armen Seele" und schändet ihre Wohnung. Sehr übel nehmen es die Verstorbenen, wenn man sich an ihrem Eigentum (Totenkleid, Grabschmuck, Sarg etc.) vergreift: Einem Bauer, der Totenbretter heimträgt, um damit einzuheizen, zerreißt es den Ofen; ein Tischler muß ein aus einem Totenbrett gefertigtes Nudelholz zurücknehmen, da der Bäuerin alle Nudeln vom Tisch gesprungen sind, und erhält für lange Zeit keine Aufträge; ein gottloser Geselle, der in der Allerseelennacht (2. November) aus Übermut ein Totenbrett stiehlt, wird von diesem fast totgedrückt und verfällt für den Rest seines Lebens in Wahnsinn. Am schlimmsten ergeht es drei Brüdern, die aus einem Totenbrett eine männliche Figur, die sie „Hörg" nennen und sexuell zu gebrauchen versuchen: Der Hörg wird lebendig und ruft aus: „Den ersten find ich, den zweiten schind ich, den dritten werf ich übers Hüttendach!"
→ Bischofsmais

St. Oswald (Lkr. Freyung-Grafenau)

Bründlkapelle
Die Wallfahrtsstätte liegt wenige Kilometer nördlich von *Grafenau* zwischen *Lusen* und *Rachel* unmittelbar am Nationalpark Bayerischer Wald. Ende des 14. Jh. entdeckten die ersten Siedler hier eine Felsenquelle, über der sie eine hölzerne Kapelle errichteten. Landgraf Johann von Leuchtenberg stiftete 1396 ein Kloster, das aber nicht recht gedeihen wollte: Paulaner-Ordensbrüder wurden 1431 von Augustiner-Chorherren abgelöst, die 1563 ebenfalls die Einöde verließen. 1567 konnte man die Benediktiner von *Niederalteich* zur Übernahme gewinnen; diese besaßen hier bis zur Säkularisation eine Propstei. Von den früheren Gebäuden ist kaum noch etwas vorhanden. So ist man auf Er-

innerungen angewiesen, die sich in der der heutigen Pfarrkirche benachbarten, um 1700 erbauten Bründlkapelle erhalten haben. Sie besitzt außer dem Brunnenbecken, in welchem das spärlich fließende Quellwasser aufgefangen wird, eine über dem Altartisch angebrachte Holzfigur des hl. Oswald aus der ersten Häfte des 15. Jh. sowie einen um 1734 entstandenen, auf Holz gemalten Bilderzyklus mit szenischen Darstellungen aus seinem Leben. Das Altarbild stellt den Kirchenpatron in königlichem Gewand mit Krone und Szepter dar; auf seiner linken Hand sitzt ein Rabe,

Der hl. Oswald

der einen goldenen Ring im Schnabel trägt. Die historische Person des 603 geborenen Heiligen, eines Königs von Northumbrien, dessen Kult durch schottische Mönche auf dem europäischen Festland verbreitet wurde, führt zurück in die Zeit der Christianisierung der Britischen Inseln. Die Legende erzählt, der junge Fürst sei nach dem Tod seines Vaters ins Kloster Jona geflohen, wo er sich taufen ließ. 634 konnte er sein Land vorübergehend zurückerobern. Er verlobte sich mit der Tochter eines heidnischen Königs, der bisher alle Bewerber hatte töten lassen. Oswald sandte seinen Raben mit Brief und Ring als Brautwerber zu der Prinzessin, die ihm zwar ihr Jawort gab, die er aber wegen des Widerstands ihres Vaters entführen mußte, um sie heiraten zu können. Er fiel am 5. August 642 im Kampf gegen den heidnischen König Penda von Mercien, der Haupt und Hände des Getöten abschlagen und auf Pfählen aufspießen ließ. Doch soll Oswalds Kopf wieder angewachsen und seine Rechte unverwest geblieben sein. Seinen Leichnam setzten christliche Untertanen in der Klosterkirche Bardney/Lincoinshire bei, wo ihm schon bald nach seinem Tod zahlreiche Wundertaten zugeschrieben wurden.

Gnaden- und Wallfahrtskapellen für Oswald finden sich vor allem in ländlichen Gegenden, wo der Heilige zu den „Wetterherren" gehört. Insbesondere soll er

über den Hagel herrschen, der im Sommer die Getreideernte bedroht, woher sich sein Festtag im August erklären mag. In Niederbayern war es Brauch, auf dem abgeernteten Feld zum Dank eine Garbe, den sog. „Oswald", stehenzulassen.
Auch im Bayerischen Wald ist der über die Niederlande vermittelte Oswald-Kult intensiv rezipiert worden. Die Wallfahrt nach St. Oswald wird zum ersten Mal im 16. Jh. erwähnt. An den „Garnsamstagen", an denen außer Garn und Flachs auch Eier, Schmalz, Hennen und Kälber geopfert wurden, kamen Pilger aus ganz Bayern, Böhmen und Österreich. Dem „Oswaldbrünnlein" sprach man allerlei heilende Kräfte für Mensch und Vieh zu, wobei man auf die Legende Bezug nahm, wonach Oswalds heidnischer Schwiegervater versprach, sich an dieser Stelle taufen zu lassen, wenn aus dem Felsen Wasser fließe. Daraufhin stieß Oswald mit dem Fuß gegen den Stein und taufte mit dem sogleich sprudelnden Quellwasser auch noch das gesamte Heer des ehem. Gegners.
Von der Legende werden Oswald alle Tugenden zugeschrieben, die einen christlichen Fürsten auszeichnen, so auch die der Mildtätigkeit. Zum Beispiel habe er, da er während eines Gastmahls erfuhr, daß vor dem Schloßtor viele hilfesuchende Arme stünden, alle Speisen hinausreichen und sogar das silberne Geschirr zerstückeln lassen, um auch dieses noch an die Bedürftigen verteilen zu können. Als er, diesen Befehl erteilend, die Hand ausstreckte, sprach sein bischöflicher Gast den Wunsch aus, daß diese nie verdorren möge, und so soll es geschehen sein.

SCHLAG (Stadt Grafenau, Lkr. Freyung-Grafenau)

Wallfahrtskapelle zur Heiligen Dreifaltigkeit
Etwa 1 km südwestlich von Grafenau liegt am Hang des Frauenbergs die noch heute vielbesuchte Wallfahrtsstätte *Brudersbrunn*. Sie besteht aus einer Kapelle und einem durch eine kleine verschließbare Tür geschützten Brünnlein. Das 1969 geraubte Gnadenbild, eine Marienkrönung aus dem 18. Jh., ist durch eine Kopie ersetzt worden. Die seit 1704 bezeugte Wallfahrt geht auf die Initiative des Bauern Ambros Roth von Schlag zurück, der zum Dank für seine Genesung von schwerem Fieber an einer neben dem Heilquell stehenden Rottanne eine Votivtafel mit dem Bild einer Marienkrönung anbrachte. Bald kam es zum Bau einer hölzernen Kapelle, die allerdings 1804 abbrannte und 1841 durch den Steinbau ersetzt wurde.

Gedenktafel

Eine Sage, die den Namen „Brudersbrunn“ erklären soll, erzählt von drei verbrüderten Grafen, die durch ihre Lebensschicksale weit auseinander geführt worden waren und sich hier bei der Quelle unverhofft wiederfanden. Zum Dank errichteten sie die Kapelle. Der Ritterwaldverein Grafenau hat inzwischen bei dem kleinen Heiligtum eine Tafel anbringen lassen, die in Bild und Text an den wunderbaren Vorfall erinnert.

SCHÖNBRUNN (Lkr. Freyung-Grafenau)

Lusen

Der 1373 m hohe Lusen ist durch seine kahle Kuppe, die von wild verstreuten, mit grünlich-gelber Schwefelflechte überzogenen Granitblöcken bedeckt ist, weithin erkennbar. Eine Sage erklärt das Vorhandensein der auffallenden Felsen mit dem Wirken des Teufels, der mit den wuchtigen, von weit her geholten Granitsteinen den Weg zur Hölle habe pflastern wollen. Als er mit seiner Last über den Lusen kam, überraschte ihn ein frommer Einsiedler und schleuderte ihm einen Bannspruch entgegen, so daß er flüchten mußte. Seine Steinfuhre aber stürzte unter lautem Getöse um – seither ist der Gipfel des Lusen mit Granitblöcken übersät.

Teufel mit Felsblock

Einer anderen Erzählung zufolge hält der Teufel im Lusen seine Schätze verborgen. Damit sie für den Menschen unzugänglich bleiben, hat er den riesigen Steinhaufen darübergeworfen.
Eine dritte Sage mit stark schwankhaften Zügen zeichnet den Teufel als Verlierer, der sich von dem ihm intellektuell überlegenen Menschen übertölpeln läßt: Einst rief ein Müller den Widersacher Gottes, um sich von ihm eine Mühle bauen zu lassen. Als Gegenleistung verlangte dieser die Seele des Mannes. Als nach Fertigstellung der Mühle der Pakt unterschrieben werden sollte, unterzeichnete der Müller mit drei Kreuzen, so daß der Teufel feuer- und schwefelspeiend zurückwich. Daraufhin wollte er sich rächen und sammelte Granitblöcke, um die Mühle zu zertrümmern. Bevor er sie aber mit seiner Last erreichen konnte, läuteten die Kirchenglocken der umliegenden Dörfer den neuen Tag ein, so daß er die Felsbrocken fallen lassen mußte.

SCHWANDORF (Lkr. Schwandorf)

Stadtwappen
Wie das horizontal gestaltete Wappen zeigt, war die erstmals im 11. Jh. erwähnte Siedlung, die 1283 Markt- und 1466 Stadtrechte erhielt, über Jahrhunder-

te hin Spielball herzoglicher Politik: der im oberen schwarzen Feld rotgekrönte und -bewehrte goldene Pfälzer Löwe deutet an, daß Schwandorf nach dem

Stadtwappen von Schwandorf

Landshuter Erbfolgekrieg 1505 dem neugeschaffenen Fürstentum Pfalz-Neuburg zugefallen war. Im unteren Feld sind die weißblauen bayerischen Rauten und ein schwarzer Filzstiefel zu sehen. Im Schwandorfer Stadtsiegel kommt dieser Stiefel bereits im 14. Jh. vor: als sog. „Bundschuh“ der Grafen von Scheyern, Ahnen der Wittelsbacher. Erst das frühe 19. Jh. hat Reiterstiefel daraus gemacht und eine entsprechende Wappensage daran geknüpft, welche behauptet, der Stiefel erinnere an einen Stiefel des Pfalzgrafen und späteren Kurfürsten Friedrich II. (1483–1556), der im Morast steckengeblieben sein soll, als dieser einmal einem badenden Mädchen nachgegangen sei.

SOSSAU (Stadt Straubing)

Wallfahrtskirche „Mariä Himmelfahrt“
Die östlich von Straubing am linken Donauufer stehende Kirche ist einer der ältesten Marienwallfahrtsorte in Bayern. Das Gnadenbild auf dem Hochaltar, eine in Kalkstein gehauene Madonna mit Kind in prächtigen Gewändern, stammt aus dem 14. Jh.

Die Legende berichtet, die Figur habe zunächst im nahen Antenring gestanden, sei jedoch im Jahr 1177 auf Veranlassung der Muttergottes samt der zugehörigen Marienkapelle von Engeln an ihre jetzige Stelle getragen worden. Dreimal mußten sie unterwegs Rast machen, zuletzt am Donauufer bei *Kagers*, wo die Kapelle auf ein Schiff verladen und von den Engeln nach Sossau hinübergerudert wurde. Diese Überlieferung, nach welcher Sossau den Beinamen „Bayerisches Lo-

reto“ erhielt, steht in der Tradition jener berühmten Legende, wonach nach dem Fall von Akkon, der letzten Bastion der Kreuzfahrer im Heiligen Land, Engel das Geburtshaus Christi in Nazareth auf ihren Flügeln in christliche Länder gebracht haben. Am 12. Dezember 1294 trugen sie es von Dalmatien über die Adria ins italienische Loreto bei Ankona, wo es am 7. September 1295 in einem Lorbeerhain abgesetzt wurde. Die im 14. Jh. beginnende Wallfahrt wurde so bedeutend, daß sich in ganz Europa Nachbildungen der „santa casa“ und der Loretomadonna verbreiteten und zahlreiche Sekundärwallfahrten entstanden.
In Sossau wurde im 12. Jh. ein erster Kirchenbau errichtet. Das Kloster *Windberg* betrieb als Eigentümer der Wallfahrt die mehrfache Erweiterung; die mittelalterliche Bausubstanz (einschiffiges flachgedecktes Langhaus mit Westturm und rippengewölbtem Chor) ist trotz späterer Barock- und Rokokodekoration weitgehend erhalten. Für die Gründungslegende und die Geschichte des Gnadenbilds finden sich mehrere Bild- und Sachzeugnisse: das Relief am Hochaltar, eines der 1777 von dem Straubinger Maler Joseph Anton Merk geschaffenen Deckenfresken, zwei Gemälde im Kirchenschiff sowie zahlreiche Votivtafeln in der 1677 südlich angebauten Nothelfer-Kapelle.

SPEINSHART (Lkr. Neustadt a.d.Waldnaab)

Stifts- und Pfarrkirche „Unbefleckte Empfängnis Mariä“
Das 1145 von einem fränkischen Adelsgeschlecht inmitten einer Moorlandschaft gegründete Prämonstratenserkloster ist eine der bedeutendsten Klosteranlagen der Oberpfalz. Im Jahre 1556, zur Zeit der Reformation, geschlossen, wurde es 1661 wieder mit Mönchen aus Steingaden besetzt und 1691 erneut zur Abtei erhoben. 1921 kaufte das egerländische Stift Tepl das Kloster vom bayerischen Staat für den Prämonstratenserorden, der es bis heute besitzt. Die 1706 geweihte Klosterkirche, ein Werk des *Amberger* Baumeisters Wolfgang Dientzenhofer (1648–1706), gehört mit ihren von den Tessiner Brüdern Carlo Domenico und Bartolomeo Lucchese gearbeiteten prachtvollen Stukkaturen und Fresken zu den schönsten Barockkirchen im süddeutschen Raum. Die Deckengemälde im Chor verherrlichen die Kirchenpatronin, die Bilder im Langhaus schildern das Leben des 1582 heiliggesprochenen Ordensstifters Norbert von Gennep (1085–1136).

Über die Entstehung des Klosters berichtet die Legende, zwei adlige Fräulein hätten sich einst in dieser Gegend im Moor verirrt und für den Fall ihrer Rettung den Bau eines Klosters gelobt. Da sie sich nach ihrer glücklichen Heimkehr nicht einigen konnten, wo dieses stehen sollte, überließen sie die Suche nach einem geeigneten Platz einem Schimmel, den sie ohne Führung herumlaufen ließen. Mitten im Moor blieb das Tier dreimal hintereinander an derselben Stelle stehen. Die Jungfrauen sahen dies als göttliches Zeichen an und bauten dort das Kloster.
→ St. Englmar → Windberg

SPIEGELAU (Lkr. Freyung-Grafenau)

Rachelsee und Rachelkapelle
Der Rachelsee liegt in einer Waldschlucht tief unter dem Rachel, dem mit 1453 m zweithöchsten Berg des Bayerischen Waldes. Der Name leitet sich von keltisch *rachia*, „rauh“ oder „felsig“, ab. Über dem See befindet sich in 1212 m Höhe auf einem knappen Felsvorsprung die Rachelkapelle. Die offene Blockhütte, deren Dachreiter von einem Kreuz bekrönt wird, ist nur über einen Steig zu erreichen, der längs des östlichen Seeufers zum Gipfel des Rachel führt. Der kürzeste Aufstieg von Spiegelau über das Waldschmidthaus dauert etwa zwei Stunden. Der in exponierter Lage errichtete Bau, der keine sakrale Funktion hat, sondern eher eine Schutzhütte darstellt, wurde nach einem Brand 1972 wieder aufgebaut.
Volkstümliche Überlieferung schreibt die Stiftung der Kapelle einem Forstmeister zu, der sich einst in dichtem Nebel hierher verirrt hatte. Kurz vor der steil abfallenden Seewand blieb sein Pferd stehen und war nicht mehr zu bewegen, einen weiteren Schritt vorwärts zu tun. Der Reiter erkannte endlich die drohende Gefahr und baute zum Dank für den sicheren Instinkt des Tieres, der ihm das Leben gerettet hatte, die Rachelkapelle.
Wegen seiner Abgeschiedenheit gilt der Rachelsee als unheimlicher Ort, in den man alle unliebsamen Geister und ruhelosen Seelen bannte, um sie möglichst weit von menschlichen Behausungen entfernt zu halten. Im See sollen drei verwunschene Fräulein hausen, von denen eine ihre Magd mit einem Pantoffel erschlagen hatte. Am Sonnwendtag (24. Juni), wenn die Tat sich jährt, kommt sie um die Mittagsstunde dahergeschwommen und legt zwei eiserne Pantoffel auf einen am Seeufer liegenden schwarzen Stein. Ein Hirt, der

Hirt mit Schafherde. Holzschnitt, 1493

sie einmal beobachtete, erzählte, daß der obere Teil ihres Körpers weiß, der untere schwarz gewesen sei – wohl ein Hinweis auf die fortschreitende Läuterung der „Armen Seele", die eines Tages ihre Schuld abgebüßt haben wird.

Hirten nehmen im Volksglauben eine zwielichtige Stellung ein, zum einen wegen ihres geringen sozialen Status, zum anderen wegen ihres einsamen und naturnahen Berufs sowie ihrer spezifischen Kenntnisse etwa in der Tiermedizin oder Kräuterkunde. So können sie im Allgemeinbewußtein zum Gesellen der Geisterwelt werden.

Vom Rachelsee geht die Sage, in ihn sei ein Hirt namens Anerl gebannt, der wegen seines unchristlichen Lebenswandels im Grab keine Ruhe finden konnte. Die bei der Kommunion empfangene konsekrierte Hostie schluckte er nicht hinunter, sondern versteckte sie als zauberisches Schutzmittel in Haus und Stall: Sie

hielt das Vieh zusammen, vermehrte die Produktion von Milch und Butter und verwehrte bösen Geistern den Zutritt. War der Hirt auf der Weide, so zeichnete er mit seinem Hirtenstab einen Kreis um die Herde und steckte jenen dann in die Erde, damit das Vieh vor Raubtieren geschützt sei und es nicht davonlaufen konnte, während er zum Kräutersammeln ging. Die von seiner Frau hergestellten Produkte wollte jedoch niemand kaufen, und als der Hirt starb, konnte er nicht zur Ruhe kommen. Bei seiner Beerdigung ging schweres Gewitter nieder. Am Tag darauf fand man die Leiche mit dem Gesicht nach unten beim Brunnen der hl. Anna im nahen Kreuzberg. Ein Geistlicher bannte schließlich das Gespenst in den Rachelsee, und seitdem blieb die Leiche im Grab.
Die im Rachelsee lebenden Fische haben ein eigentümliches Aussehen und sind der Volksmeinung nach verwunschene Menschen, die hier auf ihre Erlösung warten. Die Sage erzählt von einem Bauern, der einst seinen Fang nach Hause trug, als er unterwegs ein klägliches Wimmern im Korb hörte; entsetzt warf er die Fische fort und lief davon. Ein anderer Fischer hörte auf dem Heimweg die Tiere mit menschlicher Stimme fragen: „Wo sind wir denn schon?“ Erschrocken ließ er die Beute zurück. Als er am nächsten Tag die betreffende Stelle aufsuchte, fand er weder Fische noch Korb wieder.

Stadlern (Lkr. Schwandorf)

Wallfahrtskirche Unserer Lieben Frauen
Der nahe der tschechischen Grenze gelegene, 709 m hohe Wallfahrtsort wurde von dem verstorbenen Schönseer Arzt Josef Herbeck das „oberpfälzische Bethlehem“ genannt, weil es seiner Lage nach dem Geburtsort Jesu in Palästina ähnlich sein solle. Die „Pfarrei“ Stadlern wird 1363 erstmals genannt und dabei als eine Filiale des wenige Kilometer westlich gelegenen *Schönsee* bezeichnet. Ein um 1400 entstandener Kirchenbau, der ein Vorgängerkirchlein ersetzte, wurde 1431 von den Hussiten zerstört; nur der spätgotische Chor blieb erhalten. In der zweiten Hälfte des 17. Jh. erfolgte ein Wiederaufbau in barockem Stil, nachdem die wegen des mehrmaligen Konfessionswechsels für lange Zeit in Vergessenheit geratene Wallfahrt wieder aufgeblüht war. Über ihre Anfänge ist nichts weiter bekannt. Die Legende schreibt ihre Entstehung einem Ritter zu, der sich auf der Jagd zu Pferd in der Wildnis verirrt und gelobt hatte, im Falle

Gnadenbild Unserer Lieben Frauen

glücklicher Heimkehr ein Gotteshaus zu bauen. Am südlichen Kirchenportal ist ein Hufeisen zu sehen: der Überlieferung nach dasselbe, das der dankbare Stifter zur Erinnerung an seiner Kapelle aufhängte.

Der barocke Hochaltar umschließt das Gnadenbild, eine um 1500 aus Ton gebrannte Madonna mit dem Jesuskind. Orginal erhalten ist nur der obere Teil, den man später zu einer Ganzfigur ausgestaltete. Angeblich haben calvinistische Bilderstürmer die Figur zertrümmert; möglicherweise wurde sie auch während der Kriegswirren versteckt und dabei beschädigt.

Die Legende erzählt, die Schönseer Nachbarn hätten unbedingt die Muttergottes von Stadlern in ihrer Kirche aufhängen wollen, doch sei das Gnadenbild immer wieder von selbst zurückgekehrt, wenn man es nach Schönsee brachte. Als die Gottesmutter einmal unter einer Haselstaude rastete und fast einschlief, näherte sich ihr der Teufel, doch wurde sie noch rechtzeitig von Eidechsen geweckt, die über ihre Hände liefen und konnte in die Kirche von Stadlern flüchten. Die ‚Fußspuren' des Marienbildes und die seines Verfolgers sind noch heute in einem Felsen neben der 1828 erbauten Magdalenenkapelle zu sehen, welche man in etwa 25 Minuten auf einem Waldweg (Kreuzweg) erreicht, der hinter dem Schönseer Moorbad beginnt.

Stephansbergham (Gem. Geisenhausen, Lkr. Landshut)

Kirche

Im Osten von Geisenhausen liegt an der B 299 der Weiler Stephansbergham. Die kleine, dem hl. Stephanus geweihte Kirche ist wohl rund 500 Jahre alt. Zugänglich ist sie nur über den Künstlerhof der Galerie Kröninger, ein sehr schön restauriertes, ehemals bäuerliches Anwesen. Hinter dem Altartisch des Kirchleins befand sich früher eine Bodenöffnung, die heute mit Fliesen ausgekachelt ist. Man nahm an, sie führe zu einem unterirdischen Gang, der Stephansbergham mit Geisenhausen und einem dortigen Kloster verband. Zu der Öffnung gibt es die folgende Sage: Ein Mesnerbub von St. Stephan sah eines Samstags, nachdem er nach dem Läuten der Glocken die Kirche abgeschlossen hatte, innen ein Licht. Durch das Schlüsselloch erkannte er hinter dem Altar viele daumengroße Männchen, die mit winzigen Besen und Wassereimern die Kirche putzten, danach kochten, aßen und wieder aufräumten. Ihre Wohnung mit puppenhaft zierlicher Einrichtung lag in besagter Bodenöffnung. Am darauffolgenden Samstag konnte der Mesnerbub die Zwerge und ihren König, der mitten in der Kirche auf einem Thron saß, bei einer Meßfeier beobachten, die gleichfalls von einem winzigen Pfarrer in goldenem Meßgewand zelebriert wurde. Am dritten Samstag aber kamen die Erdmännchen ganz in Schwarz aus dem Loch im Boden; zwölf von ihnen trugen einen gläsernen Sarg mit ihrem toten König, den sie unter der Orgel in den Boden senkten. Dann packten sie ihre Bündel, verließen die Kirche und zogen fort.

Stockenfels (Stadt Nittenau, Lkr. Schwandorf)

Burgruine

Die vermutlich in der zweiten Hälfte des 13. Jh. durch den Wittelsbacher Herzog Ludwig II. (1229–1294) errichtete Burg liegt auf einer bewaldeten Bergkuppe

Die Bierbrauer, Holzschnitt 1568

zwischen *Marienthal* und *Fischbach* am Regenknie – eine der schönsten Stellen des Regentals. Die Burg, die unter Kaiser Ludwig dem Bayern (1294–1347) ihre Blütezeit erlebte, wechselte im Laufe der folgenden Jahrhunderte mehrmals den Besitzer und wurde während des Dreißigjährigen Krieges bis auf den Wohnturm stark zerstört.

Die Sage erzählt, Bierbrauer, Wirte und Schankkellner der Umgebung, die zu Lebzeiten Bier mit Wasser versetzt, die Maßkrüge schlecht gefüllt oder ihre Gäste sonstwie betrogen hätten, müßten nach ihrem Tod zur Strafe bis zum Jüngsten Gericht auf der Burg hausen. Allnächtlich sollen sich die Bierpanscher dort am Brunnen versammeln, um in langer Reihe Wasser zu schöpfen. Dieses werde aber so lange zurückgeschüttet, bis endlich jene Menge erreicht ist, die sie zu Lebzeiten ihrem Bier beigemischt haben – eine wahre Sisyphusarbeit. Andere Missetäter müssen sich Nacht für Nacht ihr verwässertes Bier mit Trichtern in den Mund schütten, bis ihre Bäuche aufquellen. Schlag ein Uhr erfolgt ein heftiger Donnerschlag, und die un-

heimliche Gesellschaft verschwindet unter Schwefeldampf und -gestank. Im Unterschied zu ‚normalen' Verstorbenen, deren Leidenszeit im Fegefeuer sich durch Gebet und gute Werke verkürzen läßt, können die Bierpanscher nicht erlöst werden – ihre Missetat gilt einem trinkfesten Oberpfälzer offensichtlich als ebenso gravierend wie Mord und Brandstiftung!
Wegen des einschlägigen Sagenkranzes, aber auch aufgrund der Tatsache, daß Stockenfels im Unterschied zu anderen bayerischen Burgen schon früh seine eigenen Brauer hatte, hat sich die Bezeichnung „Bierpanscher-Walhalla" eingebürgert, und auch in die Heimatdichtung hat das Thema Eingang gefunden:

> So im Leben ein Bräu gepantscht hat und geschmiert,
> Wird er nach seinem Tode hieher verbannesiert
> Man hört dann mitternächtig groß' Klagen und Geschrei,
> Zur Strafe muß er trinken sein eigenes Gebräu.

Straubing

Im Zentrum des Gäubodens, einer Ebene, die sich zwischen Regensburg und Passau erstreckt und wegen ihres ertragreichen Bodens die „Kornkammer Bayerns" genannt wird, liegt die Stadt Straubing.

Straubing. Kupferstich 1644

Schon lange bevor die Kelten das fruchtbare Land an der Donau in Besitz nahmen, soll es besiedelt gewesen sein. 70 n. Chr. erbauten die Römer östlich der heutigen Altstadt das Kastell „Sorviodurum", das während der dunklen Zeit der Völkerwanderung in Vergessenheit geraten war. Erst 897 tauchte der Ort unter dem Namen „Strupinga" wieder auf Der Wittelsbacher Herzog, Ludwig der Kelhelmer, ließ 1218 etwa 1 km westlich der alten Siedlung die Neustadt erbauen. Schon vom 13. Jh. an bestimmte der Marktplatz das

Straubinger Stadtbild. Seit 1353 bis zum Aussterben der herzoglichen Linie 1425 war die Stadt Haupt- und Residenzstadt des Wittelsbacher Herzogtums Straubing-Holland. Nach dem Landshuter Erbfolgekrieg und der Einführung des Primogeniturgesetzes (1506) wurde das Land Bayern endgültig geeint und Straubing eines der vier Rentämter.

Noch immer lebt die Stadt vom bäuerlichen Hinterland. Große Anziehungskraft hat das seit 1812 alljährlich im August stattfindende Gäubodenfest, ursprünglich ein landwirtschaftliches Vereinsfest mit Verkaufsausstellungen, Lehr- und Sonderschauen sowie einem großen Vergnügungsbetrieb. Nach dem Münchner Oktoberfest ist es das zweitgrößte Volksfest Bayerns.

Stadtwappen

Das Wappen zeigt in Rot einen silbernen Pflug, darüber zwei kleine Schilde mit den bayerischen Rauten und unten eine goldene heraldische Lilie. Die Rautenschilde beziehen sich auf die Grafen von Bogen und die Wittelsbacher, die von jenen die Rauten übernahmen. Die Lilie erscheint schon in dem ersten, 1270/80 entstandenen Stadtsiegel und versinnbildlicht Maria als Patronin des Bistums Augsburg. Der Pflug ist entweder ein bäuerliches Symbol und das Schildzeichen

des Straubinger Ortsadelsgeschlechts. Eine andere Erklärung bietet die folgende Sage: In alter Zeit floß die Donau in einiger Entfernung zur Stadt. Weil die Straubinger den Fluß aber als Transportweg brauchten, rissen sie mit einem riesigen Pflug ein neues Strombett auf, um die Wassermassen in die „neue Donau“ umzulenken.

Agnes-Bernauer-Kapelle

Die Agnes-Bernauer-Kapelle ist eine Sühnestiftung Herzog Ernsts von Bayern für die auf sein Geheiß ertränkte Agnes Bernauer, die unebenbürtige Gattin seines Sohnes.

Hinrichtung der Agnes Bernauer, 19. Jh.

Agnes Bernauer war die Tochter eines Augsburger Baders. Als Herzog Albrecht III. von Bayern-München (1401–1460) aus dem Hause Wittelsbach sein Badehaus besuchte, lernte er Agnes kennen. Zwischen beiden kam es zu einer festen Bindung, die 1432 zur heimlichen Eheschließung führte. Albrecht nahm Agnes mit nach *Vohburg* und später auf das Herzogsschloß in Straubing, mit dessen Verwaltung er seit 1433 betraut war. Sein Vater sah durch diese Liaison die Dynastie gefährdet, denn die Nachkommen aus dieser unstandesgemäßen Ehe wären nicht erbberechtigt gewesen. Daher ließ er Agnes Bernauer in Abwesenheit ihres Gemahls, den er nach Landshut zur Jagd eingeladen hatte, im Turm des Straubinger Schlosses einkerkern und durch ein Scheingericht zum Tode verurteilen. Die Anklage warf ihr Betörung des Herzogs durch zauberische Mittel sowie versuchten Giftmordes an Albrechts Vater und einem jüngeren Vetter vor. Obwohl Liebeszauberpraktiken aller Art durchaus üblich waren, war der Vorwurf gegen Agnes Bernauer sicherlich ein Vorwand. Die außergewöhnliche Schönheit des „Engels von Augsburg" dürfte völlig genügt

haben, Albrecht an sich zu fesseln. Dennoch wurde sie als Hexe verurteilt und am 12. Oktober 1435 in der Donau ertränkt.
Der wenig später zurückkehrende Thronfolger wollte seinen Vater zur Rechenschaft ziehen und plante sogar einen Kriegszug gegen ihn, doch söhnte man sich schließlich aus. 1436 heirate Albrecht ein zweites Mal. Im Sommer 1436 ließ Herzog Ernst für seine Schwiegertochter auf dem Friedhof der Peterskirche eine Sühnekapelle errichten, verbunden mit Meßstiftungen für ihr Seelenheil. Der um 1440 entstandene Grabstein aus rotem Marmor war bis 1785 in den Boden eingelassen und wurde dann aus konservatorischen Gründen an der Südwand eingemauert. Das flache Bildrelief stellt Agnes Bernauer in fürstlicher Tracht mit hermelingefüttertem Mantel und Schleier dar. Die rechte Hand mit dem Trauring hält einen Rosenkranz. Flankiert wird die Bernauerin von zwei Hündchen, den Sinnbildern der Treue.
Die Mystifizierung der Agnes Bernauer begann mit ihrem Tod; bis heute hat ihre Geschichte nichts an Faszinationskraft verloren. Geschichtsschreibung, Volkslied, Dichtung und Musik befassen sich mit ihrem Leben; Friedrich Hebbel (1813–1863) widmete ihr ein Drama, Carl Orff (1895–1982) eine Oper. Eine Straubinger Attraktion sind die alle vier Jahre im Juni und Juli stattfindenden „Agnes-Bernauer-Festspiele". Das 1935 von Eugen Hubrich geschriebene, 1968 neubearbeitete Stück um das tragische Schicksal einer jungen Frau, die aus machtpolitischen Gründen ihr Leben lassen mußte, wird im Hof des herzöglichen Schlosses auf einer Freilichtbühne von Laiendarstellern in farbenprächtigen Kostümen in Szene gesetzt.

St. Peters-Friedhof
Am Ostrand der Altstadt, Ecke Petersgasse und Donaustraße, steht Straubings älteste Kirche, eine dreischiffige romanische Basilika aus dem späten 12. Jh. Sie wurde an Stelle eines älteren Vorgängerbaus errichtet und in den folgenden Jahrhunderten mehrfach verändert und mit neuer Ausstattung versehen, die sie allerdings im 19. Jh. großenteils wieder eingebüßt hat. Auf dem stimmungsvollen, unter Denkmalschutz stehenden Friedhof mit seinen alten schmiedeeisernen Grabkreuzen und gegossenen Denkmälern des jüngeren Klassizismus stehen drei Kapellen: die zweigeschössige spätgotische Liebfrauenkapelle mit Karner, die Agnes-Bernauer-Kapelle von 1436 und die Toten- oder Seelenkapelle.

Toten- oder Seelenkapelle
Die vom Stadtbaumeister Konrad in ausgefallener architektonischer Form gebaute zweischiffige Kapelle entstand 1486. Unter dem Südschiff befindet sich eine Gruft, die als Beinhaus diente, in dem die bei der Neubelegung der Gräber zum Vorschein kommenden Knochen gesammelt wurden. Unter dem Südschiff befindet sich eine Gruft. Das nördliche Schiff hat zwei Eingänge für die Leichenzüge, da die Verstorbenen nach dem Gottesdienst durch die Kapelle zum Grab getragen wurden. Die eindrucksvolle Bemalung an den Wänden des Langhauses, ein Totentanzzyklus, erfolgte 1763 durch Felix Hölzl aus Dietramszell (1725–1774).

Totentanz, aus Schedels „Weltchronik", 1493

Totentanzdarstellungen sind im Abendland unter dem Eindruck der großen Pestepidemien entstanden. Es handelt sich um einen seit dem späten Mittelalter weitverbreiteten Bildtypus, bei dem der Tod als skelettierte, aber handelnde Person an Menschen aller Stände und Berufe herantritt und ihnen die Endlichkeit des Lebens vor Augen führt.
Der Straubinger Zyklus steht am Ende einer jahrhundertelangen Tradition. Er besteht aus insgesamt 44 doppelreihig angeordneten Bildern (endend mit einer Darstellung des Jüngsten Gerichts an der Südwand), deren Unterschriften in Form von Rede und Gegenrede dem Betrachter zeigen, daß kein Mensch dem Tod entgehen kann. Auffällig ist allerdings, daß die Figuren (abgesehen von der Klosterfrau) durchweg männ-

lichen Geschlechts sind und die für die Gesellschaftsstruktur der Stadt Straubing im 18. Jh. typischen Vertreter des Kleinbürgertums weitgehend fehlen. Die begleitenden Verse entstammen volkstümlicher Dichtung, so etwa der folgende:

> O Tod, bewegen dich der Waisen Thränen nicht?
> Soll denn der liebste Vatter schon ins Grabe geh'n?
> Ein frommer Vater geht getrost vor das Gericht
> Und wird die frommen Kinder einst im Himmel seh'n.

STUBENBERG (Lkr. Rottal-Inn)

Pfarrkirche St. Georg (und St. Urban)
Die Pfarrkirche St. Georg entstand im späten 15. Jh. aus der Schloßkapelle des ehem. Edelsitzes. Der Aufschwung einer Marienwallfahrt ab 1722 gab Anlaß zur Erweiterung des Langhauses (ab 1740) um ein nördliches Seitenschiff, der Frauenkapelle. Über dem Altar in der Frauenkapelle hat das Gnadenbild der Muttergottes mit Kind (um 1600) seinen Platz, als Wallfahrtsziel seit langem berühmt.
Die Legende erzählt von einem Soldaten namens Hans Weeger, der 1716 nachts in die Kirche eingebrochen war, den Opferstock leerte, dann auf den Frauenaltar stieg, um der Muttergottes ihren Schmuck zu rauben. Das Bild packte aber die Hand des Diebes und hielt sie fest. Als der Soldat sich damit zu rechtfertigen suchte, er habe Weib und Kind und müsse für deren Unterhalt stehlen, da er nicht betteln dürfe, ließ Maria ihn frei, erklärte aber, in sieben Jahren würde er hingerichtet werden. Der Soldat kümmerte sich nicht um die Warnung, sondern setzte sein bisheriges Leben fort. Als er sieben Jahre später wieder nach Stubenberg kam, um das Gnadenbild zu bestehlen, packte ihn dieses erneut und ließ ihn nicht mehr los, bis die Schergen kamen. In *Eggenfelden* wurde er gehängt.
→ Sünching

SÜNCHING (Lkr. Regensburg)

Antoniusfigur an der Pfarrkirche St. Johannes
Das 773 urkundlich erwähnte Gäubodendorf Sünching ist Grablege mehrerer ortsansässiger Adelsgeschlechter. Die Grabsteine befinden sich in der katholischen Pfarrkirche. An deren Südseite, neben dem Eingang zur Familiengruft Schloß Sünching, steht in einer vergitterten Nische eine von mehreren Votivbil-

dern flankierte, etwa 70 cm hohe Holzfigur des heiligmäßigen Eremiten Antonius d. Gr. Er wurde um 250 in Mittelägypten geboren und soll der Überlieferung nach über einhundert Jahre alt geworden sein. Der Sohn wohlhabender Eltern zog sich mit zwanzig Jahren in die Wüste des oberen Niltales zurück und lebte in einer Felsenhöhle, nachdem er seine Güter an die Armen verschenkt hatte. Sein Ruf zog bald Scharen von Jüngern an.

Eine wunderbare Heilung, die im Jahre 1095 auf eine Anrufung des Antonius hin in Frankreich erfolgt sein soll, gab Anlaß zur Gründung des Ordens der Antoniter, dessen Hauptaufgabe die Pflege der vom „Antoniusfeuer" Befallenen war – eine Krankheit, die unerträgliche Schmerzen bereitete und die Glieder allmählich absterben ließ. Ursache ist eine Vergiftung durch Mutterkorn, ein Pilz, der in naßkalten Sommern das Brotgetreide, besonders Roggen, befällt und dessen Wirkstoffe stark gefäßverengend wirken. Es hieß, der hl. Antonius könne diese Seuche zur Strafe verhängen, sie aber auch heilen. Zu den Mitteln, die gegen die Krankheit helfen sollten, zählte u. a. der Genuß von Wein, in welchen man Reliquien des Heiligen getaucht hatte.

Bildliche Darstellungen zeigen Antonius im Mönchsgewand und einem Mantel, der an der Schulter mit dem T-förmigen hellblauen Antoniterkreuz gekennzeichnet ist. Die häufigsten Attribute des Eremiten (die jeweils verschiedene Deutungen auf religiöser oder auch profaner Ebene erlauben) sind ein geöffnetes Buch, der Kreuzstab (mit daranhängenden Glöckchen), eine Handglocke und vor allem das Schwein. Oft sitzt der Teufel zu seinen Füßen oder wird mit Feuerflammen dargestellt zum Ausdruck der zahlreichen Anfechtungen, denen der Eremit ausgesetzt war und sich nur mit größter Willenskraft und Standhaftigkeit entziehen konnte.

Der Sünchinger Antonius trägt T-Stab und Buch; zu seinen Füßen steht ein Schweinchen. Als typische Begleitfigur weist es auf die Funktion des Heiligen als Schutzpatron der Haustiere und seine helfende Macht bei ansteckenden Tier-, besonders Schweinekrankheiten, aber auch auf ein Privileg des Ordens hinsichtlich Aufzucht und Weide dieser Tiere hin. Bis in die 60er Jahre des 20. Jh. fanden aus den umliegenden Gemeinden Wallfahrten zum „Sautonerl", wie der Eremit im Volksmund genannt wurde, statt.

Früher wurde am Jahrestag des Heiligen, dem 17. Januar, ein Schwein geschlachtet und das Fleisch an die

Antonius mit dem Schwein

Armen verteilt. Die „Antonius-Sau" hatte ihren Stall meist direkt neben der Kirche. In Sünching befand er sich an jener Stelle, wo heute die Schnitzfigur des Heiligen steht. Die Sau wurde auf Kosten der Gemeinde gehalten, trug ein Glöckchen am Hals und durfte überall im Dorf herumlaufen und ihr Futter suchen, wodurch sie gleichzeitig den dörflichen Abfall beseitigte.

TANN (Lkr. Rottal-Inn)

T

Pfarr- und Wallfahrtskirche St. Peter und Paul
Die Pfarrkirche ist der einzige größere klassizistische Kirchenbau im Landkreis. Sie wurde an der Stelle der spätgotischen Anlage (1798–1801) errichtet. Der Hochaltar in der Apsis des Chores ist eine Marmorarbeit des Salzburger Steinmetzen Johann Dopler von 1805. In einem Gehäuse über dem Tabernakel ist das

Gnadenbild aus dem frühen 17. Jh., der sog. „Herrgott von Tann" ausgestellt, ein hölzernes Kruzifix auf goldenem Strahlenhintergrund. Die 28 cm große Christusfigur trägt echte menschliche Haupt- und Barthaare.

Über den Ursprung der Wallfahrt berichtet die Legende, ein Tischlergeselle habe 1645 im Tanner Moos ein Kruzifix gefunden, das er ausbesserte und 1649 dem Oberschreiber Matthias Kradt in *Eggenfelden* zur Hochzeit schenkte. Dieser glaubte an einen wundertätigen Einfluß des Kreuzes, als während der Pestepedemie im selben Jahr aus seinem Hause niemand starb und auch beim großen Stadtbrand Eggenfeldens sein Haus vom Feuer verschont blieb. Bald nachdem das Kruzifix in den Besitz seines Sohn Ignaz Kradt, des damaligen Marktschreibers von Tann, übergegangen war, verbreitete sich das Gerücht, daß die Haare des Gekreuzigten wuchsen, was kurz darauf auch von zwei Zeugen bestätigt wurde, in deren Beisein man sie kurzgeschnitten hatte. Nach vielen Gebetserhörungen wurde das wundertätige Kreuz am 3. Mai 1696 aus dem Marktschreiberhaus in die Kirche überführt, womit die offizielle Wallfahrt zum „Herrgott von Tann" begann. Um 1800 war der Zustrom der Gläubigen so groß, daß für die mittlerweile elf betreuenden Geistlichen ein neuer, großer Pfarrhof gebaut werden mußte. Von der Verehrung und der wundertätigen Kraft des Gnadenbilds zeugen neben einer Gedenktafel am Südportal zahlreiche Votivbilder und silberne Votivgaben, die noch heute in der Kirche zu sehen sind.

Die Legende vom wachsenden Christushaar ist wohl dadurch zu erklären, daß die Perücke aus natürlichem Menschenhaar von Zeit zu Zeit durch eine neue ersetzt wurde. So konnte vor allem bei Besuchern, die das Kreuz lange nicht gesehen hatten, der irrige Eindruck entstehen, die Haare seien gegenüber früher länger geworden.

TAUBENBACH (Gem. Reut, Lkr. Rottal-Inn)

Pfarr- und Wallfahrtskirche St. Alban

Das stattliche, noch komplette spätgotische Architekturensemble mit der alten Wallfahrtskirche und der angeschlossenen Albanikapelle, dem benachbarten Pfarrhof mit seinem steilen Walmdach, der den Friedhof umschließenden Ringmauer und dem unterhalb im Garten gelegenen Brunnenheiligtum ist einzigartig im Rottal. Schon von weither grüßt der mächtige Kirchturm mit seinem hohen Spitzhelm den Besucher.

Die Entstehungszeit der Wallfahrt ist nicht bekannt (schriftliche Aufzeichnungen sind erst ab 1570 erhalten). Eine erste Kirche gab es schon im 11. Jh. Der großzügige Neubau der gotischen Hallenkirche vom Ende des 15. Jh. spricht für ein ehemals beachtliches Kirchenvermögen.

Kirchenpatron ist der hl. Alban, der Ende des 4. Jh. zusammen mit Bischof Theonestus über Rom und Mailand zunächst nach Gallien gekommen und dann nach Augsburg, Trier und Mainz weitergezogen war, um die Sekte der Arianer zu bekämpfen. Als sie in Mainz den vertriebenen Bischof Aureus wieder ins Amt eingesetzt hatten, wurde dieser von den Ketzern erschlagen; Theonestus mußte nach Oberitalien fliehen (wo er später ebenfalls den Märtyrertod starben), Alban, dem dies nicht gelang, wurde 406 in Mainz enthauptet. Die Legende erzählt, er habe nach der Hinrichtung den abgeschlagenen Kopf eigenhändig an die Stelle getragen, wo er begraben sein wollte. Sein Leichnam wurde beim Wiederaufbau der von den Hunnen zerstörten Stadt auf den Albanberg gebracht, wo im 8. Jh. ein Benediktinerkloster entstand. In der Karolingerzeit verbreitete sich seine Verehrung weit über Mainz hinaus. Bildliche Darstellungen zeigen Alban in bischöflicher Kleidung; das Haupt in Händen ist sein kennzeichnendes Attribut. Aufgrund seines Martyriums gilt er als Beistand bei Kopfleiden.

Im Jahr 1640 konnten mit dem Wallfahrtsvermögen die aus dem Schwäbischen zugewanderten Brüder Martin und Michael Zürn, beide hervorragende Künstler, mit der Herstellung des heutigen Hochaltars beauftragt werden. Im Mittelfeld dieses Altars stehen drei lebensgroße Heiligenfiguren: St. Alban mit Mitra und Stab, das abgeschlagene Haupt auf einem Buch, flankiert vom hl. Wolfgang von Regensburg (gest. 994) und dem hl. Leonhard (gest. um 570). Ungeach-

Albanischädel

tet der überlieferten Lebensdaten behauptet eine Ortslegende, die drei Heiligen hätten sich in einem Wald bei Tauberbach getroffen, doch nur Alban sei im Ort geblieben, während die anderen weitergezogen seien. Wandmalereien aus der Zeit um 1500 zeigen Wundertaten des Bischofs Alban vor der Kulisse der damaligen Kirche, des Pfarrhofs und der hohen Friedhofsmauer. Besonders interessant ist die Darstellung eines alten Wallfahrtsbrauches, die Opferung von sog. „Kopfdreiern" oder „Albanischädeln", Kopfurnen aus Ton mit stilisierten Gesichtszügen, die mit drei Sorten Getreide gefüllt waren.
Eine überdachte Halle verbindet die Pfarrkirche mit der aus dem späten 15. Jh. stammenden Albanikapelle, in der sich ebenfalls beachtliche Reste der ursprünglichen Wandmalereien erhalten haben. Die Fresken an der Nordseite erzählen aus dem Leben des hl. Alban; eine 1626 entstandene Reliefschnitzerei im Mittelteil des Altars stellt in drastischer Weise seine Ermordung dar. Zwei um 1500 bzw. 1650 entstandenen Fresken zeigen Pilger, die aus einem liegenden Holzfaß Wasser abfüllen – ein Hinweis darauf, daß die Albani-Wallfahrt möglicherweise an ein sehr viel älteres Quellheiligtum anknüpft. Der etwa 1000 m unterhalb von Kirche und Kapelle gelegene Brunnen, von dem man jahrhundertelang das heilsame Wasser in Fässern heraufholte, wird von einem nach allen Seiten offenen Brunnenhaus überdacht. Hier hat wohl auch einmal die Bildtafel gehangen, die den hl. Alban auf einer Wolke über dem Wunderquell stehend zeigt und deren Text lautet: „Wanderer ruhe hier! und bedenke wie das Wasser aus diesen Gnadenbrun ein Mittel ist, gegen Kopfschmerzen, Augenweh, Fraisen und Gliedersucht. Wasche dich, vertrau auf Gott! und gelobe ihm den Weg der Sünde zu verlassen und den der Tugend zuzueilen und halte drin Wort, so wird durch des heiligen Albani Fürbitte auch wie vielen Hilfe von Gott werden." Das Votivbild ist heute unter Verschluß; ein Foto befindet sich im Pfarrhof.

Tirschenreuth (Lkr. Tirschenreuth)

Die Kreisstadt Tirschenreuth, größter und ältester Ort des sog. Stiftlandes, wird erstmals 1134 urkundlich erwähnt und 1364 zur Stadt erhoben. Am Marktplatz erinnert ein 1891 aufgestelltes Denkmal an den hier geborenen bayerischen Mundartforscher Johann Andreas Selimeller (1785–1852).

Pfarrkirche Mariä Himmelfahrt mit Wallfahrtskapelle

An der nordwestlichen Ecke des Marktplatzes steht die Ende des 13. Jh. erbaute, im 17. Jh. durchgreifend erneuerte Pfarrkirche. Kunstgeschichtlich bedeutend ist der gotische Flügelaltar mit einer Darstellung der Kreuzigung Christi, eines der wenigen erhaltenen Zeugnisse einheimischer Schnitzkunst. 1722/23 wurde das in Ton gebrannte Gnadenbild, ein Vesperbild, in der Wallfahrtskapelle aufgestellt.
Über den Ursprung der Wallfahrt erzählt die Legende, ein Schuhmacher aus Tirschenreuth namens Adam Pehr habe 1692 zum Dank für die Rettung seiner Familie von schwerer Typhuserkrankung an der nach *Waldsassen* fahrenden Straße bei einem Lindenbaum ein Bild der Muttergottes aufgestellt. Hier ereigneten sich weitere Heilungen, so daß sich bald Leidende und Pilger in großer Zahl einstellten. Am 22. August 1717 wurde das Gnadenbild nach Tirschenreuth in die dortige Gottesackerkirche überführt; die Opfergelder der Wallfahrer sollen dann den Anbau der Kapelle ermöglicht haben.

Stiftlandsäule „Eiserne Hand“

Die Geschichte von Tirschenreuth deckt sich weitgehend mit der der Zisterzienserabtei *Waldsassen*, in deren Herrschaftsbereich im 18. Jh. sog. Stiftlandsäulen verbreitet war. Lange Zeit hat man diese steinernen Denkmäler mit vierseitigem Bildtabernakel, Dach und Kreuz für Hoheitszeichen des Klosters Waldsassen gehalten; tatsächlich waren sie aber von Privatleuten zur persönlichen Andacht gestiftet worden.
Eine Besonderheit ist die als Wegweiser aus der Säule herausragende eiserne Hand, die an der Ecke von St. Peter-Straße und Friedhofsweg steht und in Richtung Waldsassen zeigt. Um sie hat sich eine Warnsage gebildet, welche den eisernen Wegweiser als Hand eines Kindes deutet, das seine Mutter hatte schlagen wollen und dessen Hand zur Strafe zu Eisen wurde.

TRAIN (Lkr. Kelheim)

Schloß

Ehemals der Sitz der Hofmarksherren von Train, ist das kleine Schloß heute in Privatbesitz. Die kleine Weiherhausanlage wurde nach der Zerstörung im Dreißigjährigen Krieg auf den Resten des Vorgängerbaus im 17. Jh. neu erbaut. Der dreigeschossige Wohnbau besitzt einen Kaminaufbau, dessen außergewöhnliche Form wahrscheinlich den Hintergrund für folgende Sage abgab: Vor dem Kamin pflegten einst die Ritter mit ihren Frauen zu sitzen und sich die Zeit mit dem Erzählen von Spukgeschichten zu vertreiben. Viele Jahre später nutzte eine Gruppe von Hopfenpflückern den Saal als Schlafstätte. Um Mitternacht wurde nun einer von ihnen durch Schwerterklang geweckt, und er sah, wie sich im offenen Kamin die alten, längst verstorbenen Ritter bei einem schneidigen Schwertertanz vergnügten. Plötzlich verschwanden sie, und statt ihrer sprangen goldene Engelchen und feurige kleine Teufel heraus. Böse starrten die Teufelchen den armen Mann an, der sich, zitternd vor Angst, nicht rühren konnte. Doch da schlug es ein Uhr und die Spukgestalten verschwanden.

TRAUSNITZ (Lkr. Schwandorf)

Burg Trausnitz im Tal und Versöhnungskapelle auf dem Ortsfriedhof

Die verhältnismäßig kleine Anlage mit mächtigem Bergfried wurde im 13. Jh. erbaut und kam um 1284 in den Besitz der Wittelsbacher Herzöge. Zur Unterscheidung von der gleichnamigen Burg oberhalb von *Landshut* wird sie „Trausnitz im Tal" genannt. Bekanntgeworden ist sie als Gefängnis Herzog Friedrichs des Schönen von Österreich (1308–1330), des Gegenkönigs Ludwigs des Bayern (1328–1347). Nach seiner Niederlage in der Schlacht bei Mühldorf in Oberbayern am 28. September 1322 verbrachte Friedrich auf ihr 28 Monate in ritterlicher Haft, bis er nach der Verzichtleistung auf die deutsche Königskrone wieder freigelassen wurde. Die offizielle ‚Versöhnung' fand am 13. März 1325 in der gleichnamigen Versöhnungskapelle (einem Teil der früheren Pfarrkirche St. Wenzeslaus) statt. Ein Gemälde sowie der Rest einer schweren Eisenkette, an der Friedrich im Turm der Burg gefesselt worden sein soll, erinnern an das historische Ereignis, das auch Sage und Dichtung beschäftigt hat.

So heißt es, Herzog Leopold von Österreich habe seinen Bruder Friedrich befreien wollen und sich zu diesem Zweck an einen Zauberer gewandt, der sich seinerseits teuflischer Hilfe bediente. Als um Mitternacht der Teufel ans Fenster des Gefangenen klopfte, schlug dieser erschrocken das Kreuz, so daß der Böse unverrichteter Dinge entfliehen mußte.

Nach einer anderen Version öffnete der Zauberer selbst die Tür zum Turm und führte Friedrich in den

Burghof, wo ein Schimmel für die Flucht bereitstand. Als sie jedoch das Burgtor erreichten, fiel das schwere Fallgitter herab und schlug dem Pferd den Kopf ab. Seit dieser Zeit soll das kopflose Tier nachts im Hof von Burg Trausnitz herumlaufen.

ULRICHSBERG (Gem. Grafling, Lkr. Deggendorf)

St. Ulrichskirche

Die etwa 5 km von *Deggendorf* auf dem 580 m hohen Ulrichsberg gelegene Saalkirche stammt aus dem 15. Jh. 1751 wurde sie barockisiert; die Decken- und Wandgemälde mit Szenen aus dem Leben des Kirchenpatrons stammen von Joseph Wilhelm Seidl.

Ulrich wurde als Angehöriger einer alemannischen Adelsfamilie 890 in Augsburg geboren und im Kloster St.Gallen für den geistlichen Stand erzogen. Seit 908 Kämmerer bei seinem Onkel, dem Bischof von Augsburg, wurde er 923 dessen Nachfolger. Während seiner langen Amtszeit widmete er sich vor allem seinem Bistum und war einflußreicher Berater Kaiser Ottos des Großen (936–973). Er starb am 4. Juli 973.

Bildliche Darstellungen zeigen den Heiligen in pontifikaler Meßkleidung mit Buch und Bischofsstab; seit dem 14. Jh. ist der Fisch sein wichtigstes Attribut. Die Legende erzählt, Ulrich habe an einem Donnerstag den Besuch eines Freundes, des Bischofs Konrad von Konstanz, erhalten, mit dem er zu Abend speiste und geistliche Gespräche führte, die bis zum Freitagmorgen andauerten. Als ein Bote des bayerischen Herzogs, dem Ulrich Unrecht vorgehalten hatte, einen Brief brachte, schenkte er diesem als Botenlohn den Rest des beim Nachtmahl nicht ganz verzehrten Bratens: ein Gänsebein. Der Bote überbrachte es seinem Herrn in der Absicht, den Bischof nun seinerseits als Heuchler und Übertreter des freitäglichen Abstinenzgebots beschuldigen zu können. Als er dem Herzog das empfangene Stück Fleisch jedoch zeigen wollte, mußte er feststellen, daß es sich in einen Fisch verwandelt hatte.

An der linken Kirchenwand über dem Eingang zur Sakristei der Ulrichskirche ist in zwei Fresken die Legende vom „Fischwunder“ dargestellt. Allerdings hat der Maler ein Zugeständnis an bayerische Lebensart gemacht und das Gänsebein durch ein „Ripperl“ ersetzt.

Usterling (Stadt Landau, Lkr. Dingolfing-Landau)

Wachsender Fels (Johannisfelsen)

In der kleinen Gemeinde Usterling liegt in einer bewaldeten Bachschlucht am östlichen Ortsrand das Naturdenkmal Johannisfelsen, „Wachsender Fels" genannt. Es handelt sich um einen ca. 5 m hohen und 25 m langen Tuffsteinfelsen, auf dessen Kamm in einer schmalen Rinne ein Quellbach seinen Weg zu Tal nimmt. Durch Kalkablagerungen hat sich der Stein im Laufe der Jahrhunderte stetig erhöht. Oberhalb des Felsens und am Fuß befinden sich zwei kleine Kapellen.

Altarflügel der Usterlinger Kirche (um 1520)

Das Altarblatt der oberen Kapelle aus dem 18. Jh. zeigt Johannes den Täufer mit Kreuzstab, Lamm und einer Schale, in der er das vom Usterlinger Felsen herabfließende Wasser auffängt. Auch auf dem spätgotischen Flügelaltar (um 1520) der Usterlinger Dorfkirche findet sich eine Reliefdarstellung der Taufe Jesu am Wachsenden Fels – Zeugnisse für die kultische Bedeutung des Johannisfelsens, der schon früh mythenbildend gewirkt und die Menschen stark beschäftigt hat. Das bis vor zwei Generationen noch übliche Augenauswaschen am Patroziniumstag (24. Juni) wird heute indessen nicht mehr praktiziert.

VELBURG (Lkr. Neumarkt i.d.OPf.)

Burgruine

Über dem Bergstädtchen, das um die Mitte des 13. Jh. gegründet wurde, thront als trutzige Ruine die ehem. Burg, die der Sage nach von dem Kreuzfahrer Otto von Velburg Ende des 12. Jh. errichtet wurde. Um 1215 kam die Burg an die Wittelsbacher, später an die Reichsritter von Wispeck, dann an Pfalz-Neuburg. Im Dreißigjährigen Krieg wurde sie ein Opfer der Schweden; danach verfiel sie. Der spätromanische Bering sowie die Fundamente des quadratischen Bergfrieds sind noch zu erkennen.

Die zerfallene Burg hat die Sagenbildung angeregt: Drei Kinder, die hier spielten, sahen plötzlich eine mit zwei Pferden bespannte spielzeuggroße Kutsche heranfahren, in welcher zwei winzige Damen saßen. Aufgeregt versuchten sie, das Gefährt zu fangen; dies gelang ihnen jedoch nicht, und die Kutsche verschwand in den Ruinen.

VIECHTACH (Lkr. Regen)

Pfahl

Das markanteste Naturdenkmal Bayerns ist der sog. „Pfahl", ein weithin sichtbares, zerklüftetes Quarzriff von 150 km Länge. Es verläuft von *Fürholz* bei *Freyung* bis nach *Schwarzenfeld* in der Oberpfalz und kann auf Wanderwegen kilometerweit begangen werden. Die volkstümliche Bezeichnung für die bizarren weißen Felsen stammt von lat. pallidus, „bleich" bzw. „fahl". Im Mittelalter wurde sie auch „Teufelsmauer" genannt, da man sich ihr Vorhandensein nicht anders denn als Satanswerk erklären konnte.

Um den Pfahl rankt sich eine Sage mit stark märchenhaften Zügen. Sie erzählt von dem jungen Ritter Bertold, der mit einem schönen Ritterfräulein verlobt war. Als er eines Tages nach der Jagd unter einem Felsen einschlief, erschien ihm im Traum eine in silberne Gewänder gekleidete Frau, die eine Krone aus Kristallglas trug. Sie gab sich als Königin des Kristallreichs zu erkennen und führte ihn durch den Felsen in einen herrlichen Palast, der von einem Blumengarten aus lauter Edelsteinen umschlossen war. Die Frau bat Bertold, für immer bei ihr zu bleiben, und gab ihm einen kostbaren Ring, den er beim Erwachen am Finger fand und mit dessen Hilfe er die Königin jederzeit rufen konnte, wenn er ihn drehte. Diese lehrte ihn auch ein magisches Ritual, durch das er Eingang in das kristal-

Flügeldrachen. Holzschnitt 15. Jh.

lene Reich finden würde: er müsse nur vor Sonnenuntergang ein Feuer machen, den Stein emporheben, eine darunter sitzende grüne Eidechse fangen und einen entsprechenden Zauberspruch aufsagen. Bertold konnte das begonnene Ritual jedoch nicht vollenden, da er durch eine Stimme unterbrochen wurde, die „In Gottes Namen – halt ein, halt ein!“ rief. Damit war der Zauber gebrochen; Feuer kam aus dem Boden, Palast und Königin verschwanden in der Tiefe. Die Eidechse verwandelte sich in einen riesigen Drachen, dessen weißer Rückenpanzer die Pfahlfelsen der heutigen Bayerwald-Landschaft bildet.
Das Viechtacher Kristallmuseum (Familie Klingel, Luiprunnstr. 4) besitzt ein 1994 von Xaver Widmann geschaffenes großes Ölgemälde, auf dem die Pfahlsage dargestellt ist.

VILSECK (Lkr. Amberg-Sulzbach)

Kreuzberg mit Teufelsstein
An der von *Hahnbach* nach Vilseck führenden Straße liegt rechter Hand der 522 m hohe Kreuzberg mit einer kleinen Kirche, die ein Kreuz auf ihrem Turm trägt. Folgt man der Straße, die von der Kirche aus leicht bergauf geht, bis sie zu einer Schotterstraße wird, sieht man rechts im Wald einen gewaltigen, 4 m langen und 1 m hohen Felsstein mit Vertiefungen, die man für Eindrücke von Krallen halten könnte. Diese Spuren und seine exponierte Lage haben dem Felsblock den Namen „Teufelsstein“ gegeben: Eine Sage mit schwankhaften Zügen erzählt, der Teufel habe in einer Walpurgisnacht (Nacht zum 1. Mai) auf dem Weg zum Blocksberg, wo er sich mit seinen Verbündeten, den Hexen, zum jährlichen Sabbat treffen wollte, in

Vilseck Rast gemacht. Zum Ausruhen setzte er sich auf das flache Dach des Vilsecker Kirchturms, der jedoch unter ihm zusammenbrach. Als die Vilsecker den Turm sehr spitz wieder aufbauten, schleppte der Teufel einen gewaltigen Stein herbei, um damit das verhaßte Bauwerk zu zerstören. Am Kreuzberg begegnete er allerdings der Frau eines Schuhflickers, die ein Bündel zerrissener Schuhe bei sich trug. Auf seine Frage, wie weit es nach Vilseck noch sei, antwortete die Frau, die den Teufel an seinem Pferdefuß erkannt hatte und ihn übertölpeln wollte, sie habe von Vilseck bis hierher alle diese Schuhe durchgelaufen, er habe also noch eine große Strecke vor sich. Daraufhin schleuderte der Teufel wütend den Stein von sich, so daß die Spuren seiner Krallen sich in ihn eingruben. Seither liegt der „Teufelsstein" auf dem Kreuzberg. In der Nähe errichtete man zum Andenken an diesen Vorfall ein hölzernes Kreuz; später entstand hier die Kapelle, die besonders während der Fastenzeit von Gläubigen besucht wird.

→ Beidl → Edelsfeld → Perschen → Schönbrunn

WALDSASSEN (Lkr. Tirschenreuth)

Stiftsbasilika

Das heutige Zisterzienserinnenkloster wurde 1131 von Markgraf Diepold von Vohburg gegründet und mit Zisterziensermönchen aus dem thüringischen Kloster Vollenrode besetzt. Das Kloster erhielt den Auftrag, das riesige Waldgebiet zu kultivieren und die Siedler im Christentum zu festigen. Infolge der reichen Landschenkungen konnte die kleine Gründerkirche aus dem Jahr 1133 schon bald durch eine größere Basilika ersetzt werden konnte; an der Weihe 1179 nahm auch Kaiser Friedrich Barbarossa teil. Im späten Mittelalter begann der Verfall; mehrmals wurde das Kloster ge-

brandschatzt, 1571 im Verlauf der Reformation aufgehoben. Im Zuge der Rekatholisierung erhielt der Zisterzienserorden Waldsassen 1669 zurück. Im Zuge der Säkularisation von 1803 fiel der gesamte Klosterbesitz an Bayern, das ihn 1863 an Zisterzienserinnen aus *Seligenthal* bei *Landshut* verkaufte. Seit 1925 ist Waldsassen unter Leitung einer Äbtissin selbständige Abtei. Die heutigen Klostergebäude entstanden nach der Rückkehr der Mönche in den Jahren 1681 bis 1704, die barocke Kirche 1685–1704 unter Leitung von Abraham Leuthner, Georg Dientzenhofer und Bernhard Schießer. 1695 begannen Stukkateure und Freskomaler mit ihrer Arbeit. Die Stuckarbeiten stammen von Giovanni Batista Carlone; Decken- und Wandfresken sind ein Werk des Prager Malers Jakob Steinfels.

Der Freskenzyklus im Chor behandelt die Gründungslegende des Klosters: die Begegnung des Grafen Diepold von Vohburg mit einem frommen Einsiedler. Es wird erzählt, Diepold sei mit einem jungen Ritter aus Westfalen namens Gerwig befreundet gewesen. Als beide 1117 in Prag an einem großen Turnier teilnahmen, wollte es das Schicksal, daß sie ohne voneinander zu wissen gegeneinander kämpften, da Rüstung und geschlossener Helm sie einander unkenntlich machten. Gerwig verwundete seinen Gegner und glaubte, ihn getötet zu haben. Als er den Freund erkannte, suchte er entsetzt Zuflucht im Benediktinerkloster Siegburg bei Köln. Später begab er sich in den Oberpfälzer Wald, wo er zusammen mit einigen Gefährten im „Köllergrün" Rodungsarbeiten verrichtete, um seine Tat zu sühnen. Dort traf er den totgeglaubten Grafen wieder, den er an einer Narbe erkannte, und erhielt von ihm das Land an der fischreichen Wondreb als Klostergrund geschenkt.

Weiden i. d. Oberpfalz

Unteres Tor

Die kreisfreie Stadt Weiden gilt als typische bayerische Stadtgründung des 13. Jh. mit breitem Straßenmarkt, an dessen Mitte das Rathaus steht. Die wirtschaftliche Blütezeit während des 14. Jh. verdankt sie ihrer Lage an der „Goldenen Straße", die von Frankfurt nach Prag führte. Brandkatastrophen, der Dreißigjährige Krieg und mehrmaliger Konfessionswechsel führten später zum Abstieg, bevor Weiden 1777 als arme Landstadt zu Bayern kam. Erst die Industrialisierung (Glas, Porzellan, Textilien) nach 1800 und der

Kragstein am Unteren Tor

Anschluß an das Eisenbahnnetz 1863 haben der Stadt erneut zu Wohlstand verholfen.
Von der mittelalterlichen Stadtbefestigung ist nur wenig erhalten, darunter Teile des Wehrgangs und die beiden Tore an den Eingängen zur Altstadt, das Obere und das Untere Tor. Beide stammen aus dem 11. Jh., wurden später aber mehrfach verändert.
Beim unteren Tor sitzt im Scheitelpunkt des gotischen Spitzbogens des Vortores ein aus dem Mauerwerk vortretender Kragstein als Stützpunkt für Bauglieder. Nach mittelalterlicher Manier waren solche Steine als Zierstück gedacht und mit Ornamenten oder Figuren ausgestattet. Den Kragstein am Unteren Tor ziert eine tierartige Fratze, die an den Teufel erinnert und wohl auch apotropäische (unheilabwendende) Wirkung haben soll.
Die Sage erzählt dazu folgendes: Als im Dreißigjährigen Krieg die Schweden Weiden belagerten und die Not der Einwohner immer größer wurde, nähte sich ein großer, magerer Bürger aus einem Ziegenfell ein Teufelskostüm und stieg darin auf die Stadtmauer. Bei seinem Anblick ergriffen die Schweden die Flucht, denn sie wagten nicht, es mit dem Teufel aufzunehmen. Zur Erinnerung an diese Begebenheit wurde (am Unteren Tor) das Teufelsgesicht angebracht.

WEIHENSTEPHAN (Lkr. Landshut)

Schloß

Etwa 10 km nördlich von *Landshut* liegt Schloß Weihenstephan, ein Walmdachbau mit Wassergraben aus dem 17. Jh. Die Barockanlage wurde im 18. Jh. vergrößert. Heute befindet sie sich in Privatbesitz und wird als Wohnhaus genutzt.
Im Schloß soll es früher gespukt haben. Eine Magd, die jede Woche einmal zum Brotbacken aufbleiben mußte, sah einst um Mitternacht die frühere Gutsherrschaft in schönen Gewändern hereinkommen. Man sprach untereinander, doch konnte die Magd nichts hören. Als die Geisterstunde vorüber war, verließen die Geister die Backstube. Obwohl man der Magd ihre Geschichte nicht glaubte, traute sich niemand, mit ihr gemeinsam zu wachen.

WEISSENREGEN (Stadt Kötzting, Lkr. Cham)

Wallfahrtskirche Mariä Himmelfahrt

Auf einer Anhöhe 3 km südlich von Kötzting liegt über dem Tal des „Weißen Regen" der Wallfahrtsort Weissenregen. Die Kirche mit der hohen Zwiebelkuppel steht abgesondert von der kleinen Ortschaft auf dem Hügelkamm. Sie entstand kurz nach 1750 anstelle einer Vorgängerkapelle und ist im Rokokostil ausgestattet. Der Hochaltar (1752) stammt von dem Kötztinger Schreiner Egidi Fischer. In einem kartuschenförmigen vergoldeten Rahmen ist hinter Glas das Gnadenbild, eine kleine Holzfigur der thronenden Muttergottes aus dem frühen 14. Jh., eingesetzt. Das Jesuskind und die hohen Kronen wurden in der Barockzeit ergänzt. 1962 erfolgte eine Restaurierung. Gewöhnlich sind Mutter und Kind mit weißen bestickten Seidengewändern bekleidet.
Die Geschichte der Wallfahrt beginnt im 16. Jh., als ein Gnadenbild aus *Nabburg* vor kalvinistischen Bilderstürmern gerettet und von einem Kaufmann nach Kötztingen verbracht wurde, wo man es zunächst im hohlen Stamm einer Eiche aufstellte. 1584 überstand das Bild ein Feuer, das durch die vielen aufgestellten Kerzen ausgelöst wurde. 1593 wurde eine Kapelle errichtet, die wegen des Pilgerstroms immer wieder erweitert werden mußte. Die Legende berichtet in diesem Zusammenhang, es sei mehrmals versucht worden, die Marienfigur in einer Kötztinger Kirche aufzustellen, damit eine größere Zahl von Pilgern Zugang zu ihr hätten, doch sei das Bild über Nacht im-

Wanderndes Gnadenbild

mer wieder verschwunden und zum Eichbaum zurückkehrt.
Über dem zurückgeschnittenen Stamm befindet sich heute die 1758 entstandene, weithin berühmte Schiffskanzel von Johann Paulus Hager, auf derem Schalldeckel eine Kopie des Gnadenbildes steht; sie ist in Erinnerung an die Gründungslegende vor dem Stumpf eines Eichenstammes befestigt, aus dem der von Gottvater gehaltene Schiffsmast emporwächst. Grundidee dieses Kanzeltyps ist die Vorstellung von der Kirche als einem Schiff, welches die Gläubigen sicher durch die Gefahren der Welt und des Lebens zu tragen vermag.
An den Seitenwänden des Chors hängen zwei Tafeln mit szenischen Darstellungen aus der frühen Wallfahrtsgeschichte von Weissenregen, Kopien der ursprünglichen, nicht mehr erhaltenen Bilder. In der Vorhalle der Kirche befindet sich ein Votivbild. Es handelt sich um eine aus dem späten 18. Jh. stammende Wiedergabe des Gnadenbildes, die auf eine Baumscheibe gemalt ist.

WEISSENSTEIN (Stadt Regen, Lkr. Regen)

Ruine Weißenstein
Die Burgruine Weißenstein steht weithin sichtbar in 765 m Höhe auf einem weiß glänzenden Quarzfelsen, der höchsten Erhebung des sog. „Pfahls". Die Burg wurde um 1100 durch die Grafen von Bogen zur Sicherung der alten Handelsstraße nach Böhmen

Geburt von Siebenlingen. Holzschnitt, um 1510

errichtet und 1742 durch die Panduren, Truppen der österreichischen Armee, zerstört. 1918 erwarb der baltische Dichter Siegfried von Vegesack (1888–1974) den mittelalterlichen Torturm, einen ehem. Getreidespeicher, „Fressendes Haus“ genannt. Die umfangreiche, von Regens Altbürgermeister Alois Reitbauer angelegte Sammlung von Schnupftabaksgläsern ist im ersten Obergeschoß untergebracht.
An den Weißenstein knüpft sich die bekannte Sage von der Vielgeburt, die auch von anderen Burgen erzählt wird. Ihren Hintergrund bildet die im Mittelalter verbreitete Auffassung, eine Frau könne beim Verkehr mit einem Mann jeweils nur *ein* Kind empfangen. Mehrlingsgeburten mußten folglich aus dem Verkehr mit verschiedenen Partnern stammen und galten als Beweis für Ehebruch.
Auf Burg Weißenstein soll nun ein Graf gewohnt haben, dessen Ehefrau Siebenlinge zur Welt brachte und der Hebamme den Befehl gab, diese im Fluß Regen zu ertränken. Unterwegs begegnete die Frau dem Burgherrn und antwortete auf seine Frage, was sie in der Schürze trage, es seien junge Hunde. Der Graf erkannte in den Neugeborenen seine Söhne und brachte sie zur Erziehung ins Kloster *Rinchnach*. Als sie herangewachsen waren, veranstaltete er zu ihren Ehren auf seiner Burg ein großes Gastmahl. Der Gräfin, die Gefallen an ihnen fand, stellte er die Frage, was mit einer Mutter geschehen sollte, die ihre eigenen Kinder ermordete. Die von der Burgfrau vorgeschlagene Strafe war das Zerrissenwerden bei lebendigem Leibe durch vier Ochsen – und so soll es ihr ergangen sein.

WELTENBURG (Stadt Kelheim, Lkr. Kelheim)

Benediktinerabtei
Das in einer Donauschleife, den Jurafelsen des anderen Ufers gegenüberliegende Benediktinerkloster geht auf eine sehr alte Gründung zurück. Iroschottische Kolumbanermönche sollen sich hier schon im 7. Jh. niedergelassen haben. Wahrscheinlich war es St. Bonifatius, der um 740 die Benediktinerregel einführte, woraufhin Herzog Tassilo III. das Kloster durch großzügige Schenkungen förderte. Über viele Jahrhunderte war die Bedeutung von Weltenburg allerdings gering. Kriegswirren, Hochwasserschäden und Eisgang zogen das Kloster immer wieder in Mitleidenschaft. Erst im 18. Jh. setzte unter Abt Maurus Bächel der Aufschwung ein. Er gewann die beiden Asam-Brüder Cosmas Damian und Egid Quirin für den Neubau der Klosterkirche (1716–1718). Die Kirche stellt mit ihren herrlichen Fresken, Plastiken und Stukkaturen ein Juwel des süddeutschen Barocks dar. Die schlichten, dreigeschossigen Klosterbauten entstanden ab

Benediktinerabtei Weltenburg

1714 nach Plänen des Franziskanerbaumeisters Philipp Blank. Von der Nordseite der Kirche ausgehend, umschließen sie zusammen mit dieser einen Innenhof. Aus der Frühzeit des Klosters, das heute seine Hauptaufgabe in der Seelsorge und Erwachsenenbildung sieht, ist folgende Legende überliefert: Als Karl der Große sich wieder einmal in Regensburg aufhielt, besuchte er auch Kloster Weltenburg. Beim gemeinsamen Essen erblickte er einen blinden Mönch, den er zu kennen glaubte. Auf seine Frage, wer dieser sei, entgegnete ihm der Abt, er wisse es selbst nicht genau. Der Blinde nenne sich Bruder Romuald und sei vor einigen Jahren aus einem rheinischen Kloster zu ihnen übergesiedelt. Der Kaiser, der in der folgenden Nacht nicht gut schlafen konnte, hörte um die Mitternachtsstunde Schritte vor seiner Zellentür. Er schaute hinaus und sah, wie der blinde Mönch, gehüllt in den Lichtkreis eines strahlenden Jünglings, der ihm vorausschwebte, in der Klosterkirche verschwand. Karl, der ihnen folgte, fand Bruder Romuald dort auf dem Boden liegend, laut betend für seinen Feind, den Frankenkönig Karl, der ihm alles, selbst sein Augenlicht genommen hatte, indem er ihn hatte blenden lassen. Da erkannte Karl der Große in ihm seinen Erzfeind Tassilo, den Bayernherzog. Tief gerührt bot er Tassilo an, ihm Macht und Würden wiederzugeben. Der aber lehnte ab, weltliche Güter interessierten ihn nicht mehr. Er wünsche nur, zum Sterben in sein Kloster Lorsch am Rhein zurückkehren zu können. Daraufhin ließ ihn Karl der Große in seinem eigenen Wagen hinbringen. Schon wenige Monate später erhielt er die Nachricht vom Tod des einst so großen Bayernherzogs. – Wie bei vielen historischen Sagen vermischen sich auch hier geschichtliche Tatsachen mit stereotypen Vorstellungen von der Großzügigkeit von Herrschern und dem moralischen Wunschdenken, daß der Gute und Edle belohnt werde. Historisch belegt ist der Konflikt zwischen dem Frankenkönig Karl und Herzog Tassilo III., dessen Absetzung (durch die Bayern wieder zur fränkischen Provinz wurde), Klosterhaft und Tod in Lorsch (794). In den Bereich der Sage allerdings gehören die Blendung sowie die Gnade, die Karl später seinem Gegner erwiesen haben soll.

Karl der Große. Holzschnitt, 1493

Versteinerte Jungfrau
Zwischen Weltenburg und *Kelheim* bahnt sich die Donau in mehreren Windungen ihren Weg an steilen, bewaldeten Hängen vorbei. Diese Schlucht, auch Weltenburger Enge genannt, ist ein Naturschauspiel von großem Reiz. Den steil aus dem Wasser aufragenden, bizarr geformten Felsen hat der Volksmund allerlei Fantasienamen gegeben. So trägt ein kurz hinter Weltenburg stehender Fels den Namen „Versteinerte Jungfrau“. Die Sage deutet ihn als Riesin, die mit einem der Knechte ihres Vaters eine Liebschaft unterhielt. Als sie schwanger wurde, wollte sie sich aus Verzweiflung in der Donau ertränken, doch der Fluß war nicht tief genug für sie. Da erbarmte sich der Himmel und ließ die Unglückliche zu Stein werden.

WILDENSTEIN (Stadt Dietfurt a. d. Altmühl, Lkr. Neumarkt i. d. OPf.)

Schloß
Im Nordosten von Dietfurt steht das Schloß Wildenstein. Der jetzige schlichte Bau entstand in mehreren Phasen vom Ende des 16. bis zur zweiten Hälfte des 17. Jh. In den 80er Jahren des 20. Jh. erfolgten Umbau- und Sanierungsmaßnahmen. Der mehrfach erweiterte Wirtschaftskomplex ist in Privatbesitz und wird als Brauerei genutzt.
Schloß Wildenstein steht an der Stelle, wo sich früher eine mittelalterliche Burg, der Stammsitz der Ritter von Wildenstein, erhob. Bis auf einen Sockel aus Bruchsteinwerk ist sie verschwunden. Das seit dem 13. Jh. bezeugte Geschlecht der Wildensteiner war bis Anfang des 17. Jh. im Besitz der Burg bzw. des Schlosses. In der Ruine des ehem. Birgittenklosters Gnadenberg ist die Grabplatte eines 1466 verstorbenen Wildensteiners zu sehen.
Von der ehem. Burg ist eine ungewöhnliche Geschichte überliefert: Ritter Jobst von Wildenstein führte ein glückliches Familienleben, bis eines Tages sein Kind von einem Schäferhund getötet wurde und seine Frau aus Gram bald darauf starb. Der Ritter betäubte seinen Schmerz mit Trunk und Spiel. Eines Tages war er beim Schachspielen mit seinem Knappen in Streit geraten und hatte diesem mit dem schweren Weinkrug den Schädel eingeschlagen. Wieder nüchtern, erbat er sich voll Reue bei den Mönchen des nahen Klosters Rat und Hilfe. Diese versprachen ihm, einen Geistlichen zu schicken, der die notwendigen Sühnemaßnahmen, nämlich Beichte und Meßopfer, durchführen

sollte. Doch als dieser am Abend eintraf, wurde nach dem Essen wieder das Schachbrett auf den Tisch gestellt, und bald kam es zwischen den Spielern erneut zum Streit. Auch diesmal wollte der Ritter seinem Gegenüber den Weinkrug auf den Kopf schmettern, doch dieser fing den Schlag geschickt auf. Dabei verschob sich sein Käppchen, und man sah statt der Tonsur zwei Hörner, die den vermeintlichen Mönch als leibhaftigen Teufel entlarvten. Dieser packte den Ritter, fuhr mit ihm durchs Fenster und schleuderte ihn gegen die Felsen. Seither kann der Wildensteiner keine Ruhe finden: Immer wieder zeigt er sich um Mitternacht mit seinem Brettspiel auf der Felsplatte und bewirft Vorbeikommende mit den Schachfiguren.

WILDTHURN (Stadt Landau, Lkr. Dingolfing-Landau)

Schloß

Von der mittelalterlichen Burganlage der adeligen Waller von *Reichersdorf* im Südosten von Landau ist nur der massige, im Oberteil unverputzte Bergfried des 13. Jh. erhalten. Das oberste der sechs Geschosse

Plünderung eines Dorfes durch Raubritter, um 1480

samt Zinnenkranz wurde erst in neuerer Zeit aufgesetzt. Wohn- und Wirtschaftsgebäude sind nach einem Brand von 1790 größtenteils neu erbaut worden und befinden sich heute in bürgerlichem Besitz. Im Erdgeschoß ist u. a. eine Arztpraxis untergebracht, in den Wirtschaftsgebäuden eine Holzhandlung.
An den alten Bergfried knüpft sich eine Sage aus der Raubritterzeit: Im vierten Stockwerk hatten sich dreizehn Raubritter einquartiert, die der Schrecken der ganzen Gegend waren. Da der Turm keinen ebenerdigen Zugang besaß, mußte ein im Obergeschoß wohnender alter Knappe des Burgherrn Ritter von Reichersdorf die von ihren Beutezügen Heimkehrenden nacheinander an einem Seil nach oben ziehen. Schließlich setzte der Burgherr dem bösen Treiben der Raubritter ein grausames Ende: er ließ sich in ihrer Abwesenheit heimlich in den Turm ziehen, legte sich dort auf die Lauer und schlug jedem, der oben auftauchte, den Kopf ab.

WINDBERG (Lkr. Straubing-Bogen)

Pfarr- und Wallfahrtskirche Mariä Himmelfahrt und Hl. Sabinus und Blasius
Der nordöstlich von *Bogen* gelegene Windberg ist der ursprüngliche Sitz der Grafen von Bogen, die hier ihre Stammburg hatten; Reste einer alten Burgmauer sind noch heute im jetzigen Pfarrhof erhalten. Als kurz vor 1100 in der Nähe ein frommer Einsiedler im Ruf der Heiligkeit starb, ließ Graf Albert I. von Bogen über seinem Grab eine Kapelle bauen, die 1125 geweiht wurde. Um diese sammelte sich allmählich ein Prämonstratenserkloster, dessen Gründung um 1140 anzusetzen ist. Das Grafengeschlecht überließ den Mönchen diesen Platz ganz und siedelte nach Bogen über. Die Kirche, eine dreischiffige Pfeilerbasilika, zählt trotz ihrer jetzigen Barock- und Rokokoausstattung zu den bedeutendsten Klosterkirchen romanischen Stils. Die Klostergebäude sind nach der Säkularisation profanen Zwecken anheimgefallen. Heute leben hier wieder Mönche.
Zu den Kirchenpatronen zählen außer der Muttergottes auch die Heiligen Blasius und Sabinus; letzterem ist in der Kirche ein eigener Altar geweiht. Der Legende zufolge war Sabinus, einer der frühchristlichen Märtyrer, im 4. Jh. Bischof von Assisi und bekämpfte die heidnischen Götter. Als er, in einer Gerichtsverhandlung zum Götzendienst aufgefordert, stattdessen eine Jupiterstatue umstürzte, wurden ihm beide Hände

abgeschlagen. Auf dem Windberger Altarbild ist diese Szene dargestellt: es zeigt im Hintergrund die Klosteranlage, im Vordergrund den knieenden Heiligen und den Henker. Neben Blasius liegt ein Ochse, auf dessen Rücken ein Lederbeutel gebunden ist. Auch diese Darstellung knüpft an eine Legende an. Danach raubte Graf Berthold von Boten 1197 die Gebeine des hl. Sabinus, packte sie in einen ledernen Sack und transportierte sie auf einem Ochsen von Italien nach Windsberg, wo sie seit Ende des 12 Jh. verehrt werden. Neuere Forschungen haben allerdings bewiesen, daß die Reliquien nicht echt sind.

Neben dem Sabinus-Altar befindet sich der sog. „Windsberger Ochsentritt", eine Steinplatte mit einem Hufabdruck. Sie markiert die Stelle, wo der Legende nach der Ochse stehengeblieben und den Platz angezeigt haben soll, an dem der Heilige beigesetzt werden wollte. Der lederne Sack hing lange Zeit an der Wand des südlichen Querhauses an einem zugemauerten Fenster, ist aber heute nicht mehr vorhanden. Nur eine Inschrift erinnert an ihn.

→ Speinshart → St. Englmar

WOLFSEGG (Lkr. Regensburg)

Burg Wolfsegg

Die auf einem steilen Felsrücken stehende, 1358 erstmals erwähnte Burg war im Lauf der Jahrhunderte Sitz mehrerer oberpfälzischer Adelsgeschlechter. 1508 kam sie als kurpfälzisches Lehen an Leonhard von Eck (1480–1550), den berühmten Kanzler und Berater Herzog Wilhelms IV. von Bayern (1493–1550). Die noch heute eindrucksvolle Anlage mit dreigeschossigem Wohnbau und Treppenturm ist nie zerstört worden, da die umliegende Sumpflandschaft eine Belagerung unmöglich machte. Seit 1880 gehört sie der Gemeinde Wolfsegg. 1932 restauriert, dient sie heute als Museum. Die Dauerausstellung „Leben auf einer Oberpfälzer Burg" gibt Einblick in den Alltag mittelalterlicher Ritter.

Unter den Burggebäuden befindet sich ein System von mittlerweile gut erforschten Tropfsteinhöhlen; die Ergebnisse sind im eigens eingerichteten Höhlenmuseum zu sehen (die Höhlen selbst sind nicht zugänglich).

Der Sage nach soll auf Burg Wolfsegg eine sog. „Weiße Frau" umgehen. Für gewöhnlich nehmen solche „Weiße Frauen" regen Anteil am Schicksal ihrer Familie und lassen sich vor allem dann sehen, wenn ein

Weiße Frau

Todesfall bevorsteht. Im Fall von Wolfsegg heißt es, daß die Frau deshalb umgehen müsse, weil sie zu Lebzeiten große Schuld auf sich geladen habe. Der geschichtliche Anlaß für diese Sagenbildung mag gewesen sein, daß 1463 sehr plötzlich der damalige Burgherr Ulrich von Laaber und seine beiden Söhne starben, was das Ende des Geschlechts bedeutete und den Verdacht eines Verbrechens aufkommen ließ.
→ Gnadenberg

WÖRTH AN DER DONAU (Lkr. Regensburg)

Schloßkapelle St. Martin
Das auf Fundamenten einer strategisch wichtigen Burg des Hochstifts Regensburg errichtete ehem. Schloß dient heute als Seniorenheim. Vom mittelalterlichen Bestand blieb der Bergfried im Hof erhalten;

die übrigen Bauten stammen aus dem 16. und 17. Jh. Der dreiflügelige Fürstenbau wurde von dem bischöflichen Administrator Pfalzgraf Johann (1507–1538) begonnen und durch den Bischof Albert von Törring im frühen 17. Jh. vollendet. Das Schloß erhielt den Charakter einer Sommerresidenz der Regensburger Fürstbischöfe. 1803 kam der Besitz an den Fürstprimas Freiherr von Dalberg, 1810 an Bayern und 1812 als Entschädigung für das verlorene Postmonopol an die Fürsten von Thurn und Taxis, die es 1978 verkauften.

Die 1616 erbaute Schloßkapelle liegt im Stiftkapitel der Anlage. Der einschiffige Saalbau mit Kreuz- und Kappengewölben auf Renaissancekonsolen ist mit Altar, Kanzel und Gestühl aus dem 17. Jh. ausgestattet und trägt im Scheitel des Langhausgewölbes das Wappen des Bauherrn Albert von Törring.

An der südlichen Chorwand hängt ein unsigniertes Gemälde, das Christus am Kreuz zeigt. Da der Künstler unbekannt ist, hat sich die Sage des Bildes angenommen. Sie erzählt von einem ehrgeizigen Wörther Maler, der vom Abt des Klosters Regensburg den ehrenvollen Auftrag erhalten hatte, dieses Bild zu malen. Die Arbeit wollte ihm jedoch nicht gelingen. Als er eines Tages im Wald bedrückt über sein Mißgeschick nachdachte, erschien der Teufel und versprach, einen großen Künstler aus ihm zu machen, falls er ihm seine Seele verschreibe. Der Maler ging darauf ein – doch als das Gemälde fast fertig war, plagte ihn sein Gewissen und er vertraute sich dem Abt an. Dieser riet ihm, die Inschrift auf dem Bild wegzulassen. So blieb das Werk letztlich unvollendet, und der Teufel hatte seinen Anspruch auf die Seele verloren. Als später Maler versuchten, die Tafel mit einer Schrift zu versehen, soll diese am nächsten Tag stets wieder verschwunden sein.

Pestkapelle

Ein steiler Kreuzweg führt von der Herrengasse in etwa 10 Minuten zur Pestkapelle auf dem *Herrenberg*. Unter offener moderner Überdachung ist hier ein hölzerner Kruzifixus angebracht, flankiert von der Inschrift:

Vor Pest	verschone
Hunger	uns
und Krieg	oh Herr

Über die Entstehung der Kapelle berichtet eine Sage, in der Gegend von *Regensburg* sei einst die Pest aus-

Opfer der Pest. Holzschnitt

gebrochen, was die Wörther in Angst und Schrecken versetzte. Sie beteten zur Muttergottes und allen Heiligen, aber die Seuche breitete sich weiter aus. Erst als die Einwohner gelobten, eine Kapelle zu bauen und die nötigen Steine mit bloßen Händen aus Regensburg nach Wörth zu schleppen, kam die Epidemie zum Stillstand. Die dankbaren Bürger hielten ihr Versprechen: Die fünfzehn stärksten Männer des Ortes hoben die Bausteine auf ihre Schultern und trugen sie auf den Herrenberg.

ZULLING (Stadt Landau, Lkr. Dingolfing-Landau)

Frevlertritt auf dem Friedhof

An der Straße, die an der Isar entlang von Landau nach *Mamming* führt, liegt die kleine Gemeinde Zulling. Im Gras des Zullinger Friedhofs, der die Kirche aus dem 15. Jh. umgibt, finden sich an der rückwärtigen Kirchenwand unter einem Fenster zwei Abdrücke, die man für Fußspuren halten könnte und offensichtlich immer wieder sorgfältig nachgeschnitten werden. Es handelt sich um den sog. „Frevlertritt“. Auf einer an der Kirchenwand angebrachten Tafel ist dazu folgende Sage nachzulesen: Der große Reichtum der Herren von Zulling weckte einst den Neid der benachbarten Ritter. Einer von ihnen faßte den Plan, dem Zullinger die kostbaren Kirchenschätze zu rauben. Er drang also in die Kirche ein, erschlug den Mesner, raffte sämtliche Kostbarkeiten zusammen und sprang mit ihnen aus einem Fenster. Eben wollte er seinem Kumpan einen goldenen Kelch zuwerfen, als ihn ein jäher Blitz traf. Zurück blieben sein verkohlter Leichnam und jene vermeintlich bis heute verdorrte Stelle im Gras, wo der Dieb beim Sprung aufgekommen war.

Zwiesel (Lkr. Regen)

Waldmuseum

Die am Zusammenfluß von Großem und Kleinem Regen gelegene Stadt („Zwie-Sal“ meint ein doppeltes Flußbett, die Gabelung zweier Flüsse) verdankt ihre Entstehung der Sage zufolge Goldwäschern. Schon um 1000 stand hier eine burgartige Befestigung; die erste urkundliche Erwähnung stammt aus dem Jahr 1255. Brände und Kriege haben die alte Anlage des Ortes zerstört.

Zwiesel ist Zentrum der im Bayerischen Wald blühenden Glasindustrie. 1471 wurde es zum Markt erhoben, aber erst 1906 erhielt es Stadtrechte. Der Waldreichtum des über 650 m hoch gelegenen Berglandes wird seit Jahrhunderten von Glasmachern genutzt, die hier die für ihre Arbeit erforderlichen Hauptrohstoffe Holz und Quarz in großen Mengen finden. Sowohl im Bayerischen als auch im Oberpfälzer Wald haben sich seit dem hohen Mittelalter entlang der bayerisch-böhmischen Grenze Glashütten angesiedelt, von denen heute noch Ortsnamen wie „Glashütt“, „Engelshütt“, „Grafenhütt“ u. a. zeugen. Diese Waldglashütten haben die wirtschaftliche und kulturelle Entwicklung der Region entscheidend geprägt: sie erleichterten die Besiedlung und ermöglichten zugleich eine forstwirtschaftliche Nutzung der riesigen Wälder. Bis weit ins 19. Jh. hinein war der Glashüttenhof – eine Mischung aus land- und viehwirtschaftlichem sowie handwerklichem Betrieb – Fundament und Lebensgrundlage der Unternehmen. Glashüttengüter mit zugehörigen Waldungen wurden dem Inhaber (Hüttenmeister) und seinen Nachkommen gegen Zins oder Kauf per Erbrecht verliehen und blieben oft lange in Familienbesitz.

Die um 1500 verbreitetste Glasmacherfamilie waren die auf fast allen Hütten nachweisbaren Glaser, deren Name sich von ihrem Beruf ableitet. Zu den ältesten Familien im Zwieseler Winkel, wo es Mitte des 16. Jh. drei Glashüttengüter (Rabenstein, Zwieselau und Frauenau) gab, zählen die Rabensteiner.

In Anbetracht der enormen wirtschaftlichen Bedeutung der Glasindustrie für den Bayerischen Wald widmen sich auch die dortigen Museen diesem Thema: Stadt-, Kreis- und Heimatmuseen haben vielfach eigene Glasabteilungen eingerichtet; spezielle Glasmuseen befinden sich in *Frauenau, Passau* und *Theresienthal.*

Im Rückgebäude des Zwieseler Rathauses (Stadtplatz 29) ist das Waldmuseum mit den Sammlungsschwerpunkten Holzverarbeitung und Glasbläsereien untergebracht. Die Abteilung „Glas“, die älteste Sammlung dieser Art in Deutschland, enthält Dokumente zur Geschichte des Zwieseler Raumes, Produkte der örtlichen Glashütten und Veredelungsbetriebe, volkstümliches Glas (darunter eine Kollektion farbiger Schnupftabaksgläser), Gläser des 19. Jh. und Werke zeitgenössischer moderner Glaskünstler. Sie wird ergänzt durch wechselnde Sonderausstellungen. Entsprechend der Bedeutung der Stadt als traditionsreichem Glashüttenort wurde 1904 nach böhmischem Vorbild eine entsprechende Fachschule gegründet, die heute die wichtigste Ausbildungs- und Forschungsstätte der Glasindustrie in Bayern ist. Das ursprünglich der Fachschule zugehörige Glasmuseum ist heute ebenfalls im Waldmuseum untergebracht; in der Schule selbst gibt es nur noch eine kleine Sammlung, die in einer Vitrine Platz findet.

Lange Zeit standen die Gläser aus Venedig und den seit dem 16. Jh. mit Hilfe venezianischer Glasmacher nördlich der Alpen gegründeten Venezianerhütten in höherem Ansehen als jene aus Böhmen und Bayern. Dieser wirtschaftshistorische Umstand bildet den Hintergrund zu einer Sage, die wissen will, wie das Glas nach Bayern kam. Sie erzählt von einem Glasmacher aus Murano, der einen Tages Venedig verließ, um die weite Welt kennenzulernen. Aus Sorge, er werde das Geheimnis seiner Kunst verraten und so seiner Heimatstadt Schaden zufügen, schickte man Häscher hinter ihm her. Der Glasmacher suchte Zuflucht in einem Kloster, dessen Abt er anbot, als Gegenleistung für erwiesenen Schutz die Mönche im Glasmachen anzuleiten. Dies geschah auch, bevor die Verfolger in das Kloster eindringen und den Venezianer erdolchen konnten.

Die Theresienthaler Kristallmanufaktur in Zwiesel, 1421 erstmals unter dem Namen „Rabensteiner Hütte“ urkundlich erwähnt, war berühmt für ihre (auch von dem Bayernkönig Ludwig I. geschätzten) Rubingläser, eine Erfindung des holsteinischen Chemikers, Alchimisten und Glasmachers Johann Kunckel von Löwenstein (1630–1703), der u. a. für die Kurfürsten von Sachsen und Brandenburg gearbeitet hatte. Rubinglas galt als außerordentlich kostbar und wurde oft in Gold gefaßt. Den Ursprung der in der Glasfabrik Theresienthal hergestellten Gläser schreibt die Überlieferung einem produktionstechnischen Zufall zu: Dem Schmelzermeister fiel einst eine Goldmünze seines wöchentlichen Lohnes aus der Jackentasche in die

Der Glasmacher. Kupferstich, 1698

glühende Glasmasse und wurde mitgeschmolzen. Am nächsten Tag zeigte sich den Glasmachern das Ergebnis der unbeabsichtigten Veredelung: das rötlich gefärbte Rubinglas.

In der Hütte *Theresienthal* soll früher ein Glasmacher gearbeitet haben, der ein wahrer Meister in der Herstellung von Schnupftabaksgläsern war. Sein eigenes Tabaksbüchsel, eine herrliche, mit vielfarbiger, blumenartiger Musterung versehene Millefiori-Arbeit, wurde ihm eines Sonntags im Wirtshaus gestohlen. Um den Dieb ausfindig zu machen, wandte er sich an eine alte Witwe, die im Ruf stand, etwas von Zauberei zu verstehen. Diese sagte ihm zu, den Verbleib des Schnupftabakglases in Erfahrung zu bringen – doch werde er es nie zurückbekommen. Am folgenden Montag fehlte in der Glashütte der Schürer; es stellte sich heraus, daß er der Täter war und auf magische Weise seine Strafe erhalten hatte: zur selben Zeit, als der Geschädigte bei der zauberkundigen Frau war und sich von ihr dreimal das Kreuzzeichen über die Hand machen ließ, hatte sich der Dieb aus dem gestohlenen Glas eine Prise Tabak auf die Hand klopfen wollen. Das Glas aber zersprang in tausend Scherben und verletzte ihn so schwer, daß die Hand amputiert werden mußte.

Trotz weitgehender Automatisierung sind die Techniken des Glasmacherhandwerks seit Jahrhunderten fast unverändert geblieben. Die erforderliche handwerkliche und künstlerische Meisterschaft, naturwissenschaftliche Spezialkenntnisse sowie die besonderen Gefahren dieser Arbeiten lassen die Atmosphäre einer Glashütte für den Beobachter und Liebhaber von besonderem Reiz erscheinen. Dies dürfte ein Grund dafür sein, warum viele Hüttensagen sich mit angeblich dort wirkenden dämonischen Unwesen beschäftigen. Im Bayerischen Wald erzählt man u. a. von einem Glashüttengeist namens „Turandl". Er wird als kleiner, dicker, alter Mann mit riesigen Füßen und kurzen Armen und schaufelgroßen Händen beschrieben. Sein flatterndes Haar ist grau, seine leuchtend rote Nase erinnert an den glühenden „Kölbl" am Ende der Glasmacherpfeife, mit dem jede Glasarbeit beginnt. Das Erscheinen des Turandl kündigt stets Unglück an: Es wird trübes, fehlerhaftes Glas produziert, der Schmelzofen fällt ein, oder Sturm und Schnee zerstören sogar die ganze Hütte.
Auch der Teufel soll in Glashütten sein Unwesen treiben und sich in der Glasmacherkunst versuchen. Davon berichtet die folgende Sage: Als einst im Winter ein Schmelzofen eingestürzt war und der Hüttenherr mit seinen Lieferungen so in Verzug kam, daß seine Glasmacher Tag und Nacht arbeiten mußten, erschien um Mitternacht ein großer hagerer Mann mit kohlschwarzen Augen und einem grünen Geißbubenhütchen auf dem Kopf in der Hütte und bot seine Hilfe an; als Entgelt verlangte er, die in der Hüttenkapelle befindliche Muttergottesfigur für immer zu entfernen, was auch geschah. Der Fremde formte nun Becher und Kelche ohne Gehilfen und so schnell, daß alle Glasmacher zupacken mußten, um sie in den Kühlofen zu bringen. Der Hüttenherr ahnte, daß dies nicht mit rechten Dingen zugehe. Um den unheimlichen Gesellen zu prüfen, bat er ihn, einen Weihwasserkessel herzustellen, was dem Teufel natürlich nicht möglich war. Fluchend rannte er aus der Hütte und stieß sich dabei das Hütchen vom Kopf. Darunter kamen zwei Hörner zum Vorschein. Das vom Teufel gefertigte Glas war unterdessen im Kühlofen zersprungen.

Literaturverzeichnis

Quellen

Böck, Emmi: Sagen aus der Hallertau. Mainburg 1975.
– Sagen aus Niederbayern. Regensburg 1977.
– Sagen aus der Oberpfalz. Regensburg 1986.
– Regensburger Stadtsagen, Legenden und Mirakel. Regensburg 1982.
– Regensburger Wahrzeichen. Regensburg 1987.
Brackert, Helmut (Hrsg.): Das Nibelungenlied. Mittelhochdeutscher Text und Übertragung. 2 Bde. Frankfurt a. M. 1970/71.
De Voragine, Jacobus: Legenda Aurea. Aus dem Lateinischen übersetzt von Richard Benz. Heidelberg 1979.
Ettmayr, Anton: Altbayrische und Oberpfälzische Sagen. Für die Jugend erzählt. Leipzig 1930.
Friedl, Paul: Glasmachergeschichten und Glashüttensagen. Grafenau 1973.
Haller, Reinhard: Legenden aus dem Bayerischen Wald. Grafenau 1982.
– Natur und Landschaft. Sagen aus dem Bayerischen Wald. Grafenau 1994.
Harvolk, Edgar: Votivtafeln aus Bayern und Österreich. Berlin 1977.
Heimatarchiv Tittling (Hrsg.): Sagen aus dem Dreiburgenland. Passau/Tittling 1990.
Helml, Stefan: Oberpfälzer Geschichten und Schmankerln. Sulzbach-Rosenberg 1994.
Heres, Hedi: Von Hexen und Druden. Rosenheim 1995.
Kapfhammer, Günther: Bayerische Sagen. Sagen aus Altbayern, Schwaben und Franken. München 1971.
Klein, Diethard H. (Hrsg.): Bayerisches Hausbuch. Alte Bilder, Lieder und Geschichten aus Altbayern und Schwaben, Freiburg i.Br. 1981.
Knedlik, Manfred/Schrott, Georg: „Ein Thal des Seehens“. Lesebuch zur Literatur des Klosters Waldsassen. Kallmünz 1998.
Melchers, Erna und Hans: Das große Buch der Heiligen. Geschichte und Legende im Jahreslauf. München 1979.
Petzoldt, Leander: Deutsche Volkssagen. München 1970.
– Historische Sagen. 2 Bde. Düsseldorf 1965/67.
Praxl, Paul: Waldlersagen aus dem Land zwischen Lusen und Dreisessel. Grafenau 1982.

Röhrich, Lutz / Brednich, Rolf Wilhelm: Deutsche Volkslieder. Texte und Melodien. 2 Bde. Düsseldorf 1965/67.

Roth, Hans: Marterlsprüch. München 1981.

Schinzel-Penth, Gisela: Sagen und Legenden von Bischofsmais und Umgebung. St. Ottilien 1989.

Schober, Johann: Sagen und Legenden aus dem Landkreis Landshut. 2 Bde. Furth 1996/97.

Schönwerth, Franz Xaver: Aus der Oberpfalz. Sitten und Sagen. 3 Bde. Augsburg 1858/59.

Schöppner, Alexander: Bayerische Legenden. Hrsg. v. Emmi Böck. Regensburg 1984.

– Sagenbuch der Bayerischen Lande. 3 Bde. München 1852/53. Nachdruck Augsburg 1990.

Waltinger, Michael: Niederbayerische Sagen. Passau 1992.

Warncke, Carsten Peter: Bavaria Sancta – Heiliges Bayern. Die altbayerischen Patrone aus der Heiligengeschichte des Matthaeus Rader in Bildern von J. M. Kager, P. Condid und R. Sedeler. Dortmund 1981.

Westerholz, Michael S.: Von Hexen und Geistern, Trud und Weiz und mit dem Teufel im Bunde. Passau 1980.

Sekundärliteratur

Ackermann, Konrad: Die Oberpfalz. Grundzüge ihrer geschichtlichen Entwicklung. München 1989.

Altmann, Lothar / Thürmer, Wolfgang: Weltenburg a. d. Donau. Geschichte und Kunst. München / Zürich 1986.

Angenendt, Arnold: Heilige und Reliquien. München 1994.

Appel, Brun/Rischert, Helmut/Zecherle, Karl: Burgen und Schlösser. Kipfenberg 1987.

Bauer, Hermann und Anna: Klöster in Bayern. München 1985.

Bauer, Hermann/Ruprecht, Bernhard: Bayern südlich der Donau. Bindlach 1989.

Bauer, Karl: Regensburg. Kunst-, Kultur- und Alltagsgeschichte. Regensburg 1988/97.

Bauernfeind, Günther: Wallfahrtsmuseum Neukirchen b. Hl. Blut. München 1997.

Bekh, Wolfgang Johannes: Bayerische Hellseher. Vom Mühlhiasl bis zum Irlmaier. Gespräche, Zitate, Ergebnisse um die große Schau in die Zukunft. Pfaffenhofen 1978.

Berndt, Helmut: Die Nibelungen. Auf den Spuren eines sagenhaften Volkes. Berg.-Gladbach 1987.
– Unterwegs zu deutschen Sagen. Ein phantastisches Reise- und Lesebuch. Düsseldorf/Wien 1985.
Bichler, Albert: Wallfahrten in Bayern. München 1990.
Binder, Beatrix: Mittelalter in Ostbayern. München 1989.
Binder, Egon M./Raimund, Karl: Besonderheiten aus dem Bayerischen Wald. Grafenau 1988.
Bleibrunner, Hans: Andachtsbilder aus Altbayern. München 1971.
– Landshut, die altbayerische Residenzstadt. Altheim b. Landshut 1995.
Bleibrunner, Hans/Stahleder, Erich: Landshut. Historischer Kurzführer zu den Sehenswürdigkeiten der Stadt. Landshut 1989.
Boshof, Egon u. a. (Hrsg.): Geschichte der Stadt Passau. Regensburg 1999.
Bosl, Karl: Handbuch der historischen Stätten Deutschlands, VII Bayern. Stuttgart 1961.
Buck, Christian: Gründungs-Legenden mittelalterlicher Klöster in Bayern und Österreich. Weilheim 1988.
Dankerl, Norman: Amberg – Sehen und Entdecken. Regensburg 1996.
Dettelbacher, Werner: Oberpfalz, Bayerischer Wald, Niederbayern. Kunst, Kultur und Landschaft im Nordosten Bayerns. Köln 1980.
Dinzelbacher, Peter/ Hogg, James: Kulturgeschichte der christlichen Orden. Stuttgart 1997.
Dorfner, Dominik: Hussiten. Vom Scheiterhaufen in Konstanz zu den Brandstätten in der Oberen Pfalz. Begleitband zur Ausstellung. Neukirchen b. Hl. Blut 1998.
Fink, Alois (Hrsg.): Unbekanntes Bayern. Nach einer Sendereihe des Bayerischen Rundfunks. 10 Bde. München 1955–1965.
Freilinger, Josef/Hierl, Wofgang/Schäfer, Werner: Zu den Bildern des Felix Hölzl in der Toten- oder Seelenkapelle im Friedhof St. Peter in Straubing. Straubing 1973.
Friedl, Paul: Prophezeiungen aus dem bayerisch-böhmischen Wald. Rosenheim 1974.
Goldner, Johannes: Bayerische Heilige. Freilassing 1979/91.
Greindl, Gabriele/Weiß-Cemus, Josef: Niederbayern, Oberpfalz. Kunstfahrten zwischen Isar und Naab. München 1990.

Haerkötter, Gerd und Marlene: Macht und Magie der Bäume. Sagen – Geschichten – Beschreibungen. Frankfurt a. M. 1979.

Hansmann, Liselotte/Kriss-Rettenbeck, Lenz: Amulett und Talisman. Erscheinungsform und Geschichte. München 1977.

Hartinger, Walter: ... denen Gott genad! Totenbrauchtum und Armen-Seelen-Glaube in der Oberpfalz. Regensburg 1979.

– Religion und Brauch. Darmstadt 1991.

Heller, H. P.: 2000 Jahre Passau. Tittling/Passau 1991.

Hofbauer, Josef: Ostbayern. Vom Leben und Brauchtum. Regensburg 1980.

Höllhuber, Dietrich/Kaul, Wolfgang: Wallfahrt und Volksfrömmigkeit in Bayern. Nürnberg 1987.

Huf, Hans-Christian: Sphinx. Geheimnisse der Geschichte. Berg.-Gladbach 1994.

Kapfhammer, Günther: St. Englmar. Eine volkskundliche Ortsmonographie. München 1968.

– St. Leonhard zu Ehren. Vom Patron der Pferde, von Wundern und Verehrung, von Leonhardifahrten und Kettenkirchen. Rosenheim 1977.

Kemp, Cornelia/Bartl, Edith: Religiöse Sinnbilder. Freilassing 1982.

Kerler, Christine und Richard: Bayerischer Kuriositätenführer. Königstein/Ts. 1983.

Kolb, Karl: Vom heiligen Blut. Eine Bilddokumentation der Wallfahrt und Verehrung. Würzburg 1980.

Kretzenbacher, Leopold: Das verletzte Kultbild. Voraussetzungen, Zeitschichten und Aussagewandel eines abendländischen Legendentypus. München 1977 [Sitzungsberichte der Bayerischen Akademie der Wissenschaften, Phil.-Hist. Klasse 1977, H. 1].

Kriß-Rettenbach, Lenz/Möhler, Gerda (Hrsg.): Wallfahrt kennt keine Grenzen. Katalog zur Ausstellung. München 1984.

Kriß, Rudolf: Die Volkskunde der Altbayrischen Gnadenstätten. 3 Bde. München-Pasing 1953–1956.

Läpple, Alfred: Heilige und Selige aus Altbayern und Tirol. Weilheim 1989.

Legner, Anton: Reliquien in Kunst und Kult zwischen Antike und Aufklärung. Darmstadt 1995.

Leicht, Hans D.: Heilige in Bayern. München 1992.

Leonhard, Ulrike: Prinz von Baden – genannt Kaspar Hauser. Eine Biographie. Reinbek b. Hamburg 1987.

Lohmeier, Georg: KunstKuren im Dreibäder Land. München 1987.

Mader, Franz: Wallfahrten im Bistum Passau. München/Zürich 1984.
Markmiller, Fritz/Spitta, Wilkin: Dorfkirchen in Niederbayern. Regensburg 1996.
Mass, Josef: Zeugen des Glaubens. München 1976.
Mehling, Marianne: Knaurs Kulturführer Niederbayern und Oberpfalz. München 1995.
Neugebauer, Manfred: Oberpfälzer Freilandmuseum Neusath-Perschen. München/Zürich 1986.
Oelwein, Cornelia: Reisen und Kunst – Ostbayern. Hamburg 1996.
Oswald, Josef (Hrsg.): Passau in Geschichte und Kunst. Passau 1956.
Pfarl, Peter und Wolfgang/Zinnhobler, Rudolf: Der heilige Wolfgang. Leben, Legende, Kult. Linz 1975.
Pfistermeister, Ursula: Burgen und Schlösser im Bayerischen Wald. Regensburg 1997.
Pies, Eike: Ich bin der Doktor Eisenbarth. Arzt der Landstraße. Eine Bildbiographie über das Leben und Wirken des volkstümlichen und berühmten Chirurgen Johann Andreas Eisenbarth (1663–1727). Genf 1977.
Pleticha, Heinrich: Höhlen, Wunder, Heiligtümer. Mythische und magische Plätze in Deutschland. Freiburg i. Br. 1994.
Richardi, Hans-Günter: Unheimliche Plätze in Bayern. Pfaffenhofen/Ilm 1977.
Riezler, Siegmund: Geschichte der Hexenprozesse in Bayern. Stuttgart 1896.
Rohrbacher, Stefan/Schmidt, Michael: Judenbilder. Kulturgeschichte antijüdischer Mythen und antisemitischer Vorurteile. Reinbek b. Hamburg 1991.
Röhrich, Lutz: Sage. Stuttgart 1966.
Rosenfeld, Hellmut: Der mittelalterliche Totentanz. Entstehung, Entwicklung, Bedeutung. Köln, Graz 1968 [= Archiv für Kulturgeschichte, Beiheft 2].
Sayn-Wittgenstein, Franz Prinz zu: Schlösser in Bayern. München 1984.
Schade, Herbert: Dämonen und Monstren. Gestaltungen des Bösen in der Kunst des frühen Mittelalters. Regensburg 1962.
Schäfer, Werner: Agnes Bernauer und ihre Zeit. München 1982.
Schäfer, Werner/Böhm, Erwin: Agnes Bernauer. Geschichte, Dichtung, Bild. Straubing 1995.
Schäffer, Gottfried/Peda, Gregor: Wallfahrten im Passauer Land. Freilassing 1978.
Schomann, Heinz: Bayern nördlich der Donau. Bindlach 1989.

Schulz, Paul Otto: Ostbayern. Kunst und Kultur der Oberpfalz, Niederbayerns und des Bayerischen Waldes. Köln 1998.
Schwaiger, Georg: Bavaria Sancta. Regensburg 1970.
– Mönchtum, Orden, Klöster. München 1993.
Seitz, Helmut: Tatort Geschichte – Historische Schauplätze in Bayern. München 1984.
Sellner, Christiane (Hrsg.): Der Gläserne Wald. Glaskultur im Bayerischen und Oberpfälzer Wald. Ein Führer zu historischen Stätten, Glashütten und Museen in Ostbayern. München 1988.
Sieghardt, August: Oberpfalz. Landschaft, Geschichte, Kultur, Kunst. Nürnberg 1958.
Spitta, Wilkin/Morsbach, Peter: Die Oberpfalz. Städte und Residenzen, Burgen und Schlösser, Kirchen und Klöster. Regensburg 1992.
– Niederbayern. Bischofs-, Herzogs- und Bürgerstädte. Regensburg 1995.
Steiner, Johannes: Theres Neumann von Konnersreuth. Ein Lebensbild nach authentischen Berichten, Tagebüchern und Dokumenten. München/Zürich 1974.
Strauss, Heidemarie und Peter: Heilige Quellen zwischen Donau, Lech und Salzach. München 1987.
Trebbin, Heinrich: Sankt Antonius. Geschichte, Kult und Kunst. Frankfurt a. M. 1994.
Utz, Hans J./Tyroller, Karl: Wallfahrten im Bistum Regensburg. München/Zürich 1989.
Wagner-Jüde, Adelheid (Hrsg.): Das Land ist gut, lieblich anzusehen. Eine Reise durch die Vielfalt Bayerns. München 1992.
Walderdorff, Hugo Graf von: Regensburg in seiner Vergangenheit und Gegenwart. Regensburg 1896.
Wiesinger, Alfons (Hrsg.): Kaspar Hauser. Seine mysteriöse Ermordung, sein hartnäckiges Weiterleben. Mit einem Essay von Ludger Lütkehaus und einer Darstellung des Criminalfalles durch Baron Alexander von Artin. Freiburg i. Br. 1983.
Woeckel, Gerhard P.: Pietas Bavarica. Weißenhorn 1992.

Ortsverzeichnis

Die Hauptstichworte sind im Register **halbfett,** die Abbildungen *kursiv* verzeichnet.

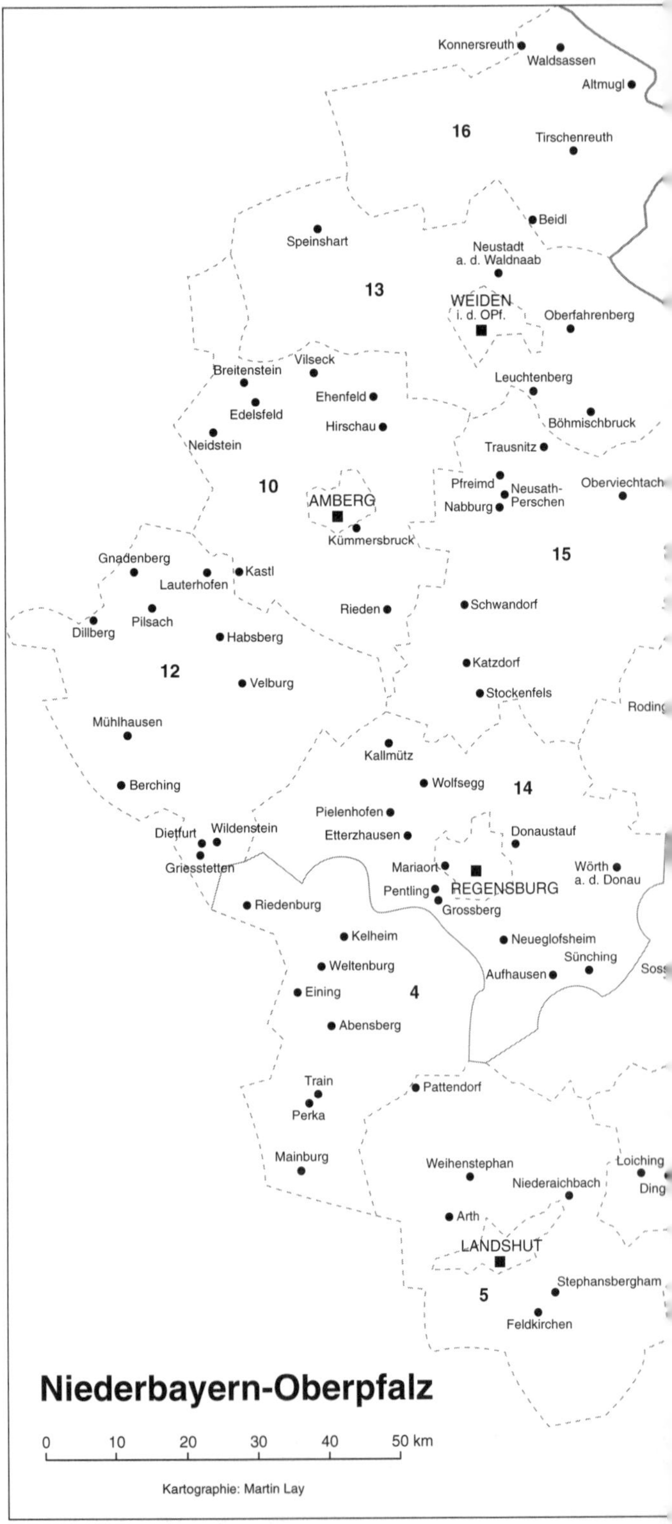
Konnersreuth
Waldsassen
Altmugl
16
Tirschenreuth
Beidl
Speinshart
Neustadt
a. d. Waldnaab
13
WEIDEN
i. d. OPf.
Oberfahrenberg
Vilseck
Breitenstein
Leuchtenberg
Ehenfeld
Edelsfeld
Böhmischbruck
Hirschau
Neidstein
Trausnitz
10
Pfreimd
Neusath-
Perschen
Oberviechtach
AMBERG
Nabburg
Kümmersbruck
15
Gnadenberg
Kastl
Lauterhofen
Rieden
Schwandorf
Pilsach
Dillberg
Habsberg
12
Katzdorf
Velburg
Stockenfels
Roding
Mühlhausen
Kallmütz
Berching
Wolfsegg
14
Pielenhofen
Dietfurt
Wildenstein
Donaustauf
Etterzhausen
Griesstetten
Mariaort
Wörth
a. d. Donau
Pentling
REGENSBURG
Riedenburg
Grossberg
Kelheim
Neueglofsheim
Sünching
Weltenburg
Aufhausen
Eining
4
Abensberg
Train
Pattendorf
Perka
Mainburg
Weihenstephan
Loiching
Niederaichbach
Ding
Arth
LANDSHUT
Stephansbergham
5
Feldkirchen
Niederbayern-Oberpfalz
0
10
20
30
40
50 km
Kartographie: Martin Lay

Die Landkreise
von Niederbayern

1) Deggendorf
2) Dingolfing-Landau
3) Freyung-Grafenau
4) Kelheim
5) Landshut
6) Passau
7) Regen
8) Rottal-Inn
9) Straubing-Bogen

Die Landkreise
der Oberpfalz

10) Amberg-Sulzbach
11) Cham
12) Neumarkt i. d. Oberpfalz
13) Neustadt a. d. Waldnaab
14) Regensburg
15) Schwandorf
16) Tirschenreuth

Die Schwarzen Führer